ESTRATÉGIA
DESCOMPLICADA

O MÉTODO COMPLETO PARA GERENCIAR A
EXPERIÊNCIA DO CLIENTE

1ª edição

ESTRATÉGIA
DESCOMPLICADA

MÉTODO COMPLETO PARA GERENCIAR A
EXPERIÊNCIA DO CLIENTE

Juliana Cândido Custódio, Ph.D.

2021

 Copyright © **2018-2021** de **Juliana Cândido**

 Todos os direitos reservados.

Projeto gráfico e editoração: Juliana Cândido Custódio

HappyTrack é uma marca comercial registrada e seu método protegido por patente.

Este ebook, livro impresso ou qualquer parte dele não pode ser reproduzido ou usado de forma alguma sem autorização expressa, por escrito, do autor, exceto pelo uso de citações breves em outros materiais, com a devida citação da fonte. Mesmo no caso de adaptação de imagens e termos utilizados relacionados ao método denominado HappyTrack, deve ser citado a fonte, devido ao registro de direitos de propriedade intelectual e industrial relacionados ao método.

A reprodução total ou parcial, bem como uso indevido dos conteúdos aqui apresentados, constitui-se crime de violação de direitos autorais, acarretando penalização legal.

Dados Internacionais de Catalogação na Publicação (CIP)

CUSTÓDIO, Juliana C.

ESTRATÉGIA DESCOMPLICADA: O Método completo para gerenciar a Experiência do Cliente

Primeira edição, 2021

ISBN 9798517138552

Sistema e aplicativo: www.HappyTrack.app

Blog da autora: www.EstrategiaDescomplicada.com.br

Aos meus pais, **Eunice e Luiz.**

E, em homenagem aos grandes e eternos amores da minha vida:

Maria Isabela e Jean-Marc

A Gestão da Experiência do Cliente é uma arte que envolve o equilíbrio entre a busca pela excelência e a oferta de momentos memoráveis.

Isso inclui potes de boas ideias, colheradas de uma boa equipe e pitadas de ousadia para encantar e se destacar.

Tudo porque:

Uma empresa atrai pelo olhar.

Cria confiança pelos detalhes, credibilidade pelo conteúdo e qualidade pelo valor na entrega.

Encanta pelo contato e pelas pessoas.

Mas gera a melhor venda e fideliza pela coerência e alinhamento de estratégias e de equipes.

Mas, para ter o sucesso nas experiências, elas devem ser baseadas em estratégias de relacionamento competitivo, pois:

"é preciso saber aceitar e saber gerenciar grandes riscos para que eles possam se tornar grandes oportunidades".

Adrian Slywotzky

SOBRE A AUTORA

Curitibana, Relações Públicas, professora, pesquisadora, consultora e apaixonada por estratégias e relacionamentos empresariais.

Doutora em Administração pela Université Paris-Dauphine PSL, na França, com Pós-Doutorado em Psicologia do Trabalho e do Consumo na Université Libre de Bruxelles - ULB, na Bélgica. Mestre em Administração Estratégica pela PUCPR, Especialista em Marketing Empresarial pela UFPR e graduada em Relações Públicas pela PUCPR, laureada com o prêmio Marcelino Champagnat.

Iniciei minha trajetória no universo empresarial há quase 20 anos anos, auxiliando na criação e no desenvolvimento de pequenas empresas. Esse universo me fascinou tanto que dediquei meus estudos para entender como as empresas, principalmente as micro e pequenas, podem se diferenciar e se tornar competitivas a partir de estratégias eficazes de relacionamentos. Descobri que muitos conceitos e teorias são simples, mas devem ser explorados de forma mais prática e acessível. Por isso, meu objetivo é descomplicar estratégias e trazer um modo prático para criar ações simples e que geram bons resultados nos negócios.

Estratégia Descomplicada é a quebra de alguns tabus no mundo dos negócios e uma nova maneira de pensar no cliente. Unindo conhecimento acadêmico às necessidades e deficiências observadas no mundo prático dos negócios, criei um método para simplificar o modo de pensar, diagnosticar e planejar estratégias voltadas à criação da melhor a Experiência do Cliente: HappyTrack.

Espero que esta leitura possa te trazer boas ideias e melhores resultados!

Juliana Cândido Custódio

SOBRE O LIVRO

Este livro foi escrito durante muito tempo com indas e vindas. Não de ideias, nem de ideais. Mas de lugares. Diante da melhor vista num banco à Montmartre, em cafés em Saint Germain de Près, na sacada de meu PentHouse em Bruxelas, de um quarto de hotel em Istambul, da sala dos professores em Curitiba, e diversos outros lugares onde a inspiração batia e a escrita fluía.

No começo foi um blog, o Estratégia Descomplicada (estrategiadecomplicada.com.br). Depois, veio a necessidade de compilar e me aprofundar em alguns pensamentos, mas de forma mais prática e simples que em obras acadêmicas.

A partir dos resultados de minha tese sobre o Relacionamento Superior nas pequenas e médias empresas, estruturei um modelo de análise e mensuração da qualidade das estratégias realizadas, para garantir a melhor Gestão da Experiência do Cliente. Aprendi muito nesse período de elaboração de minhas pesquisas e de observação bem de perto da realidade de um dos setores mais encantadores, dinâmicos e competitivos do cenário de negócios: restaurantes.

Restaurantes são os negócios chaves para a experiência. Comida e bebida, por mais que sejam a razão de ser desses estabelecimentos, são meros complementos do momento em que os clientes pretendem vivenciar em contato com a marca. Seja por um pedido via IFood ou em um restaurante com 3 estrelas Michelin, a experiência vivenciada impacta até na percepção de qualidade do que consumimos. Sabe aquele ambiente agradável, aquela comunicação que te encantou e aquele atendimento que aqueceu o coração? Tudo influencia para a percepção e para a vivência do cliente. E tudo isso depende de como cada restaurante, cria suas estratégias. No entanto, cada realidade também pede uma experiência diferente.

A partir de uma comparação multicultural entre Brasil, França e Marrocos, observei padrões, comportamentos e experiências que me ajudaram a pensar de um modo inovador a Experiência do Cliente. Essa comparação foi a oficial realizada na minha tese. Mas, posso acrescentar tantas outras observações dos mais de 33 outros países que visitei, conheci cultura e pessoas e pude também observar padrões de estratégias e comportamentos. Além de acrescentar tantos outros negócios por onde passei realizando consultorias, de salão de beleza à construção civil.

Aqui nesta obra trago alguns conhecimentos adquiridos neste período, de estudo e pesquisas, de aulas ministradas, e de consultorias, mas de uma forma simples, completa e acessível para ajudar as empresas a melhorarem suas estratégias de relacionamento, realizando análises e criando projetos de um jeito bem prático e rápido. Meu propósito é te auxiliar a enxergar os relacionamentos empresariais e a experiência gerada para o cliente como parte integrante da estratégia do negócio, e não apenas de pontos de vista de marketing. Nem apenas do ponto de vista do cliente. Afinal, tudo o que o cliente sente é feito a partir de estratégias do negócio.

Espero que esta leitura possa te trazer boas ideias e melhores resultados para encantar mais e deixar a marca de sua empresa na mente e no coração de clientes e colaboradores.

SINOPSE

Oferecer uma experiência atrativa e pertinente aos clientes, e ainda ser coerente com o posicionamento da empresa e estratégia de marca, é um dos grandes desafios das empresas hoje. Os clientes não querem apenas produtos e serviços de qualidade. Eles querem vivenciar momentos memoráveis em contato com a marca. E, em um contexto caracterizado pela forte evolução da tecnologia e transformação profunda no comportamento de consumidores e de colaboradores, as empresas se veem confrontadas à necessidade de fazer escolhas estratégicas e se adaptar a essa nova dinâmica de mercado.

Diante desse cenário, as empresas devem oferecer aos clientes a melhor experiência de compra, por meio do alinhamento das suas estratégias. Por isso, neste livro você entenderá mais sobre a gestão de experiências. E isso definitivamente não se resume em apenas estratégias de atendimento, comunicação e marketing.

A Gestão da Experiência do Cliente é baseada na estratégia empresarial e está em todos os níveis do negócio. No nível operacional ela é colocada em prática e percebida pelo cliente, no dia-a-dia da empresa e na entrega de seus produtos e serviços. No nível tático ela é planejada e implementada pelos gestores e líderes de setor. Mas, a gestão da experiência de fato só se torna uma cultura quando ela é pensada nos níveis mais altos do negócio – no nível estratégico, – e é transmitida como um valor ao cliente.

Por isso, é necessário entender que:

A Experiência do Cliente não é o que o cliente sente.
É como a sua empresa o faz sentir.

Se você entendeu a diferença entre esses dois posicionamentos, este livro realmente é para você. De nada adianta pensarmos nas vendas, na satisfação e na lealdade se não soubermos criar estratégias que sejam realmente eficazes para influenciar o comportamento do cliente. Todo comportamento depende da percepção que o cliente teve dos estímulos que a empresa propôs para ele. Envolve a captação da atenção. Envolve as associações que esses estímulos são capazes de criar em seu consciente e inconsciente. Envolve o processamento dessas informações. Envolve as reações que toda essa combinação vai causar. E, tudo isso a empresa pode controlar por meio de suas estratégias e posicionamento de marca.

Para facilitar esse pensamento e descomplicar estratégias para a Gestão da Experiência do Cliente, apresentarei o método HappyTrack. HappyTrack é a idealização de tudo o que toda empresa deve pensar e fazer para promover a melhor Experiência do Cliente. Trata-se de uma filosofia de gestão estratégica, por meio do monitoramento constante das ações que influenciam o comportamento de compra e deixam o cliente feliz.

É mais que satisfazer. É saber como encantar sempre. Encantar pela adequação e pelo alinhamento, analisando ações e emoções para criar a melhor jornada de compra.

Isso é HappyTrack: uma metodologia simples e prática para pensar, diagnosticar e planejar estratégias.

Happy para a melhor experiência.
Track para os melhores indicadores.

Por isso, o conteúdo deste livro propõe um quadro de análise aprofundada para:

- compreender como ter a Experiência do Cliente como uma estratégia do negócio;

- discutir a adequação dos processos prioritários para oferecer um relacionamento exclusivo; e

- analisar e planejar ações altamente eficazes a partir de um método que garanta bons resultados.

Como? Acompanhe os 31 passos deste livro que contarei tudo para você!

Uma excelente leitura!

INSTRUÇÕES

Seja bem-vindo(a)!

Eu sou a Juliana Cândido Custódio, autora deste livro. Gostaria de te passar algumas informações importantes para você aproveitar ao máximo da leitura que preparei para você e te ajudar a realmente ter mais resultados com estratégias descomplicadas para a Gestão da Experiência do Cliente.

Preparei este material com base em anos de estudos, pesquisas realizadas no Brasil e no exterior, vivência prática como consultora empresarial e como « colaboradora infiltrada » em áreas de atendimento, somado ao olhar crítico na realidade à nossa volta.

Assim, quero te trazer conteúdos que te façam pensar a experiência de maneira acessível, fácil de aplicar e prazerosa para ler. Para isso, trouxe para você 5 informações importantes antes de avançar a sua leitura.

#Info1: Leia, reflita e aplique.

Leio o conteúdo deste livro tentando se livrar de todos os estereótipos de consumo, mas colocando em xeque tudo o que você já leu e aprendeu sobre como encantar o cliente. Não é sobre o que o cliente sente. É sobre o que você faz para que ele se sinta assim. Esqueça que avaliar apenas resultados te dará a verdade absoluta sobre a Experiência de seus Clientes. Esqueça que apenas se relacionar bem com os clientes o fará se sentir melhor. Esqueça que apenas uma ação pode encantar e te trazer bons resultados. Aqui vamos pensar no todo!

#Info2: Respeite a ordem. Não seja ansioso(a)!

Este livro contém 30 capítulos. Cada uma traz pontos para você refletir inicialmente algumas situações e empresas que te farão começar a pensar na Experiência do Cliente a partir de novos horizontes. Evite pular pontos chaves do livro ou pular a reflexão e questões. Esses pontos te trarão todas as perspectivas de como você deve direcionar seus pensamentos para absorver ao máximo todo o conteúdo que será tratado.

Reflita com sua equipe. E ao final de cada parte, tente colocar em prática no seu negócio para não perder de vista o essencial: o que você faz para que o seu cliente receba a melhor experiência que seu negócio pode oferecer para ele.

#Info3: Use e abuse dos QR Codes espalhados pelo livro.

Todos esses links trazem materiais complementares sobre como encantar o cliente, sempre. Metodologias, outros artigos, pesquisas científicas e cases para complementar ainda mais a sua leitura e enriquecer o seu aprendizado. Uma surpresa a cada flash ;)

#Info4: Nossos exemplos serão amplamente discutidos em negócios que todos conhecem!

Neste livro vamos usar e abusar de restaurantes para nos aprofundar em exemplos e ilustrar situações. Não se preocupe que não é um livro focado apenas em negócios do setor de Foodservice. No entanto, restaurantes são negócios que precisam e vivem de experiências: o foco não é necessariamente a refeição, mas o momento que será desfrutado naquele espaço ou com aquele produto. Além disso, todos conseguimos imaginar claramente o negócio por termos vivenciado isso em algum ou vários momentos de nossa vida.

#Info5: Aqui não falamos só de gestão!

Para facilitar a absorção de conteúdo e algumas reflexões, farei você sair um pouco da área de negócio e pensar em teorias ligadas da fisiologia aos relacionamentos humanos, por meio do uso de algumas metáforas.

O que eu quero é te fazer mergulhar em um universo paralelo para refletir mais. Para criar novas ideias e percepções. E, acima de tudo, te fazer pensar que as definições que veremos aqui, podem ser aplicadas a tudo (ou quase tudo) fora do universo empresarial.

Como este livro é organizado?

Criando a estrutura e condições adequadas

Comportamento organizacional
Da mentalidade à ação:
Como ter um pensamento estratégico para criar experiências?

Ajustando os interesses com os dos clientes

Conexão com cliente
Do interesse à compra:
Como e por que se diferenciar pelo Relacionamento Superior?

Criando e gerenciando estratégias

Gestão de experiências
Da comunicação à fidelização:
Como criar estratégias eficazes para encantar clientes?

Prevenindo problemas e promovendo aprendizado

Controle estratégico
Da prevenção à avaliação:
Como evitar riscos e promover a aprendizagem na empresa?

SUMÁRIO

INTRODUÇÃO 31

Parte I
Como pensar na experiência a partir da gestão de estratégias?

1. Descomplique sua estratégia 53
2. Mude seu mindset para atingir seus objetivos 57
3. Pare de ser operacional! Desenvolva um pensamento estratégico 65
4. Aja estrategicamente 71
5. Defina sua estratégia 79
6. Tenha orientação para o mercado 85
7. Crie valor para o cliente e vantagem competitiva para o seu negócio 95

Parte II
Do interesse à compra: Como e por que se diferenciar com o Relacionamento Superior?

8. Se diferencie pelos relacionamentos 109
9. O Relacionamento Superior no negócio como base da Experiência do Cliente 119

10. Desenvolva a Experiência do seu cliente 131

11. Gerencie Estratégias para a Gestão da Experiência do Cliente. E não apenas a satisfação! 137

12. Ciclo da Experiência do Cliente 145

13. Defina quem é seu cliente 153

14. Conheça a percepção de suas personas 167

15. Conheça e esteja perto dos seus concorrentes 175

16. Selecione bem e esteja perto dos seus fornecedores 183

Parte III
Da Comunicação à Fidelização: Como criar estratégias eficazes para encantar o cliente?

17. Alinhe os critérios de escolha de seus clientes ... 199

18. Construa uma marca forte para criar relevância e lembrança 207

19. Estabeleça uma estratégia digital para ter atratividade 219

20. Crie a melhor atmosfera de compra 231

21. Servicescape: Crie um ambiente altamente eficaz 237

22. Service Design: Elabore uma estrutura eficiente de serviços 253

23. Crie valor na entrega pelo preço e pagamento ... 265

23. Engaje seus clientes! 273

25. Crie relacionamentos de verdade para ser mais lucrativo 283

Parte IV
Da prevenção à avaliação: Como evitar riscos e promover a aprendizagem na

26. Garanta os resultados da Experiência 301

29. Combata os riscos na Gestão da Experiência do Cliente 305

27. Mensure a Qualidade das Estratégias para a Gestão da Experiência do Cliente 321

28. Crie seu projeto! 335

30. Evite problemas na Experiência do Cliente 341

31. Por que você terá bons resultados pensando assim? 349

CONTRIBUIÇÕES 355

Considerações finais 361

REFERÊNCIAS 363

INTRODUÇÃO

Nas empresas, independente do porte e da área de atuação, situações de crise e falta de recursos tornam-se fatores agravantes para criar e manter estratégias que garantam uma vantagem competitiva de forma consistente. A partir disso, os relacionamentos se destacam como uma estratégia efetiva para o aumento da produtividade, para criar oportunidades em novos negócios, para captar recursos, para melhorar o desempenho financeiro e, consequentemente, para ter maior competitividade no mercado. Mas, por quê?

Para se ter vantagem competitiva em cenários conturbados, o foco deve ser em ter recursos, capacidades e competências que agregam valor de forma sustentável aos clientes e que sejam passíveis de adaptação para todas as atividades e processos nos negócios. E, isso é visto com estratégias de relacionamentos para proporcionar a melhor experiência.

Entretanto existe pouca literatura acerca dos relacionamentos como fonte de vantagem competitiva. A literatura existente sobre o tema aborda principalmente as vertentes dos relacionamentos como uma subdivisão emergente do marketing, embora mesmo assim negligenciada, o chamado marketing de relacionamento, e como uma área de investigação da administração. E, ao contrário de serem abordagens distintas, essas duas vertentes podem e devem ser vistas como perspectivas complementares, para a formação de relacionamentos com base forte e que tenham o objetivo claro de trazer o melhor resultado para a sua empresa: o chamado Relacionamento Superior.

O que é o Relacionamento Superior e o que ele tem a ver com a Experiência do Cliente?

A exigência dos clientes aumentou. Hoje, eles não buscam apenas produtos e serviços de qualidade. Produtos e serviços de qualidade qualquer empresa bem estruturada e consciente de seu papel na sociedade consegue oferecer. Mas, para conseguir ser mais competitiva de fato, a empresa deve conseguir oferecer um momento UAU que supere a expectativa, ofereça mais valor e encante o cliente. E esse é o resultado de criar e manter o **Relacionamento Superior** na empresa.

O relacionamento enfatizado como superior se baseia na forma competitiva da empresa implementar estratégias e manter ações de relacionamentos que se tornem funcionais e duradouras com os principais públicos de interesse do negócio. Trata-se de uma estratégia que apresenta superioridade por ser embasada:

a) em **competências especificas dos profissionais** envolvidos para a coordenação de recursos e definição de estratégias;

b) na **singularidade** diante de outras estratégias, pois se trata de um ativo intangível difícil de ser copiado pelos concorrentes e

c) no **diferencial sustentável** de produtos e serviços, que cria valor aos negócios.

Para clarear essa ideia, devemos entender que de um lado temos a oferta do que é melhor para a sua empresa. Do outro, temos a percepção e a avaliação dessa oferta pelos seus clientes. Mas no meio, temos o caminho, que é a estratégia. E, é nessa estratégia que vemos o Relacionamento Superior do negócio de forma a alinhar a experiência ofertada e a experiência recebida, para que ela possa gerar o melhor resultado para ambas as partes: lucro para a empresa e emoções positivas durante o processo de compra para o cliente.

Para isso, os clientes devem se sentir envolvidos com a marca a partir da existência de uma consistência e de um alinhamento entre o que é oferecido com a comunicação e o que é entregue ao cliente no processo de atendimento, no ambiente físico da empresa e nos estímulos sensoriais propostos, incluindo também o relacionamento mesmo depois da compra. Não é só na compra que existe experiência. A experiência está em todas as etapas da decisão do cliente: antes, durante e após a compra.

E, nesse processo de criação de Estratégias para a Gestão da Experiência do Cliente, também devemos entender que existem inúmeros atores envolvidos: colaboradores em todo processo organizacional - independente do seu contato com o cliente ou com áreas de marketing - agências externas, consultores e fornecedores. Então, faz-se necessário ter uma filosofia de gestão que oriente todos em busca do mesmo objetivo.

Assim, a Gestão da Experiência do Cliente trata-se da arte de gerenciar as impressões, sensações e comportamentos dos clientes em todos os pontos de contato com a marca, mas de forma dependente de outros públicos essenciais para fornecer e alinhar os estímulos proporcionados pela empresa. Apenas com Relacionamento Superior é possível conseguir o alinhamento de todos e, assim, garantir os níveis de satisfação e engajamento do cliente.

Por isso neste livro trabalhamos a Experiência do Cliente pautada nas estratégias da empresa, de forma multidisciplinar, em uma união de:

1. **Estratégia empresarial:** como alinhar as estratégias e adequar o posicionamento da empresa;

2. **Psicologia do consumo:** como melhorar o comportamento de compra e atitudes que favorecem a escolha, as avaliações positivas e a fidelização;

3. **Marketing experimental e sensorial:** como proporcionar momentos inesquecíveis por estímulos únicos aos clientes.

A estratégia empresarial permite direcionar o pensamento e ações da empresa. Permite criar uma cultura e alinhar valores. Permite angariar e utilizar recursos da melhor forma. Permite somar pessoas, artefatos e esforços para que a empresa possa entregar o que a ela deseja e que possa oferecer o que o cliente espera.

A psicologia do consumo permite identificar percepções, atitudes, comportamentos de clientes. Questões biológicas, neurológicas e psicológicas são analisadas. Padrões são criados. E, com isso, mais do que oferecer algo para o cliente e identificar o que ele quer, trabalhar com experiência é entender o que ele pode interpretar a partir do que é ofertado a ele e gerar um comportamento com isso.

E, o marketing experimental ou sensorial permite direcionar como as empresas podem criar ações que direcionam a percepção e os sentidos dos consumidores. Não se trata apenas de encantar ou agradar os clientes. As ações de marketing experimental e de marketing sensorial expõem os estímulos que permitem desencadear percepções, sensações e emoções para cada público de forma assertiva.

Todos esses pontos e disciplinas se convergem quando falamos de experiência. E para fixar bem a ideia, voltamos a falar que a experiência não se resume no que o cliente sente. Experiência não se cria com o que a empresa entrega. Experiência é o alinhamento da expectativa à oferta em uma combinação de estímulos de forma processual e integrada.

Então, para começarmos a conversar sobre Experiência do Cliente de forma estratégica, temos que desmistificar algumas questões. E te tranquilizar quanto a outras, claro! Para isso, vou te contar 3 segredos.

Revelação 1:

A Experiência do Cliente envolve tudo. Diferentemente do que muitos pensam, a Experiência do Cliente não está só no atendimento, nem apenas no relacionamento. E, também não se reduz à satisfação. A experiência envolve todos os pontos de contato do cliente com a empresa, antes, durante e após a compra.

Todos os elementos contam na hora do cliente perceber e avaliar algum estabelecimento e escolher se relacionar com ele. Vai da aparência física, da receptividade dos funcionários, da qualidade visual e conteúdo da comunicação e da oferta do cardápio, da qualidade dos pratos oferecidos e até da opinião de terceiros. Inclui também a forma de se relacionar com o cliente após o seu consumo, incluindo pagamento e programas que proporcionam o engajamento dele.

Como resultado de uma boa experiência de compra e consumo, o cliente estará predisposto a voltar, a falar bem e a se tornar até mesmo defensor da sua marca. Por isso, criar um padrão de excelência na Experiência do Cliente agrega valor e resultado não apenas para o cliente, mas principalmente para você: aumento na competitividade e nos lucros.

Revelação 2:

Para assegurar a excelência na Experiência do Cliente, é necessário evitar todo e qualquer problema mesmo antes que ele aconteça. É saber evitar os riscos: todo problema que possa acontecer na Experiência do Cliente leva a uma baixa na percepção de qualidade.

A baixa percepção de qualidade por sua vez, leva uma queda na consideração pela marca. Uma queda na consideração pela marca, quebra a vontade e o entusiasmo de voltar ao estabelecimento, de falar bem ou de ser a favor do negócio. E, por isso, um nível baixo na Experiência do Cliente ou mesmo proporcionar uma má experiência de compra pode levar a sérios danos para a empresa, incluindo danos operacionais, danos na reputação da empresa e danos financeiros. Por isso, toda empresa deve assegurar o controle do processo de entrega dessa experiência ao cliente com excelência para se tornar uma vantagem no negócio.

E essa experiência que será levada em consideração na hora de avaliar, de indicar e de decidir se voltará a sua empresa. Toda boa experiência cliente leva ao aumento de satisfação, a melhoria da qualidade geral percebida e ao aumento da fidelização dos clientes. Resultado: aumento nos seus lucros!

Revelação 3:

Se engana quem pensa que ter uma boa Experiência do Cliente o resultado deve ser a satisfação. Satisfeito todo cliente deve sair. Satisfação é a obrigação de todas as empresas. Para se destacar e se mais competitivo, seu negócio deve ser capaz de superar as expectativas dos clientes. Isso sim é ter a melhor experiência de compra para o cliente.

Mensurar a Experiência do Cliente por meio de indicadores pontuais do final do processo como pesquisas de satisfação, CSAT (*Customer Satisfaction*), NPS (*Net Promoter Score*), taxa de *churn*, LVT (*Life Time Value*) não te trazem o resultado real da experiência. Apenas em alguns setores pontuais a taxa de resposta a estes instrumentos é relativamente alta para analisar resultados reais de suas estratégias. Como é o caso do setor hoteleiro e no B2B (setores que fazem negócios com clientes empresariais).

Além disso, essas métricas trazem apenas o resultado do processo. Mas, você nunca fica sabendo exatamente qual é o ponto que você está errando para poder adequar, melhorar ou consertar no processo em si.

Por isso, este livro tem como objetivo apresentar um ponto de vista estratégico de como criar ou melhorar seu negócio, a partir da criação e da gestão da melhor Experiência do Cliente embasado em um método completo, prático e eficaz.

Preparado(a)?

Então vamos embarcar nessa e iniciar a nossa jornada para você criar a melhor experiência para os seus clientes e conhecer os 31 passos para o sucesso do seu negócio!

38

O primeiro ponto para definir a estratégia de um negócio não é definir o tipo de produto ou o tipo de serviço a ser oferecido como a maioria dos empreendedores pensam.

O primeiro ponto deve ser a definição do problema a ser tratado e do posicionamento desejado. Esses pontos vão determinar como a empresa será percebida pelos seus clientes e qual deverá ser a experiência mínima proporcionada por ela.

Para isso, a estratégia do negócio é a base da Experiência e esse pensamento permitirá fundamentar todas as ações de atração, interação e retenção de clientes.

Porque na Gestão da Experiência do Cliente o foco não é vender mais. É vender melhor para estar sempre perto da mente e do coração de clientes e de colaboradores.

Parte I

Criando a estrutura e condições adequadas

Comportamento organizacional
Da mentalidade à ação:
Como ter um pensamento estratégico para criar experiências?

Conexão com cliente
Do interesse à compra:
Como e por que se diferenciar pelo Relacionamento Superior?

Gestão de experiências
Da comunicação à fidelização:
Como criar estratégias eficazes para encantar clientes?

Controle estratégico
Da prevenção à avaliação:
Como evitar riscos e promover a aprendizagem na empresa?

Parte I

Como pensar na experiência a partir da gestão de estratégias?

Todos estamos em uma constante busca de algo que nos faça bem. Bem para o corpo, para a alma e para o coração. Independente se pensamos estar na nossa melhor forma e no nosso melhor momento, buscamos sempre algo. É isso que nos mantém vivos, motivados e sempre em busca de evolução.

No entanto, os consumidores também estão sempre em busca do melhor para si. Seja o melhor preço ou negociação, o melhor ambiente de compras e o melhor produto e serviço. Para isso, as empresas devem estar em busca de melhoria contínua, evitando que toda e qualquer ameaça prejudique a excelência do que ela oferece e a satisfação de seu cliente.

Esse é um universo que parece perfeito, belo e fácil. Porém, precisamos entender que nada é tão simples assim. Para conseguir conquistar a excelência na oferta e a melhor experiência de compra para o cliente não basta a existência de estratégias pontuais e encantadoras. Não basta o melhor atendimento. Não basta a melhor qualidade. Deve-se existir sincronia e fatores de alinhamento de tudo o que é feito. Tudo para se relacionar melhor e ter melhores resultados com isso.

Mas, antes de entendermos o funcionamento do negócio em relação à criação de estratégias de Experiência do Cliente, precisamos entender a organização de estruturas para se criar esse relacionamento.

No corpo humano, as diversas interações entre as células e os órgãos do corpo são regidas por um sistema maior: o sistema nervoso do indivíduo. A esse respeito, o cérebro determina a forma pela qual é possível perceber o ambiente, a fim de reconhecer ameaças e agir de acordo com elas, permitindo que o organismo se adapte às diversas situações e crie um sistema de reações mecânicas que se ajustem para manter o equilíbrio do corpo. Esse equilíbrio trata-se da manutenção da saúde e da integridade física do ser humano. Trata-se da maneira pela qual é possível ter um sistema defensivo para sustentar o bem-estar do indivíduo em seu meio e, deste modo, permita que ele interaja e atinja os objetivos que deseja.

Essa relação com a medicina permite que possamos ter uma abordagem da criação da estratégia a partir de uma analogia com o sistema nervoso. Aqui vemos que o sistema nervoso é para a Ciência da Saúde como a Estratégia é para a Ciência da Gestão. O sistema nervoso forma estruturas que sustentam as funções vitais do organismo. A estratégia sustenta o processo de criar uma racionalidade sobre como ter ações adequadas para manter a empresa viva.

O cérebro é o elemento central do sistema nervoso do ser humano. Trata-se do principal órgão, composto de milhões de células nervosas, chamadas de neurônios, capazes de controlar a percepção de elementos externos, regular o funcionamento e as ações do corpo, além de armazenar informações e promover a aprendizagem. Na empresa, a alta gestão comanda estratégias que agem de maneira idêntica ao cérebro.

Por isso, o sistema nervoso e o próprio cérebro tornam-se a comparação ideal para a concepção da estratégia na empresa. Os principais pontos que podem ser relacionados – entre um organismo humano e uma organização empresarial – são quanto à:

- **Percepção de elementos**: por meio dos sentidos, o cérebro é capaz de processar diferentes estímulos do meio externo ao ser humano. A percepção dos elementos permite a formação da capacidade de reagir e de se adequar a esse ambiente para manter o indivíduo vivo. Na organização, a percepção estratégica é proveniente da forma cognitiva dos dirigentes de observar o meio externo, prever possibilidades futuras e buscar se estruturar para se adequar ao meio competitivo.

- **Armazenamento de informações e aprendizagem:** os sentidos que captam os estímulos do meio externo, além de nortear a ação, permitem que os indivíduos possam criar associações positivas ou negativas, e assim aprender para reagir de forma adequada em momentos futuros. Na organização, o processo de armazenagem de informações, garantido por meio de sistemas e tecnologia disponível, é dado principalmente pela forma de processamento e interpretação dos gestores, fazendo com que as novas estratégias sejam direcionadas para finalidades específicas no meio empresarial e possa promover um processo de evolução e melhoria.

- **Regulação do funcionamento organizacional**: o cérebro nos indivíduos tem o importante papel de propiciar a organização da estrutura corporal e os sistemas necessários para manter o ser humano vivo e preservar o bem-estar no seu ambiente. Além disso, é responsável por garantir as ações, que são comportamentos provenientes de reações às sensações e percepções do meio externo. Nas organizações, a estratégia faz esse papel e permite alinhar recursos, capacidades e competências necessárias para manter o sistema empresarial ativo e com processos e estruturas propícias à manter a competitividade no ambiente.

Assim, podemos perceber que o processo estratégico é muito similar ao sistema nervoso do ser humano, pois seus objetivos são:
- controlar, correlacionar e regular os outros sistemas do corpo / empresa
- interpretar os estímulos do mundo externo
- controlar os sentidos especiais da visão, audição, paladar, tato e olfato.

O intuito desse controle é possibilitar a transformação de informações em ações, e, assim, garantir a sobrevivência - independente se é do homem ou da empresa.

No homem, a busca do sistema nervoso central é controlar todos os estímulos para manter a homeostase. A homeostase é a manutenção do ambiente interno do corpo para manter o organismo vivo. Alguns exemplos são: níveis de açúcar no sangue, a temperatura corporal, a frequência cardíaca e o ambiente líquido das células.

Na empresa, a busca da estratégia empresarial é controlar todas as ações realizadas para garantir a competitividade da empresa no mercado e, consequentemente, garantir sua sobrevivência no cenário de negócios. Trata-se do direcionamento de funções e tarefas internas, em nível micro e macro, para que tudo possa ser coordenado e alinhado de modo a manter o equilíbrio interno da empresa. Alguns exemplos são: o equilíbrio financeiro, a qualidade da mão-de-obra disponível, o clima interno no ambiente de trabalho, recursos para o processo produtivo, etc.

No corpo humano, o sistema nervoso é composto pelo cérebro, pela medula espinhal, nervos cranianos, nervos periféricos e estruturas motoras e sensoriais do corpo. E, por sua vez, estes elementos são organizados em sistema nervoso central (SNC), sistema nervoso autônomo (SNA) e o sistema nervoso periférico (SNP). Cada um é responsável por atividades distintas no ser humano e é capaz de criar as percepções e reações adequadas a cada momento, de acordo com a necessidade básica do corpo.

Em uma empresa, a organização é constituída pelos seus dirigentes, pelos acionistas, pelos fornecedores e pelos colaboradores de cada setor. Cada um constitui uma parte importante e fundamental para o processo organizacional e possuem as funções de, por meio de recursos, capacidades e competências específicas, adquirir informações e percepções do ambiente interno e externo, reagir de forma adequada a cada situação e responder adequadamente às mudanças no ambiente competitivo.

Mas até aí falamos de corpo humano, falamos de empresa, falamos sobre a sobrevivência básica de ambos. Isso

Como criar estratégias para encantar clientes?

é uma organização interna. Após a organização interna - seja das células, órgãos e sistemas no corpo ou de pessoas, setores ou departamentos na empresa - inicia-se o processo de relacionamento externo e organização diante do meio.

Depois dessa introdução tanto da biologia quanto da organização, vamos aos fatos. Sabe aquela expressão que primeiro devemos arrumar a casa para depois receber a visita? Falando parece simples, parece óbvio, mas na verdade tanto no corpo quanto na empresa não é bem assim.

Podemos pensar e fazer uma alusão à teoria de Maslow, que aborda sobre a hierarquia das necessidades humanas, para explicar a importância da organização interna para depois o indivíduo poder ir em busca de outros desejos. Nesta teoria, representada por uma pirâmide, o indivíduo tem uma hierarquia para tratar cada uma de suas necessidades. Sabemos que as pessoas têm a necessidade de realização, deseja a conquista pessoal e profissional, sonha em ter benefícios, bem-estar, bons relacionamentos, tanto com a família quanto com amigos e parceiros, espera ter segurança e integridade física, estabilidade ou o mínimo de recursos financeiros para sobreviver.

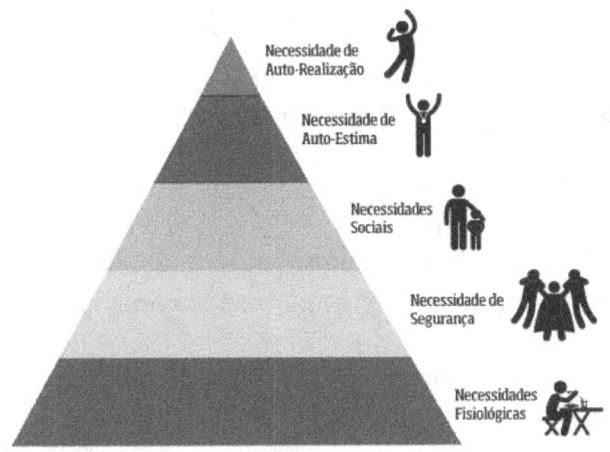

Figura 1: *Hierarquia de necessidades de Maslow*

Mas, antes de tudo isso, temos a base da pirâmide, que muitas vezes é esquecida. Na base temos a necessidade mais óbvia, relacionada a questões fisiológicas e à saúde desse indivíduo. Conforme a teoria, o indivíduo só consegue se preocupar e ter sucesso em tarefas ligadas à busca da satisfação em direção ao topo da pirâmide, se a etapa da hierarquia anterior estiver plenamente satisfeita.

Um exemplo prático é considerar que só conseguimos nos preocupar com questões financeiras como prioridade, quando nossa saúde não está nos colocando em risco. Só conseguimos nos preocupar de fato com questões de relacionamentos quando as questões financeiras estão estabilizadas. E só conseguimos pensar na realização pessoal ou profissional se os relacionamentos, questões financeiras e saúde estão tudo em ordem.

Para o indivíduo toda essa lógica acontece de modo automático e auxiliado pelo sistema nervoso. Mas, a empresa também tem a sua pirâmide de necessidades, pensando também de dentro para fora: primeiro a empresa tem que ter uma estrutura mínima para garantir a sobrevivência, com recursos físicos ou humanos para conseguir prover seu processo produtivo. Quando isso está organizado, a empresa passa a se preocupar com as outras questões (figura 2):

1. clima de trabalho e cultura organizacional, pois um ambiente de trabalho é fundamental para o sucesso do negócio.
2. Relacionamentos estratégicos com os públicos de interesse do negócio
3. Realização dos clientes
4. Realização da empresa: obtenção do lucro.

Portanto, pensar em Estratégias para a Gestão da Experiência do Cliente é ter em mente que tudo acontece de dentro para fora. É necessário estar bem com elementos básicos, contando com as melhores células (os colaboradores) para se ter a saúde empresarial e qualidade nas ações.

Precisamos, acima de tudo, entender que para pensar estrategicamente na Gestão da Experiência do Cliente é preciso estar bem no básico que podemos ser e fazer para depois pensar em se projetar para fora.

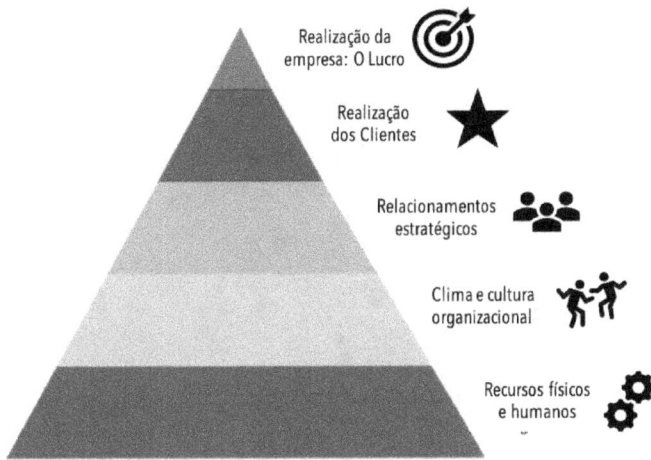

Figura 2: *Hierarquia de necessidades de Maslow, aplicada na empresa*

Sabe aquela máxima que precisamos estar bem para podermos nos relacionar bem com alguém? Isso também acontece na empresa. Não é questão de artificializar uma cultura. Não é questão de criar novos setores. Não é questão de melhorar apenas projetos. A necessidade é de melhorar o pensamento estratégico da empresa como um todo.

E, perceba que, para isso, também devemos adequar a consciência da empresa quanto ao seu caminho para atingir o seu objetivo maior: o lucro. Apenas desse modo é que uma empresa conseguirá criar a verdadeira Gestão da Experiência do Cliente na empresa: com pensamento estratégico antes de tudo.

Então vamos começar a descomplicar esse processo?

1. Descomplique sua Estratégia

Antes de pensar em qualquer estratégia, temos que analisar o cenário de negócios. O consumo mudou. As prioridades mudaram. Com isso, a oferta também deve mudar. E estratégia é a escolha que a sua empresa fará sobre como ofertar seus produtos e serviços para competir nesse cenário.

Em um universo cada vez mais conectado, a competitividade aumenta a passos largos. Hoje temos empresas como IFood, que oferece uma proposta um tanto inovadora para o setor de foodservice. IFood não é o delivery de comida. IFood são informações e comparações para os seus clientes. É um cardápio de cardápios. Ganha quem se posiciona melhor, não quem oferece mais quantidade, variedade ou preço. Então como ganhar diante disso?

O Airbnb também vem mudando o cenário da hotelaria. Enquanto hotéis oferecem uma hospedagem padrão, com segurança, comodidades convencionais e uma atmosfera de serviços que passa pouco ou nada de uma cultura local, o Airbnb inova nisso. Sua oferta é ter a experiência de vivenciar uma cultura local, de se hospedar como se estivesse em casa, em ambiente mais acolhedores, com a possibilidade de ter uma recepção intimista e pessoal. Então como se reinventar e acompanhar isso para os hóspedes?

A Amazon quebrou paradigmas de como as pessoas compram no varejo. Sabendo que a internet hoje é o maior canal de busca de produtos, oferecer um *marketplace* com facilidades, garantias de entrega e preços extremamente competitivos é um negócio genial! Não é apenas vender online. É criar uma logística que permita comparação otimizada, concorrência interna entre as marca e otimização da entrega para os clientes. Como concorrer neste universo?

Diante desse cenário, aumenta a comparação entre os negócios antes da compra. Mudam os critérios de escolha e o cliente se torna cada vez mais exigente. Não é apenas a melhor oferta que ganha. É a melhor experiência ofertada. Na indústria da alimentação, preço e qualidade são critérios fortes de decisão para compras casuais. IFood atua nisso. Na indústria hoteleira, o turismo de lazer é baseado em criar interações memoráveis com a cultura local. O Airbnb oferece isso. No varejo, comparação online, preço e entrega são essenciais para o cliente decidir sua compra. A Amazon faz isso.

Percebeu que produtos e serviços estão em segundo plano? As compras hoje são muito mais baseadas em critérios emocionais que racionais. As pessoas buscam soluções e não bens ou serviços. As pessoas buscam mais. A grande questão é que atuar onde todos atuam ou podem atuar, oferecer o que todos oferecem ou podem oferecer, não diferencia, não destaca, não torna competitivo.

Nessa disputa por posições na preferência do cliente, ganha quem convence mais, quem transmite mais credibilidade e quem faz a melhor oferta. Mas oferta não é apenas preço, características técnicas do produto ou serviço ou qualidade.

Preço? Só isso não é essencial para vender. O cliente não quer somente pagar barato. O cliente quer algo que atenda às suas necessidades naquele momento. E para isso, se ele perceber vantagem no que você oferece para ele, ele estará disposto até a pagar um pouco a mais por isso. Agora se o cliente não percebe seu diferencial, só preço importa realmente. No entanto, essa é a estratégia mais frágil de todas. Seu negócio tem que conseguir ganhar na escala. Tem que estar preparado com uma rotina de gestão de baixo custo. Tem que estar preparado para concorrer com ofertas agressivas dos concorrentes. E isso não é tão fácil assim.

Características técnicas? Só isso também não é o essencial para o cliente decidir. Quando o cliente faz uma comparação, ele vai comparar as características do que é ofertado e escolher aquele negócio que ele acredita que irá atender melhor as suas necessidades. Mas tudo isso pode ser facilmente copiado. Desde a maneira que você produz a sua oferta até mesmo como o cliente irá utilizar seu produto ou usufruir do seu serviço. E, se algum concorrente copiar, já não ficará tão fácil competir nesse cenário.

Qualidade? Isso é a obrigação de toda empresa que quer trabalhar com a perspectiva da Gestão da Experiência do Cliente. Se pegarmos a definição de qualidade, não é o que muitos pensam em oferecer um desempenho melhor em algum ponto do produto ou do serviço. Qualidade é como seu produto ou serviço atenderá as necessidades do cliente. Não é simplesmente fazer mais. É fazer e oferecer o que se promete. É atender as expectativas criadas. É estar em conformidade com o que vai resolver o problema de um cliente. Por isso, qualidade não é necessariamente um ponto que vai diferenciar um negócio de outro e fazer que o cliente prefira a sua empresa e não seus concorrentes.

Mas, a Experiência do Cliente sim. Experiência do Cliente está embasada na estratégia empresarial. Trata-se da definição de todas as ações que a empresa vai fazer para criar uma consistência em sua oferta. Do início ao fim do processo, todas as suas ações serão alinhadas para criar percepções e despertar emoções positivas dos clientes.

Por isso, a experiência não deve ser uma única ação. Experiência deve ser o todo. É percepção. É emoção. É o resultado de tudo o que a empresa faz para que o cliente possa acreditar nela, perceber que ela é a melhor opção para ele, comprar e continuar com a empresa por um longo período de tempo. Por isso, não basta pensar em preço, em especificações do produto ou em qualidade para vender mais e melhor. Não basta pensar em relacionamento com o cliente. Não é só pensar em atendimento. É necessário pensar e ser estratégico para oferecer a melhor experiência para vender sempre!

Questões para reflexão:

1. Em seu negócio você usa ações aleatórias ou você tem um planejamento ordenado e organizado que te permite pensar em tudo o que você irá fazer de forma estratégica?

2. Por que você faz essas ações aleatórias? Por falta de tempo ou não vê necessidade de estruturar um planejamento?

3. Se você tem um planejamento, você consegue executá-lo em pelo menos 80%? O que te impede de chegar ao fim de todo planejamento que você elabora?

4. Quais são as dificuldades que você enfrenta com esse método de colocar em prática as ações de sua empresa?

5. O que você poderia fazer para melhorar a maneira que você elabora e executa seu planejamento?

2. Mude seu mindset para atingir seus objetivos

Todo resultado nasce do alcance de um objetivo.

Todo objetivo nasce de uma obstinação, de um desejo.

Todo desejo nasce da percepção da realidade e do ambiente e de onde estamos e de onde queremos chegar ou do que queremos ter: nossas necessidades.

Toda necessidade nasce da forma que nos compreendemos, da maneira que nos relacionamos e da maneira que podemos transmitir isso para os outros.

E saber alinhar nossa necessidade com os resultados que queremos é a base de toda boa estratégia. E toda boa experiência nasce assim.

Quer saber por quê?

A estratégia não é definida de uma única forma. Há uma diversidade conceitual na literatura sobre o que é estratégia. Atualmente, o volume de estudos acerca da estratégia sob enfoque do processo cognitivo do gestor também está aumentando devido a pressões competitivas para demonstrar que o diferencial das empresas está, muitas vezes, relacionado ao processo e organização mental dos seus gestores. Por isso, toda boa estratégia está em como o gestor da empresa racionaliza sobre o seu negócio.

No entanto, é importante adotar um conceito que nos seja útil e aplicável à realidade organizacional de todo tipo de empresa. Para isso, o conceito de estratégia deve incorporar de forma adequada questões inerentes a gestão de relacionamentos, incluindo pessoas, processos e ambientes para ter resultados para todas as partes do ecossistema empresarial.

Mas afinal, o que é estratégia?

> A **estratégia** trata-se da determinação de objetivos de longo prazo e adequação de ferramentas e recursos para atingi-los. Trata-se da determinação de um padrão de objetivos, metas, políticas e planos, com foco no longo prazo, a fim de delinear em que negócios a empresa vai competir e de que forma. Trata-se do procedimento pelo qual a empresa se adequa e se estrutura de acordo com seu ambiente formando um padrão para a tomada de decisões.

Nas empresas, principalmente de pequeno e médio portes e empresas familiares, o gestor que quer conduzir seu negócio de forma estratégica precisa:

- pensar estrategicamente
- planejar estrategicamente a atuação da empresa
- executar eficazmente as estratégias definidas e
- controlar os resultados obtidos.

Em outras palavras, o entendimento do problema, caracterizado tanto pela percepção quanto pela sua interpretação, permite formular e analisar alternativas apropriadas para antecipar-se e adequar-se à realidade da empresa. E entender essa relação é uma arte baseada na personalidade e características pessoais de cada gestor!

Muitas empresas apresentam um ponto de vista processual para a criação de suas estratégias, pois apresentam particularidades no pensar e agir, pois rejeitam (conscientemente ou inconscientemente) a utilização de modelos prescritivos utilizados por grandes empresas complexas. Nessas empresas, a estratégia não é um processo deliberativo e estruturado. A estratégia acontece da mesma forma que as relações pessoais acontecem, que a vivência e a experiência permitem e que as emoções do gestor direcionam. Nessas empresas o aspecto emocional conduz um outro tipo de raciocínio lógico para criar ações, afinal o negócio não é um simples negócio. O negócio é um projeto de vida, é um sonho, é quase que como um filho para quem o cria.

Por isso, precisamos entender que todo gestor possui um modelo mental de seu negócio baseado nas tendências, nas premissas, e nas pressuposições acerca da estrutura de seu setor, clientes, concorrentes e valores pessoais e organizacionais envolvidos. Porém, quando há rápidas mudanças no ambiente, as crenças podem se transformar em uma ameaça à sobrevivência de qualquer empresa. E é exatamente por isso que ter estratégias bem definidas no negócio é o que, muitas vezes, vai definir o sucesso no atingimento dos seus objetivos.

A partir do ambiente que o gestor convive, ele cria seus comportamentos individuais. Seu padrão de relações, suas preferências, sua idealização, etc. Para o seu negócio isso é transmitido de uma maneira muito natural e vai determinar as preferências do próprio negócio, assim como os seus comportamentos e a forma com que as ações serão criadas e colocadas em prática ali dentro. Tudo depende da forma que o gestor racionaliza o seu negócio e se relaciona com pessoas e processos a sua volta.

Assim, podemos entender o ponto crucial de trabalhar estrategicamente e que fica de fora no dia-a-dia de empresas onde isso é a regra: a dificuldade de olhar para fora da empresa e achar oportunidades. E, as oportunidades não se resumem em oportunidades de negócios. São oportunidades para encantar o outro e oferecer melhores experiências em contato com o negócio.

A cognição empresarial, ou seja, a criação de uma racionalidade sobre o próprio empreendedor e sobre as suas relações com o ambiente vem de uma complexidade do funcionamento cerebral. Essa complexidade permite o entendimento sobre si mesmo e sobre o processo de interação social. Pode até parecer sessão de psicologia, mas não é. É a realidade para a busca do sucesso nas empresas. Enquanto o gestor ou empreendedor não tem a consciência sobre si mesmo e sobre suas relações, a percepção sobre o seu negócio fica mais difícil, menos consistente. Criar estratégia não é natural. É uma batalha diária. Quem não tem essa consciência oferece produtos e serviços pois não está preparado ainda para a oferta de experiência. E, é exatamente esse processo cognitivo e consciência que permite a transmissão de características pessoais certas para o negócio.

> As **decisões estratégicas** dos gestores é muito mais que ter objetivos claro e foco. É se entender no sistema empresarial. É saber reconhecer as características próprias que deseja e que deve passar para o negócio. É ter claro que a sua forma de ver o mundo e a sua integração com a realidade e com a sociedade a sua volta vão influenciar diretamente na sua capacidade de construir relacionamentos, de oferecer experiências e de determinar o sucesso ou o fracasso do seu negócio.

Precisamos ter claro que o psicológico do gestor influencia seu raciocínio estratégico e sua tomada de decisões. Influencia seu ambiente e sua forma de se relacionar com ele. Influencia suas relações sociais e seu padrão de comportamentos. E isso, influencia a forma que vai oferecer as experiências para o seu cliente. Por isso, vemos que a interação do gestor com a sua realidade social, é responsável pelo seu entendimento do cenário de negócios e pela forma que ele vai agir.

Como isso funciona na prática?

A experiência pessoal e profissional somada à determinação de objetivos e metas de um negócio permitem indicar muito mais o perfil do empreendedor que suas características demográficas e sociais sozinhas. Dentre esses fatores estão aa busca de oportunidades e iniciativas, o cálculo de riscos, a exigência de qualidade e eficiência, a persistência, o comprometimento, o acesso às informações, o planejamento, a persuasão, a ampla rede de contatos, a independência e a autoconfiança.

As pequenas empresas apresentam um ponto de vista processual único acerca da elaboração das estratégias, pois apresentam particularidades no pensar e agir, pois rejeitam a utilização de modelos prescritivos utilizados por grandes empresas complexas. Pequenas e grandes empresas são muito diferentes. Tanto em estrutura quanto em pensamento estratégico.

Há necessidade da estratégia em pequenas empresas ser analisada como um processo não deliberativo estruturado na cognição e na relação pessoal com o ambiente, que formam os comportamentos individuais, que, como consequência, possibilitam determinar comportamentos organizacionais. Ou seja, o empreendedor, conhecendo seus processos para a oferta de seus produtos e serviços, ele cria normalmente suas estratégias em sua cabeça, como uma articulação normal de suas possibilidades, recursos disponíveis e relacionamentos com os públicos do negócio.

Neste ponto, observar e analisar o ambiente, para depois tomar a iniciativa de criar estratégias, torna-se um fator essencial para orientar os negócios. A essência da estratégia reside na capacidade de pensar estrategicamente sobre os elementos que compõem o cenário em que a empresa atua e como pode se relacionar com ele para atingir seu objetivo. Isso acontece em toda empresa, independente do porte, mas se vê mais nas pequenas.

Deste modo, não adianta se ter receita de bolo para planejar, principalmente em pequenos negócios. É a racionalidade do empreendedor, ou seja, a forma dele pensar e se relacionar que vai determinar a sua estratégia. Por isso, o apoio de ferramentas para enxergar o negócio com um olhar crítico e externo à realidade em que se está inserido torna-se crucial para entender oportunidades na empresa na gestão de suas ações - para clientes ou não.

Há necessidade do entendimento acerca do intercâmbio entre questões neurológicas e psicológicas do indivíduo para análise do seu processo de raciocínio estratégico e tomada de decisões, independente do nível de aplicação: individual ou organizacional.

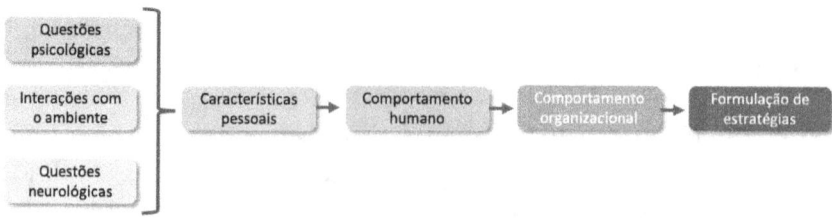

Figura 3: *Processo de formulação de estratégias*

Sendo assim, a ação da empresa é derivada do relacionamento do gestor e da sua percepção do ambiente, de forma consciente ou não, e determinada em função de valores, crenças, hábitos, desejos e vontades internas em relação ao que se observou e percebeu e suas próprias necessidades. Assim, a cultura da empresa, a estrutura das atividades, a criação de processos e o recrutamento de pessoas, a forma de observação de oportunidades no ambiente, a determinação de objetivos a longo prazo, surgem a partir de questões cognitivas próprias de cada indivíduo. Por isso, devemos entender também que não é necessário um novo negócio que muda o mundo. Não é um novo produto que revoluciona. Não é uma nova experiência que encanta. É como esses negócios, esses produtos e essas experiências são criadas. E isso depende mis da pessoa que as cria e de como ela vai determinar as competências da empresa para isso.

E você? Qual é o seu *mindset*?

Questões para reflexão:

1. Quais são as suas características pessoais que te fazem um bom gestor?

2. Quais são as suas características pessoas que podem prejudicar o sucesso do negócio?

3. Como seu comportamento e suas ações permite verificar que você tem um pensamento estratégico? Como isso ode ser materializado, de forma clara e evidente para você e para a sua equipe, no dia-a-dia?

 Para saber, escanei o QR Code e saiba o que a flexibilidade cognitiva tem a ver com estratégia empresarial.

3.
Pare de ser operacional!

Desenvolva um pensamento estratégico

Para mudar uma forma de pensar, primeiro devemos ter consciência sobre ela. Antes de mais nada, precisamos saber que o cérebro é o responsável por ativar o corpo a expressar os comportamentos por meio da percepção desencadeada pelo aspecto cognitivo e sensorial, que são gerados a partir da interação do organismo com seu meio. A esse respeito, deve ser enfatizada a teoria da psicologia do desenvolvimento que trata as mudanças de comportamento do indivíduo de forma relacionada às suas fases de vida, partindo desde perspectivas motoras, habilidade na solução de problemas, capacidade de análise e entendimento de diferentes situações, formas de expressão e, consequentemente, características que direcionam à formação da personalidade.

Mas, por que questões fisiológicas devem estar relacionadas aqui na nossa discussão com as questões psicológicas? Porque a decisão da empresa depende da maneira pela qual o gestor se relaciona com o seu ambiente.

Assim como o corpo precisa se relacionar bem com estímulos e situações do meio externo para ter um padrão adequado de respeito. Assim como a mente precisa adquirir experiências e vivências também para adequar a sua maneira de enxergar, analisar e interagir com o mundo à sua volta.

A evolução do indivíduo está associada à interconectividade entre o organismo e o meio no qual convive. Neste processo, as experiências são promovidas pela articulação entre o sistema sensorial e as experiências adquiridas pela criação de referências passadas no cérebro. Por sua vez, os sentidos permitem a criação de um campo relacional que tem como objetivo assimilar as experiências, criar registro de novas e dar sentido e significado aos fatores excitados pelo ambiente, por meio da interpretação dos conteúdos informacionais recebidos pelo cérebro.

No entanto, para discutir as dimensões e características do modo em que as pessoas se relacionam, podemos atribuir, independente do tipo de personalidade do indivíduo, três pontos essenciais:

1. comunicação
2. liderança
3. participação

O cérebro possui um sistema ligado diretamente ao DNA do indivíduo, permitindo a criação de associações, interpretações e consequentemente a criação de padrões de comportamentos diferenciados para cada indivíduo. Ou seja, cada pessoa possui traços únicos e específicos em sua rede neural, tornando-o singular em relação ao seu ambiente. E isso influencia como cada um irá se comunicar, estabelecer posições ou lidar com questões de liderança e como o indivíduo promove e participa de interações com seu ambiente e com as pessoas à sua volta.

Assim, o processo de criação de estratégias, a percepção do ambiente e a tomada de decisão realizada pelo empresário também são únicos. Cada empreendedor possui seu padrão originado das experiências passadas e fundamentado em suas percepções, também individuais, enfatizando características de interação com o ambiente, particulares de cada empresa.

É relevante salientar que a centralização da gestão nas empresas pode levar o negócio a se tornar vulnerável pela dominação de um sistema cognitivo único. Isso acontece, não apenas pelo fator 'centralização', mas principalmente pelo modo de impor poder e preferências que levam à criação de um padrão ou perfil específico para buscar parcerias e contratações para o negócio.

Assim, a elaboração de estratégias e adequação de comportamentos nas empresas é derivada do padrão cognitivo de seus dirigentes e imprimem suas características pessoais, que agem como um filtro para a formulação de ações e decisões estratégicas. Por este motivo, faz-se necessário primeiramente entender o processo de percepção do gestor sobre o ambiente no qual o negócio está inserido e a forma que é interage com ele: padrão operacional (o ato de fazer) e o padrão estratégico (o ato de planejar, pensar no futuro e agir de acordo com isso).

Mas por que você deve parar de ser operacional?

Operacional é toda a rotina e as atividades ligadas aos processos básicos e necessários para o funcionamento de um negócio. É o dia-a-dia. São os processos. É o que todos fazem para funcionar. Envolve a produção, o atendimento, o marketing, as finanças, as compras, as vendas, etc.

Já o estratégico é algo que vai dizer o que e o porquê as coisas devem ser feitas daquela forma. É o conjunto de ações que vai direcionar a empresa rumo ao seu objetivo. É algo que garante a coerência, a constância e o alinhamento entre o que a empresa diz, faz e quer.

É importante fazer essa diferença, pois precisamos ter claro que uma coisa é criar ações a nível operacional e outra é ter um pensamento a nível estratégico. O que muda de um para o outro não é necessariamente a distância entre o pensar e o colocar em prática ou a racionalidade da implementação. O que muda é que enquanto o operacional pensa em como fazer ou viabilizar algo, o estratégico pensa em porque aquilo deve ser feito. Ai sim a distância pode ser grande e a falta de alinhamento entre esses dois níveis pode prejudicar o negócio e qualquer experiência criada.

> A experiência também pode ser realizada a nível operacional ou estratégico. Enquanto a experiência operacional vê o que deve ser feito e como, a experiência estratégica vê o porque aquilo deve ser feito. A diferença? O operacional faz a experiência como algo pontual. O resultado positivo pode ou não vir. A durabilidade é difícil. E ter um fato memorável pode acabar sendo vulnerável. Já a estratégia embasa a experiência como a essência principal do negócio. Assim, a experiência se torna algo de relevância maior para o resultado, que impacta sempre, pois é permanente e ajuda a fortalecer a marca da empresa, afinal, torna-se memorável para o cliente, como parte do DNA do negócio.

Para que toda e qualquer empresa se torne competitiva, ela deve ter um modo operacional e estratégico que seja superior em resultados do que seus concorrentes possam ter no setor. E, para isso, não basta a empresa ser melhor ou mais lucrativa para o proprietário. A superioridade da empresa está ligada diretamente com a capacidade de ser percebida como melhor que os concorrentes na visão dos clientes da empresa, dos colaboradores, dos fornecedores e da comunidade onde a empresa está inserida. Como resultado, a empresa se torna também competitiva, tem melhor imagem e é capaz de gerar melhores resultados financeiros.

Independente do tipo de negócio, esta lógica não é diferente, mas pode ser um pouco mais delicada. Por exemplo, em um restaurante trabalha-se com produtos (alimentos e bebidas) e serviços (atendimento e conveniências para servir o cliente). Até para muitos, há dúvidas em como classificar um restaurante. Pode ser considerado indústria. Trabalha-se com diversos processos, estocagem de matéria-prima, operação produtiva e transformação de produtos. Pode ser um comércio, afinal, o foco é vender seus produtos. No entanto sua essência está em serviços: o coração do negócio é servir bem.

Mas, boa comida todo restaurante faz. Ou pelo menos deveria fazer. Qualidade nos produtos todos tem. Ou pelo menos deveriam ter. Mas, o serviço em si é o maior ponto de diferenciação entre um restaurante e seus concorrentes. O serviço prestado vai envolver desde a forma como receber o cliente, como servir e se relacionar com ele para que ele vivencie o momento da compra e consumo como uma experiência única.

Somado a isso, deve-se ter o entorno dos produtos e serviços de forma alinhada a como a empresa quer ser percebida pelo seu público. Trata-se do ambiente, da estrutura ofertada, de todos os elementos visuais, da comunicação, do cardápio e elementos do próprio serviço, como utensílios, uniformes e até mesmo como a conta é apresentada para o cliente.

Todo esse composto é o que faz o cliente perceber a qualidade de fato de uma empresa. São pontos que podem influenciar também o comportamento de compra e a preferência pela empresa. E, são todos os pontos que também fazem o cliente ter a melhor experiência em seu negócio.

Esses pontos citados são a operacionalização do serviço ao cliente. São questões pontuais. Acontecem de forma independentes. No entanto, a relação entre eles, a forma de serem apresentados e mantidos deve ser algo estratégico para estar alinhado às evidências que vão proporcionar sensações positivas ao cliente. É criar a interdependência dessas ações.

O cliente não considera o atendimento de forma isolada, por exemplo. O tratamento pode ser o melhor possível, mas se o garçom não tiver asseio no seu uniforme a na sua apresentação a percepção de bom atendimento irá mudar. Por isso, saber como e o que fazer nos processos é importante. Mas, acima disso, para oferecer uma boa experiência é necessário saber o porque cada elemento ou ação do processo existe e se ela trará um resultado satisfatório no que a empresa quer de fato transmitir para os seus clientes.

E você? O que você faz na sua empresa para alinhar seus processos operacionais e ser mais estratégico?

Questões para reflexão:

1. Que ações do seu negócio permitem dizer se você é mais operacional ou mais estratégico?

2. Pense na última ação que você desenvolveu em sua empresa. Esse processo foi mais operacional ou estratégico? Por quê?

3. Descreva o porquê algumas atividades são feitas na sua empresa e reflita sobre o impacto causado por ela em outras atividades. Ex: por que a fachada da sua empresa é como ela é hoje? Influencia em que? E o padrão de atendimento? Distribuição de produtos? Padrão de contratação? E o relacionamento pós-venda?

4. Aja estrategicamente

A ação da empresa é derivada do relacionamento do gestor e da sua percepção do ambiente, de forma consciente ou não, e determinada em função de valores, crenças, hábitos, desejos e vontades internas em relação ao que se observou e percebeu e suas próprias necessidades. Assim, a cultura da empresa, a estrutura das atividades, processos e pessoas dentro da empresa, a forma de observação de oportunidades no ambiente, a determinação de objetivos a longo prazo, surgem a partir de questões cognitivas próprias de cada indivíduo, como vimos no capítulo anterior.

Por isso, devemos entender também que não é necessário um novo negócio que muda o mundo. Não é um novo produto que revoluciona. Não é uma nova experiência que vai encantar mais. É como esses negócios, esses produtos e essas experiências são criadas e como elas são ofertadas. Isso depende do indivíduo que as cria e como as competências da empresa serão determinadas para isso.

Tudo depende de 3 fatores:

a) cognição do gestor (como ele pensa), que formam as características pessoais, em sua relação com o processo de percepção e a articulação das estratégias;

b) comportamento do gestor (como ele faz), promovido pelo aprendizado a partir das experiências adquiridas e sua relação com aspectos cognitivos;
c) Competências e comportamento organizacional (como ele transmite na empresa), que permite a determinação das formas de tomada de decisão, cultura de processos, formas de liderança e gerenciamento, além de outras questões referentes à pequena organização.

Em consequência disso, podemos notar que o modo de ser estratégico está nas seguintes características:

Elementos do pensamento estratégico	Características necessárias
Cognição do gestor e consciência empresarial	• Saber ouvir • Ter comunicação efetiva • Reação a feedback • Expressão de feedback • Persuasão
Comportamento do gestor	• Liderança efetiva • Autoconfiança • Iniciativa • Independência • Resistência a estresse • Apoio catalisador • Competição
Competências e comportamento organizacional	• Consciência do impacto das ações • Espontaneidade e sensibilidade da equipe • Saber gerenciar conflito • Iniciativa e experimentação • Proximidade • Abertura • Flexibilidade

Quadro 1: Características do pensamento estratégico

Esses 3 fatores, cognição, comportamento individual e organizacional são ligados com uma cadeia de interdependência na empresa. Ou seja, como o gestor pensa e como ele se comporta reflete no padrão de comportamento da empresa.

Assim, ter um negócio estratégico está acima de conhecimentos de gestão. Está acima de teorias e boas ideias. Estratégico envolve ser e pensar de forma coerente com objetivos e com a sua forma de interagir. É a arte de articular tudo de forma lógica e racional sempre com objetivos claros e resultados que podem ser alcançados. E, fundamentar a Experiência do Cliente em estratégia é isso: ou o gestor pensa em experiência para o outro, faz experiências para o outro e transmite experiência como uma cadeia de processos e pessoas de dentro para fora da empresa, da forma mais natural possível, ou ter uma Gestão da Experiência do Cliente é algo utópico e pouco assertivo no negócio.

Afinal, experiência não é apenas o que o cliente sente. Experiência do Cliente é o que a sua empresa é capaz de fazer sentir. E, para isso, temos que saber o porquê e o que fazer para criar experiências memoráveis e ter excelentes resultados com isso, e não apenas saber o como fazer. Pensar somente no como limita na criação de experiências e a obtenção de resultados.

Não tem nada mais tradicional que começar um projeto pensando nos resultados dele, não é mesmo? Mas, antes de mais nada, para você conseguir chegar a esses resultados, você deve saber exatamente o que você quer com o seu negócio determinando objetivos para ele.

A diferença de pensar em resultado e objetivo também deve ser clara para você. Resultado são os frutos que colhemos de algo que fazemos. É o que nos move. São as recompensas relacionadas a algo. Pensar nesses resultados é normal estabelecermos uma relação direta com questões financeiras, em vendas, pedidos, etc.

Já objetivo é onde queremos chegar com algo. É onde queremos estar com alguma ação. É um ponto a conquistar. E nisso é normal também associarmos diretamente aos resultados sem saber o porque o atingimos.

> Enquanto **resultado** é o que vamos ganhar, **objetivo** é o porque fazemos aquilo.

A grande diferença é que para se estruturar uma empresa com base na oferta de experiências memoráveis para o cliente e ser estratégico para isso, precisamos desvincular os conceitos de objetivo e resultados. Pensar estrategicamente exige que o resultado, principalmente o financeiro, seja uma consequência natural do alcance do objetivo do negócio. E, para se atingir o objetivo, o negócio precisa ser percebido pelo cliente com uma proposta de valor clara. Ou seja, a experiência que ele vai vivenciar com o negócio é explícita em tudo que a empresa faz.

Portanto, ser estratégico para pensar na Experiência do Cliente é ter uma filosofia nos negócios voltada a conseguir alinhar a empresa para ter a consistência necessária para desencadear as percepções e emoções positivas dos clientes. Não é pensar em ações isoladas. Não é pensar só em vendas. É saber:

1. definir um plano de ações embasado em estratégias,
2. ter orientação para o mercado,
3. criar um posicionamento claro e
4. ter vantagens competitivas diante da concorrência.

Muitos acham que definir objetivos é um tarefa fácil. No entanto, se você não conseguir determinar bons objetivos – como sua empresa deve ser percebida e entendida pelo cliente –, o caminho para você chegar aos seus resultados pode ser muito mais longo e difícil do que parece. Um erro comum e que tem como consequência baixos resultados vem de uma simples má determinação do que se quer. E, não raras vezes, uma má determinação de objetivos da empresa vem da falta de clareza do próprio gestor. Ou seja, da sua forma de pensar no negócio e de se comportar diante da equipe.

Mas como definir objetivos?

O objetivo da empresa consiste em como e onde ela quer estar no futuro. Sem esse ponto-chave não há como estabelecer um planejamento nem mesmo estratégias que sejam eficazes. Deve se ter em mente que pensar em estratégia é pensar em longo prazo. E essa é a questão mais complicada para muitos gestores, principalmente de pequenas empresas. A dificuldade de se determinar objetivos de longo prazo vem das próprias motivações para abrir e manter o negócio.

E para não errar nesse ponto tão importante que vai definir o rumo de seu negócio, você deve se concentrar nesses três pontos:

1) Tenha foco no longo prazo.

Começar determinando onde se quer chegar realmente no futuro é ideal para estabelecer objetivos coerentes. Pensar num futuro distante nos ajuda a alinhar tudo o que vamos fazer no nosso dia-a-dia para chegarmos perto do resultado esperado o mais rápido possível. E nos negócios isso não é diferente. Focar no longo prazo permite alinhar a empresa, criar ações consistentes e ter mais direcionamento de todos os recursos para se chegar lá. Economia de tempo, dinheiro e traz mais resultados na certa!

2) Crie objetivos que sejam mensuráveis

De nada adianta sabermos o que queremos se não conseguimos analisar se realmente chegamos lá! A razão é simples: só atingimos plenamente um objetivo quando conseguimos mensurar seus resultados.

Vamos exemplificar com o objetivo mais recorrente em todas as listas de metas pessoais de início de ano: perder peso. Chegando ao final do ano, se eu perder 500 gramas eu atingi esse objetivo tanto quanto se eu perder 20 quilos, afinal perdi peso. A diferença está no limite e na especificação que dei para isso.

Nos negócios, saber se você quer aumentar o faturamento de 10 ou 100%, contratar 1 ou 20 colaboradores, abrir mais 1 ou 50 novas lojas é crucial para ter ações consistentes. E esse objetivo também deve ser realizável. Afinal, de nada adianta sonhar muito distante da realidade. A frustração e a probabilidade de desistência serão muito maiores se você não tem claro os resultados concretos possíveis.

3) Estabeleça prazos

Uma situação muito comum é criar objetivos sem deixar claro quando se quer ter o resultado. Voltando ao exemplo de peso, se eu coloco como objetivo que quero perder 20 quilos preciso estabelecer se quero isso em 3 meses, 6 meses ou 1 ano. Isso vai fazer mudar suas estratégias para emagrecer, sua dieta e até seus hábitos e rotina.

Na sua empresa é a mesma coisa: se você quiser expandir, você tem que se dar um prazo para isso. Você vai ser mais ágil e mais focado na obtenção de recursos, você conseguirá mobilizar sua equipe com mais energia e vai fazer todos estabelecerem ações, rotinas e metas diárias para isso.

E o que você faz no seu negócio para ter objetivos claros?

Questões para reflexão:

1. Qual é o objetivo do seu negócio? Defina em uma frase curta, iniciando por um verbo, o que seu negócio pretende oferecer para seus clientes e por quê.

2. A partir da frase criada:
    a) o que você faz hoje para garantir que esse objetivo seja atingido pela sua equipe?
    b) Quais são os resultados que você espera desse objetivo? Como você costuma mensurá-los?

3. Como você poderia redefinir esse objetivo para criar um foco em experiência do seu cliente?

Como é o seu comportamento como gestor?

Assista ao vídeo sobre o comportamento ideal do bom gestor. O vídeo é aplicado ao setor de foodservice, mas perceba que há diversos pontos em comum para negócios, principalmente de pequeno e médio portes.

5. Defina sua estratégia

Estratégia é como uma linha imaginária de ação, que comporta o direcionamento de tudo que deve ser idealizado, planejado e feito para se atingir um determinado objetivo. Estratégia não é o fim de um processo. Estratégia não é o resultado de um processo. Nem menos os produtos ou serviços que a empresa oferece.

Estratégia está ligada diretamente a um curso de ação que vai mover a empresa como um todo na mesma direção a um objetivo para se obter os resultados pretendidos.

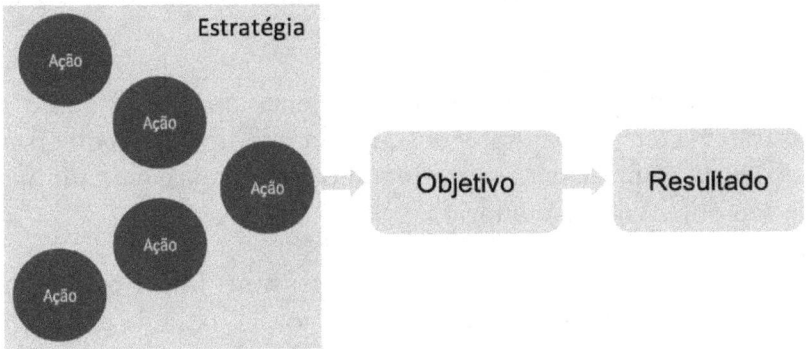

Figura 4: *O que é a Estratégia*

Um exemplo claro de estratégia é o McDonalds. O objetivo da empresa é servir lanches rápidos, de forma prática, simples para fazer as pessoas felizes. Para conseguirem isso, utilizam basicamente estratégias com foco operacional de eficiência em processos para:

- agilizar toda a cadeia de produção e distribuição de lanches de forma rápida e simples,

- garantir o baixo custo.

Para isso, diversas ações são propostas. Desde a cadeia logística toda interligada e com fortes parcerias, o McDonalds consegue a agilidade na realização de pedidos, evitando a ruptura de estoque, ou seja, falta de produtos, agilidade na entrega e nível de estoque condizente com o dia-a-dia de cada loja. Sua cozinha é toda funcional em termos de logística de pessoas, fluxo de circulação e de processos e entrega do produto pronto para o cliente.

No serviço vemos a mesma agilidade e facilidade. Com a organização de pedidos no caixa ou em sistema de autosserviço em painéis eletrônicos, entrega no balcão, bandejas para o próprio cliente retirar seus dejetos e deixar espaço para o outro cliente, estrutura grande mas sem muito conforto, claridade e incentivos para uma escolha fácil para o cliente são algumas das questões utilizadas para conseguir atingir o seu objetivo.

Você percebeu que não é apenas uma ação que é a estratégia em si. A estratégia aqui está interligada em diversas ações da empresa para se conseguir o que deseja e garantir que o seu objetivo seja cumprido.

No entanto, não basta possuir uma estratégia empresarial. Ela deve estar presente no dia-a-dia da empresa, em todas as ações, para todos os funcionários e na alma do negócio. É o elemento que trará a coesão de todas as ações realizadas. É o que o que motiva a equipe a agir e a seguir as metas a serem atingidas. É o que fará a empresa ser forte e sustentável no seu cenário. E aqui não falo em sustentabilidade ambiental, nem em responsabilidade social. Falo de ser sustentável economicamente.

Para isso, você deve responder duas questões:

• Como os objetivos do negócio podem ser alcançados?

• Como a empresa planeja se estruturar para conseguir viabilizar e executar a ações para atingir esses objetivos?

A princípio parece simples. Mas, a estratégia vai nortear tudo o que deve ser feito e o que não deve ser feito na empresa. Em restaurantes, muitas vezes a estratégia acaba ficando em segundo plano por não ter um objetivo claro. O direcionamento todo do negócio acaba ficando por conta do produto – o cardápio, no caso de um restaurante – e as outras questões acabam se tornando acessórias, enquanto deveriam ser ao contrário. Ou seja, a Experiência do Cliente como um todo e o atendimento das expectativas dele deveriam nortear a estratégia da empresa. Não somente o produto. Você percebeu isso no exemplo do McDonalds?

Quando colocamos um produto em primeiro lugar, nos tornamos fechados para o que podemos oferecer enquanto empresa. Nos centramos em nossas competências existentes e não nas necessidades do mercado. O resultado disso é que não nos tornamos capazes de captar as oportunidades, não nos diferenciamos de forma eficaz e não atingimos os resultados pretendidos a longo prazo. E, não vemos possibilidades de adaptação a novos contextos. E para isso, há necessidade de criarmos um planejamento eficaz para os negócios.

Ter um planejamento do negócio permite olhar para as possibilidades do setor, saber como agregar diferencial, como se estruturar, como organizar todas as contas, como ter um público de acordo com a proposta do negócio, dentre diversos outros fatores. Apesar desse planejamento não ser necessariamente algo formal – aquele documento que vai embasar e direcionar todas as ações da empresa – ele deve ser algo organizado e com diretrizes bem ordenadas na cabeça do empreendedor e de uma forma capaz de ser transmitida para a equipe. Por isso, traremos um método de planejamento bem prático para você nos próximos capítulos.

A inexistência de um planejamento vai apresentar problemas para a empresa no médio e no longo prazo. Mas por quê? Em alguns setores ou situações específicas, nos deparamos com algumas particularidades. Se estamos no início de um negócio, muitas vezes há pressa para a inauguração. Outras vezes, em situação de crise, queremos agir rapidamente sem saber exatamente o que podemos esperar de resultado. Isso é o imediatismo que atrapalha todo e qualquer negócio.

O imediatismo pede agilidade na tomada de decisões. Pede agilidade para realizar as tarefas do dia-a-dia, e aí está o grande perigo. Não há uma orientação clara da empresa. Não há direcionamento claro também para quem trabalha nela. E com isso os problemas começam a surgir. O empreendedor quer melhorar seu negócio, quer vender mais, quer crescer, mas precisa acertar as contas. Precisa contratar outro profissional para a equipe, pois um foi embora.

O interesse maior passa a ser em se manter aberto e continuar lucrativo e não em se estruturar pensando no futuro. O futuro passa a ser o fechamento do mês e não o que será da empresa nos próximos meses ou nos próximos anos. Com isso surgem dois grandes problemas:

O primeiro problema é trabalhar com base na tentativa e erro. Quando tentamos e acertamos, é o cenário perfeito e temos muitos ganhos com isso.

Mas, quando erramos há perdas. Perda de tempo, dinheiro e de motivação da equipe.

> **O segundo problema é não ver oportunidades e possibilidades de melhoria**, afinal quando estamos focados na nossa própria realidade operacional esquecemos de olhar para frente, de olhar para fora, e de ter novas ideias. A falta de tempo e a falta de visão de futuro faz isso.

E tudo isso é devido à falta de orientação para o mercado.

Mas, antes mesmo de pensar no futuro de seus negócios, e até mesmo antes de realizar um planejamento, há necessidade de a empresa criar uma filosofia de gestão. Essa filosofia de gestão é a forma de pensar do empreendedor que vai embasar todos os comportamentos que ele e sua equipe terão no negócio. É uma mudança de mindset (forma de pensar) para enxergar como melhorar o negócio e obter bons resultados, no médio e longo prazo. E isso sim vai ser capaz de minimizar os problemas da empresa e fazer ela crescer, pois sua empresa terá a chamada orientação para o mercado.

O que você faz na sua empresa para criar a estratégia perfeita?

Questões para reflexão:

1. Como você organiza suas ações hoje? Selecione uma parte do seu processo de entrega de um produto ou serviço para o cliente e estabeleça uma tabela de ações e defina como elas se relacionam para atingir o objetivo do seu negócio.

2. A partir da tabela criada, analise se você consegue ver alinhamento das ações e o que poderia ser melhorado para melhorar a percepção da sua marca e o valor da sua empresa?

6.
Tenha orientação para o mercado

A orientação da empresa está adequada com base na competitividade que ela tem ou deseja ter. A competitividade não faz parte de um contexto que verifica a empresa como um todo, e sim como partes fundamentais que se orientam, se relacionam e se estruturam a fim de criar uma produtividade acima dos níveis obtidos no mercado.

É importante entender que primeiro uma empresa precisa ser produtiva para depois ser competitiva. Para uma empresa ser competitiva, primeiramente ela deve se estruturar internamente para conseguir oferecer seus produtos e serviços da melhor maneira possível. A empresa para tanto, deve ter as características de qualidade esperada em tudo que faz, desde a compra de matéria-prima, a produção de seus produtos, a oferta no mercado, os serviços adequados. Tudo de forma adequada atender satisfatoriamente seus clientes, com maior agilidade e menores custos de produção. Apenas depois disso, a empresa conseguirá pensar de fato em critérios de competitividade com base em uma orientação para o mercado.

Figura 5: *Formação da competitividade na empresa*

Por que a empresa deve ser orientada para o mercado?

A competitividade está na capacidade da empresa de se posicionar como melhor que seus concorrentes em alguns critérios. No entanto, se posicionar de forma superior envolve ter algumas características fundamentais para que essa competitividade realmente possa ser algo que gere valor para os negócios e não apenas destaque comercial. Para isso, a chave é ter os critérios de competitividade baseado em competências essenciais da empresa: aquelas que são raras, difíceis de serem copiadas e que geram valor para os clientes.

No entanto, para isso, você percebe que há necessidade da empresa estar bem internamente para estabelecer essa sua competitividade com base nesses critérios e se tornar sustentável ao longo do tempo? Ai está a grande questão: como ser difícil de ser copiado.

Quando organizamos a empresa de dentro para fora, temos pontos que dificilmente são copiados, principalmente quando estas características estão estabelecidas em três pontos essenciais – e que veremos mais para frente – que são a base da experiência para o cliente e que são a base da cultura da empresa: pessoas que a empresa tem, a forma de realizar seus processos e o modo de se relacionar com cada um de seus públicos.

Apesar de muitos profissionais e empresas falarem hoje em dia de orientação para o cliente, não podemos pensar estrategicamente em Gestão da Experiência do Cliente quando pensamos apenas nessa perspectiva. A orientação para o cliente é apenas uma parte de um todo. Olhar para o cliente e ter orientação para ele não quer dizer em se tornar mais competitivo, em ter diferenciais acimas da média ou focar em destaque. A cultura de orientação ao cliente está focada em excelência em serviços, em atendimento de necessidades acima das expectativas do cliente e oferecer para ele a melhor qualidade possível para que ele sai da empresa satisfeito.

No entanto, ter a cultura de orientação para o cliente envolve apenas o olhar em produtos e serviços ofertados com excelência. E esse foco é essencialmente o que já vimos que não dá sustentabilidade para o negócio pois: não pensa em todo o ecossistema da empresa, não se adequa na sua forma de produção, cultura e pessoas primeiro e, com isso, não se pensa de modo consistente em competitividade a longo prazo.

De outro lado, o conceito de orientação para o mercado, que erroneamente é aplicado no universo empresarial como apenas olhar externo e competitivo, ele se torna um olhar mais estratégico e abrangente para a empresa.

A orientação para o mercado é a forma de pensar que vai nortear a criação de um conjunto de comportamentos para a empresa. Essa forma de pensar deve ser baseada na sua principal premissa:

> **Olhe para fora do seu negócio para conseguir enxergar oportunidades e se estruturar melhor.**

Quanto mais fechado o empreendedor estiver em seu próprio negócio, as soluções não vêm. É a rotina, o hábito de sempre realizar tarefas da mesma forma e a falta de consciência de existir um aprendizado constante para todos que trabalham ali.

No entanto, esse aprendizado não vem apenas de treinamentos, embora eles sejam de extrema importância para capacitar sua equipe. Esse aprendizado vem da necessidade de se estar ligado no que acontece na empresa, nos erros que acontecem, de forma que o reconhecimento desses erros passe a ser o ponto de partida para criar a experiência de que aquilo não deve mais se repetir. E isso só vem a partir do momento que temos outras realidades para compararmos ao nosso negócio, e que possam servir como inspiração para melhorar e evoluir na gestão.

Para executar isso, você precisa de quatro pontos essenciais para se criar a orientação para o mercado e fazer você diminuir muito as chances de problemas de falta de competitividade do seu negócio. Quais são esses 4 pontos? O foco no longo prazo, a coordenação interfuncional, a orientação para o cliente e a orientação para os concorrentes.

1. Foque no longo prazo.

Sempre que pensamos nos problemas da empresa, focamos no agora. É o processo do imediatismo. No entanto, se você pensar nos objetivos da empresa e onde ela deve chegar no futuro, você poderá criar um caminho otimizado para que todas as ações realizadas possam ser direcionadas para atingir seus objetivos. Isso permite somar esforços, unir a equipe, economizar tempo e dinheiro na busca pelos resultados que você pretende ter.

2. Tenha uma coordenação interfuncional.

Para ilustrar melhor nesse ponto, digamos que você seja o gestor de uma pizzaria. Sabe quando o cliente lá na mesa fica insatisfeito, pois sua pizza veio sem um famoso ou importante ingrediente que acabou no seu estoque? Ou quando uma entrega atrasa, pois os pedidos entraram em ordem inversa?

Parecem questões simples do dia-a-dia e fáceis de serem resolvidas. Mas, se acontecerem de forma recorrente, deve ser analisada a causa desses problemas que podem gerar dores de cabeça e não apenas consertar o erro. Por quê? O problema já aconteceu e você não conseguiu acertar a tempo. E se você focar só em reparar o erro, ele pode ser repetir. Como consequência, o cliente reclama, avalia mal sua empresa, isso repercute na internet e contamina outros clientes e possíveis clientes que passarão a pensar duas vezes antes de fazer um novo pedido ou voltar a sua pizzaria. Mas qual é a causa desses problemas?

Esses dois problemas – falta de produto em estoque e atraso –, apesar de "simples", estão embasados na falta de comunicação entre os setores. Se o atendente soubesse que não havia mais o famoso item em estoque, ou que avisasse a cozinha da ordem correta dos pedidos, nada disso teria acontecido. Mas essa ainda não é a causa final do problema.

A causa é que os seus funcionários podem estar desmotivados ou não foram treinados para realizar suas atividades de forma satisfatória. Para isso, a empresa deve se conscientizar e ter a coordenação interfuncional, que é utilizar de maneira coordenada todos os recursos da empresa, principalmente os recursos humanos (as pessoas que trabalham ali). Para isso, deve envolver todos os setores da sua empresa (salão, cozinha e administrativo) em busca de um mesmo objetivo: oferecer a melhor experiência para os clientes.

Isso pode ser resolvido com reuniões diárias, com uma equipe multifuncional, tendo o conhecimento do que o outro faz ou é responsável por fazer, e até mesmo com uma contratação focada no perfil pessoal e não em apenas capacidades técnicas propriamente ditas, para evitar vícios da profissão e adequar o colaboradas na cultura da empresa.

3. Oriente-se para o cliente.

Todo cliente quer ser bem atendido, receber bons produtos e serviços e estar em um lugar que ele se sinta bem. No entanto, para sua empresa conseguir oferecer tudo isso para o cliente, não basta você, enquanto gestor, criar o melhor serviço que você imagina, o melhor produto que você goste e o ambiente que você se sinta quase em casa.

Se você cria seu negócio com base nas suas preferências, seus gostos e suas necessidades, você deixa de pensar no seu cliente, e assim você fica incapacitado de atender às necessidades dele.

Para evitar ter erros no que você oferece e conseguir trazer benefícios para os seus clientes, antes de mais nada você tem que ter informações e pesquisas sobre seus clientes. E não vale você apenas conversar diretamente com alguns deles. É a mesma coisa quando seu (sua) companheiro(a) te pergunta: "está bom assim?" Apesar de você olhar e não gostar necessariamente, às vezes você evita falar a verdade do que pensa para não dar pano para a manga. Principalmente em "início de namoro". Não é mesmo?

Em simples conversas com seus clientes, ele pode às vezes falar o que você quer ouvir, embora não necessariamente fale o que ele realmente acha ou achou sobre seu negócio. Para isso, você precisa de uma boa pesquisa de mercado.

No entanto, como já mencionei, quando se pensa apenas no cliente, se esquece do cenário e de toda a estrutura interna da empresa. E aí que está o perigo para garantir estratégias e experiências que sejam duradouras e lucrativas. Para garantir excelência, devemos ter os outros três pontos fundamentais da orientação para o mercado. Caso contrário, a empresa não consegue se tornar competitiva e sustentável a longo prazo.

4. Oriente-se para o concorrente.

A necessidade de olhar para fora da sua empresa para ver oportunidades se inicia observando as necessidades e preferências dos clientes. Mas, o ponto-chave é conseguir olhar para o concorrente e tirar proveito disso. Como?

A observação dos concorrentes não envolve apenas identificar os diferenciais que ele oferece, produtos, serviços, ambiente e estrutura. Está muito além disso.

Pensar no concorrente para se ter vantagem é conseguir enxergar quais são as competências dele que a curto e a longo prazo permitem que ele seja melhor do que seu negócio. É prestar atenção na formação da equipe, nos processos realizados, na agilidade que ele tem para se adequar às mudanças e por aí vai.

E, para avaliar e se inspirar no concorrente, a melhor coisa é fazer isso de perto, pois você precisa saber quais são seus objetivos, estratégias e não simplesmente ações pontuas e isoladas. É necessário avaliar o todo e o contexto no qual ele está inserido.

Esses quatro pontos devem ser claros para embasar tudo o que a empresa vai fazer. E, por isso, a orientação da empresa, que dita o rumo de suas estratégias é algo macro, que permeia toda a empresa e não apenas ações pontuais ou áreas especificas. Através da estratégia é que é possível ligar tudo o que é ou o que deve ser feito de uma forma coerente para traduzir tudo isso no posicionamento da empresa.

E, para ter um negócio de sucesso e focado em oferecer uma experiência incrível para seus clientes, você deve pensar primeiro em servir um mercado específico e com necessidades claras a serem atendidas. A partir disso, você deve oferecer o melhor que puder e ver o lucro como uma consequência natural disso, não como seu objetivo. Se você tem um público em definido, oferece uma boa experiência para ele, você conquista mais clientes e, consequente vende mais e melhor. E para tudo isso, você precisa ter um posicionamento claro e consistente do seu negócio.

E você, o que você faz no seu negócio hoje para se orientar e ter melhores resultados amanhã?

Questões para reflexão:

1. Sua empresa é orientada para o cliente ou para o mercado? Por que e como isso pode ser observado?

2. Se fosse para traçar um plano para criar uma cultura de orientação de mercado na sua empresa, o que você faria e como?

Quer saber mais?

Assista ao vídeo disponível no QR Code ao lado, sobre orientação pra o mercado.

7. Crie valor para o cliente e vantagem competitiva para o seu negócio

Você pode tornar seu negócio irresistível quando você consegue criar uma proposta de valor consistente para o seu cliente. Ter uma proposta de valor consistente é meio caminho andado para fornecer estratégias voltadas para a Experiência do Cliente. Mas por quê?

Valor para o cliente não é necessariamente a qualidade do que você oferece. Valor para o cliente não é necessariamente o grande diferencial que você propõe. Valor para o cliente não é simplesmente excelência em algo.

O valor para o cliente pode estar em sua vantagem competitiva. A vantagem competitiva vem de habilidades especiais que se adequam ao contexto da empresa e à maneira pela qual ela reage aos movimentos externos do mercado. É aquilo que só você saber fazer ou oferecer para o cliente, mas não está necessariamente em sua comida ou bebida. Pode ser algo que você faça bem, que agrade o cliente nas suas expectativas, seu ambiente, sua localização, seu atendimento, o que você oferece como benefício, entre diversas outras coisas que você pode ter como diferencial.

A vantagem competitiva está na aptidão da empresa em criar e adaptar recursos, capacidades e competências essenciais da empresa para atender a necessidades da empresa. Recursos são todos os insumos, produtos que são utilizados na produção de algo, estrutura física, colaboradores e outros artefatos que a empresa pode ter como diferencial do seu negócio. Capacidades são habilidades técnicas capazes de agregar diferencial. Pode ser por exemplo, um conhecimento ou mesmo uma forma de fazer ou de servir. Já as competências essenciais (ou core competence) são capacidades que tem 3 características essenciais: é singular (única no mercado), difícil de ser copiada e que agrega valor superior ao ofertado pelos concorrentes aos olhos dos clientes.

Ter vantagem competitiva com recursos é difícil devido a facilidade de um concorrente copiar ou ter para si o mesmo recurso e não ser mais uma vantagem exclusiva da empresa. Capacidades também podem ser facilmente replicadas. Por isso, a melhor vantagem é trabalhar com competências essenciais. Parece difícil à primeira vista, pois o empreendedor sempre pensa: "mas como ter algo exclusivo, difícil de ser copiado e de valor superior aos concorrentes? Esse tipo de vantagem pode estar na forma de se comunicar com os clientes, na forma de se trabalhar na equipe, na liderança da empresa, até mesmo em patentes.

No entanto, com as constantes mudanças e inconstância no cenário de negócios, as empresas devem criar vantagem competitiva baseadas em uma abordagem a qual priorize também a sustentabilidade desses diferenciais competitivos diante de condições desfavoráveis. A partir disso surgem as competências dinâmicas.

As competências dinâmicas se referem à abordagem que identifica capacidades específicas que podem ser fonte de vantagem e explora a existência de competências as quais possam superar mudanças ambientais (o que competências essenciais não preveem). O termo "dinâmicas" destaca-se pela possibilidade de renovação e alterações determinadas pelo ambiente de mudanças.

Trata-se de um método que a empresa utiliza para construir habilidades específicas de forma mais competitiva que seus concorrentes, estando estas habilidades relacionadas diretamente também aos recursos e capacidades do negócio. São habilidades desenvolvidas ao longo do tempo, baseadas em informações, materiais ou aptidões com o objetivo de propiciar maior produtividade na empresa, mais flexibilidade estratégica e proteção para os resultados do produto ou serviço final.

Assim, a principal competência dinâmica que gera a vantagem competitiva necessária a todo tipo de negócio é a capacidade de se relacionar com o cliente e de oferecer uma experiência única dele em contato com a empresa. Por isso, a maior vantagem na criação de valor para o cliente está na forma que o seu negócio pode ser relacionar com ele. E a partir disso nasce o Relacionamento Superior, que é a base das estratégias da Gestão da Experiência do Cliente.

Em todo tipo de negócio, a criação de processos que permitam um bom desempenho da empresa e a possibilidade da perpetuação do negócio de forma próspera e eficaz é essencial na busca pela competitividade. Esse objetivo pode ser alcançado a partir do momento que a empresa consegue conquistar e organizar recursos, capacidades e competências para criar comportamentos que gerem superioridade em seu setor. Ou seja, sejam percebidos como melhores que os ofertados pela concorrência.

Diante disso, as estratégias de relacionamento – essenciais para a efetivação de todos os processos empresariais – possibilitam a vantagem competitiva da empresa a partir da criação de valor de forma sustentável aos clientes, adaptação para todas as atividades da empresa, além de garantir a singularidade nos processos e nos negócios.

Com isso, a gestão dos relacionamentos com os públicos de interesse da empresa, em especial dos clientes, deve se posicionar de forma superior aos níveis propostos pelo mercado. Nesse contexto o Relacionamento Superior entre a empresa e seus clientes pode ultrapassar a barreira da competitividade, para alcançar níveis de desempenho acima do normal e se tornar o valor realmente esperado pelo cliente.

Questões para reflexão:

1. Qual é o valor que o seu negócio entrega para os seus clientes?

   Para pensar em valor, lembre-se que valor ao cliente é o que agrega aquele diferencial que brilha os olhos do consumidor e faz ele preferir comprar na sua empresa e não no concorrente. É o que fará de fato resolver o problema dele e atender às suas necessidades e expectativas.

2. Qual é a vantagem competitiva do seu negócio? Qual é o fator que faz realmente você se destacar em critérios competitivos de seu concorrente e ganhar vantagens?

   Não precisa ser algo declarado ou reconhecido para o cliente. Exemplo: A vantagem competitiva da Sony é a capacidade de miniaturização (fazer objetos pequenos). A da Apple é a criatividade. A da Toyota é o sistema produtivo. E a de sua empresa? Dê exemplos concretos do seu negócio ou do seu mercado.

Parte II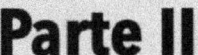

Comportamento organizacional
Da mentalidade à ação:
Como ter um pensamento estratégico
para criar experiências?

Ajustando os interesses com os dos clientes

Conexão com cliente
Do interesse à compra:
Como e por que se diferenciar pelo
Relacionamento Superior?

Gestão de experiências
Da comunicação à fidelização:
Como criar estratégias eficazes
para encantar clientes?

Controle estratégico
Da prevenção à avaliação:
Como evitar riscos e promover
a aprendizagem na empresa?

Parte II

**Do interesse à compra:
Como e por que se diferenciar com o
Relacionamento Superior?**

Uma das partes essenciais do sistema nervoso central (SNC), é o sistema nervoso autônomo, que tem como principal objetivo controlar as funções básicas do organismo: a respiração, circulação do sangue, controle de temperatura e digestão. Enquanto nos organismos vivos essas funções básicas são as essenciais para a sobrevivência do indivíduo, para a sobrevivência da empresa, o essencial é a gestão adequada dos recursos organizacionais, além da análise e aproveitamento das oportunidades, como já vimos na parte I deste livro. Trata-se do sistema responsável por ajustar de forma assertiva as capacidades da empresa em direção à criação de uma estrutura que consiga reagir e lutar para manter-se viva no seu segmento. Ou seja, é o sistema responsável por criar e manter bons relacionamentos.

No entanto, no corpo humano é algo lógico enxergarmos a necessidade das funções básicas à sobrevivência. Por meio de estímulos involuntários, nosso cérebro comanda batimentos cardíacos, que impulsionam o sangue para todas as partes do corpo. Este sangue carrega o oxigênio, já filtrado pelos pulmões, e distribui para todas as partes que o necessitam para funcionar bem. Se a respiração falha, diminui a quantidade de oxigênio, a qualidade do que o sangue distribui é pior e algumas partes do corpo podem ficar prejudicadas. Assim como, se acontecer algo e nosso coração para de bater por um momento, ou a circulação tem algum obstáculo em artérias importantes do corpo, também algumas partes ficam sem trabalhar de modo adequado. E esse é o início de problemas.

Percebeu que tudo acontece por meio de relacionamentos? No corpo humano, por meio de sistemas, estruturas, células e partículas, tudo precisa se relacionar muito bem e de forma interdependente para que o funcionamento do organismo seja perfeito e que o indivíduo tenha saúde. O indivíduo não fica mais pensando em sua respiração ou batimentos cardíacos, principalmente quando está saudável, mas sabe que tudo está bem e pronto para se relacionar com outras pessoas e ambiente de uma forma benéfica para todos e tranquila para ele.

O indivíduo estando bem, parte em busca de relacionamentos que possam o auxiliar de alguma forma a conquistarem novos patamares da pirâmide da hierarquia de necessidades de Maslow, lembra dela? Você pode pensar que relacionamentos nascem de uma forma natural. Mas, o que devemos ter claro é que o indivíduo, a partir do momento que ele está bem com patamares anteriores da sua hierarquia de necessidades, ele está em plena forma para desenvolver relacionamentos de uma forma sadia, seja em nível físico, psicológico ou emocional que o auxiliarão a conquistar novos objetivos.

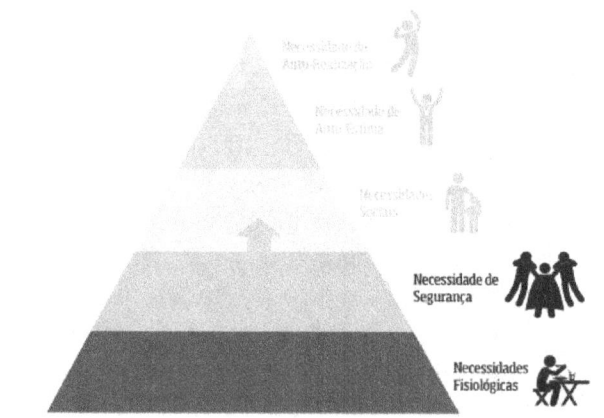

Figura 6: Hierarquia de necessidades - Relacionamentos

Quando o indivíduo não está plenamente bem, fisicamente e psicologicamente, e em segurança, de bem com a família e com questões do dia-a-dia, com trabalho, com estabilidade financeira, dentre outros fatores que colaboram para o equilíbrio psicológico das pessoas, há uma grande tendência de que os relacionamentos nasçam de uma forma pouco sadia, ou seja, tendendo para um relacionamento chamado de tóxico, para pelo menos um dos lados. Isso envolve também questões de personalidade, mas isso não abordaremos aqui, afinal nosso objetivo é só ilustrar melhor o porque e como acontecem os relacionamentos nas empresas (figura 7).

Nas empresas, enquanto não houver um equilíbrio de recursos físicos e humanos, assim como um clima e estrutura organizacional também considerados saudáveis, os relacionamentos também não nascem e não se estruturam de um modo benefício para ambas as partes.

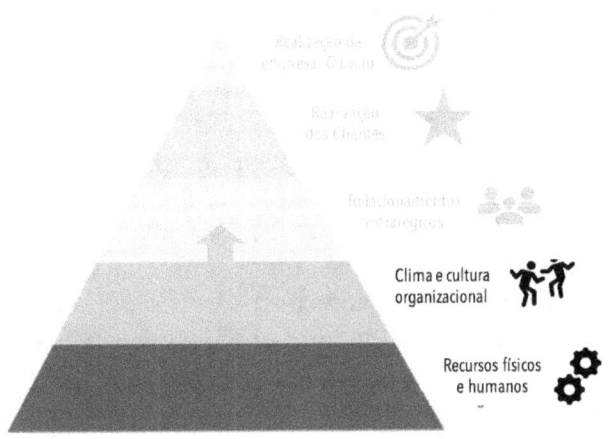

Figura 7: *Hierarquia de necessidades aplicada na empresa – Formação de Relacionamentos Empresariais*

No entanto, o que devemos ter em mente é que todo relacionamento, por mais sadio que ele seja, nasce de um interesse, independente de quão benéfico e não intencional que ele possa parecer. Uma pessoa saudável fisicamente, mentalmente e emocionalmente vai formar relacionamento com outras pessoas para estar melhor com seu ambiente, para se sentir melhor, para trocar experiências, para passar momentos agradáveis. Ou seja, há um interesse claro em algo. Relacionamentos agregam às pessoas e não acontecem simplesmente por acontecer. Vimos claramente com a pandemia que há dificuldade em manter distanciamento social. Não por hábito, mas por necessidade unicamente pessoal de estar com outras pessoas. É uma necessidade humana de se estabelecer trocas uns com os outros. Sejam trocas de informações, de bons momentos, de companhia ou de transações de qualquer espécie. Tudo porque o ser humano é um ser social.

De outro lado temos a empresa. A empresa, por sua vez, precisa estabelecer um fluxo contínuo de informações, de trocas e de processos interdependentes para existir. Um produto para ser fabricado precisa de um processo de seleção de matéria-prima, compra, armazenamento, processamento através de um projeto prévio e de pessoas capacitadas e que conheçam bem o projeto para o executar. Depois, é embalado, estocado, enviado para o transporte, entregue a um ponto-de-vendas ou ao consumidor final.

Parece simples, mas tudo acontece como no corpo humano como falamos anteriormente. São funções básicas, mas que se houver falha em um desses pontos, se cair a qualidade em algum momento, o produto final não terá excelência necessária para encantar o cliente. Não necessariamente pelo produto em si, mas pelo processo. E isso é o mínimo quando falamos de Gestão da Experiência do Cliente. De nada adianta tapar o sol com a peneira com um atendimento se o produto em si não cumpre com o mínimo esperado. Então, só depois de todo esse processo acontecendo com excelência e de um produto final de qualidade é que podemos pensar na Experiência do Cliente de fato e nos relacionamentos necessários para conquistá-la com excelência. Apenas a partir desse momento é que podemos pensar em criar relacionamentos, colaborativos e sustentáveis, para gerar a competitividade necessária ao negócio.

Mas, precisamos, antes de mais nada, esclarecer os diferentes relacionamentos que existem. Os relacionamentos, representados por associações entre elementos que interagem por objetivos comuns, atualmente assumem práticas de mercado como forma de manter a competitividade das empresas. Uma dessas práticas correntes de mercado é a criação de parcerias. As empresas devem adotar a criação de proximidade com os diversos públicos da empresa como uma estratégia importante dentro da organização. Trata-se da efetivação de processos que visam à colaboração entre as partes envolvidas, propiciando a troca de interesses comuns ou complementares e, consequentemente, o alcance dos objetivos de ambas as partes.

Quando falamos de relacionamento, temos interesses que podem ser comuns entre as partes ou não, e temos os relacionamentos embasados em processos colaborativos que surgem da necessidade de auxílio mútuo. Ou seja, trata-se de um interesse também, mas com o intuito de beneficiar ambas as partes envolvidas. Caracteriza-se por uma dependência e comprometimento maior que um simples relacionamento.

O termo "processos colaborativos" figura de maneira mais clara e objetiva para tratar os relacionamentos de forma estratégica. Tendo em vista que para as empresas, os relacionamentos são considerados elementos estratégicos e que podem acontecer por meio de interações informais, os simples termos "relacionamento" ou "parceria" não representam o que realmente envolve um relacionamento estratégico. As parcerias em muitos casos exigem garantias contratuais, ou seja, processos formais para assegurar os benefícios de ambas as partes, o que não é regra principalmente no caso de pequenos negócios. Já o termo relacionamento se torna genérico e inespecífico para tratar de questões mais deliberadas, ou seja, planejadas e articuladas com um determinado objetivo pela empresa.

A diferenciação dos termos justifica-se pela necessidade de estabelecermos que a criação de estratégias para a melhor Experiência do Cliente é baseada em processos internos e externos colaborativos, que devem ser criados por meio de etapas sucessivas, ou procedimentos, de forma deliberada e intencional, diferentemente de um simples relacionamento, que pode acontecer por acaso e sem fins estratégicos. É algo exatamente como acontece no corpo humano: tudo interligado e de modo interdependente.

Por esta razão neste livro, citaremos os relacionamentos com base no princípio de "processos colaborativos", que sintetiza a intencionalidade por meio de procedimentos a serem criados e o objetivo de resultados positivos para ambas as partes. Lembre-se sempre que que processos colaborativos permitem ter um cliente feliz. Mas, um cliente feliz não é apenas aquele que vai somente comprar mais e avaliar bem a empresa. Um cliente feliz é aquele que fica mais próximo, transmite mais informações para a empresa, cria lealdade atitudinal e até pode passar a defender a marca. Então, deixar um cliente encantado é uma estratégia, pois o objetivo não é apenas vender. O objetivo é encantar para aproximar, reter e fidelizar para que a empresa possa, com isso, melhorar cada vez mais a sua oferta e proposta para novos clientes, ter melhores resultados internos e externos, agregar mais valor a sua oferta e, consequentemente, ter muito mais lucro para si. Assim, trabalhar com experiência baseada em processos colaborativos é encantar para ganhar vantagens.

Vamos ver como isso funciona?

8.
Se diferencie pelos relacionamentos

A formação de relacionamentos é uma das capacidades que pode ser considerada específica a cada empresa e depende do momento e da forma com que ela gerencia seus negócios.

Muitas teorias que abordam a questão dos relacionamentos no ambiente de negócios já foram desenvolvidas e esse boom de foco no cliente não é nada recente. Nos anos 60, os relacionamentos mantidos entre as empresas e os seus clientes eram focados em sólidas interações. Essas interações se caracterizavam de forma pessoal, próxima, duradoura e especial.

Nas décadas de 70 e 80, com o desenvolvimento da produção em massa, surgiu a necessidade da adaptação de novos processos no contexto das interações entre consumidores e fornecedores, e com isso, a abordagem dos relacionamentos mais estreitos foi deixada em segundo plano. Aqui já podemos ver que a escala pode ser uma adversária a uma proximidade de relacionamento se não tiver uma boa estrutura e foco estratégico na empresa para isso. Foi nesse período que o processo de troca, como um relacionamento entre vendedores e compradores, começou a ser discutido no contexto de diferenciação das estratégias de marketing e da necessidade de novas reflexões sobre diferentes perspectivas para o marketing industrial e canais de marketing.

No entanto, os relacionamentos no cenário atual não devem ser vistos só como uma função de conexão com o cliente ou como uma ferramenta de marketing. No marketing de transação os relacionamentos são vistos como trocas pontuais, são voltados apenas para a venda e levam em consideração o curto prazo para a sua execução. Já os relacionamentos aumentam os benefícios percebidos com a troca, por meio da confiabilidade, comportamentos não oportunistas, valor agregado, experiência de consumo e baixo risco associado à compra.

Uma questão importante que devemos destacar é que nos relacionamentos também deve ser enfatizada a importância do produto oferecido e não apenas aspectos inerentes ao serviço. Ou seja, um bom relacionamento sozinho, sem a qualidade dos produtos e serviços, não atinge bons resultados. Para o cliente, o resultado de fato de uma transação é o que conta. É o que ele busca satisfazer, ter ou receber. Por isso, engana-se pensar em relacionamento com os clientes, em Experiência do Cliente e satisfação, apenas pela lógica do atendimento. Por quê?

Apesar de os relacionamentos poderem ser caracterizados por trocas baseadas no conceito de marketing, devemos estender o conceito e aplicação para a área da estratégia organizacional. Mais que táticas de marketing de relacionamento, os relacionamentos agregam qualidade, valor e vantagens para a empresa na sua cadeia de valor. Para isso, os relacionamentos consideram todos os públicos, e deve ser visto de dentro para fora da estrutura da empresa.

Por isso, a existência de uma estrutura de governança, ou seja, ter normas para a condução de relacionamentos organizacionais, deve ser um dos focos para a criação de estratégias que sejam realmente competitivas. Uma estrutura de governança é fundamental para organizar todas as atividades voltadas a ganhar, reter e desenvolver clientes, inclusive indo de encontro com a perspectiva da orientação para o mercado. Trata-se da capacidade de identificar, estabelecer e manter o relacionamento entre a empresa, clientes e também outros públicos, como uma forma de efetivar trocas mútuas e benéficas para ambas as partes, a partir de todos os pontos de contato. E tudo de modo controlado para evitar falhas e desalinhamento de estratégias.

Todavia, para uma empresa prover relacionamentos que sejam realmente competitivos e que sejam percebidos com níveis superiores aos ofertados pelo mercado, esses relacionamentos devem ser provenientes de uma competência essencial da empresa. Essa competência está baseada nas interações que a empresa estabelece com todos os seus públicos, não apenas com os clientes, e torna-se capaz de obter mais resultados financeiros por meio da singularidade que tem, da sustentabilidade que promove para a empresa e do diferencial percebido pelos clientes. Por isso, o foco em criar relacionamentos na empresa deve estar em um nível estratégico, principalmente quando o objetivo do negócio é ter uma cultura centrada no cliente.

Em relação às estratégias competitivas dos negócios a literatura nos sugere considerar três possibilidades competitivas: liderança em custos, diferenciação e foco (ter atuação baseada em nichos de mercado). A perspectiva da liderança em custos nos permite ter estrutura enxuta, uma ótica baseada em liderança em custos e, possivelmente um posicionamento de preços baixos para ofertar ao cliente.

A estratégia de diferenciação tem como vantagem a capacidade de se ter uma oferta inovadora, arrojada e diferenciada dos concorrentes. Mas, sabemos que a cada dia, ter uma estratégia focada nessa perspectiva é difícil em termos de sustentabilidade competitiva do negócio. Já a estratégia de foco é fundamentada na atuação em grupos ou nichos específicos de clientes, com ofertas mais direcionadas e consistentes para atender a demandas específicas. O foco, pode ser subdividido, considerando a predisposição da empresa em também agregar aspectos de liderança em custos ou diferenciação.

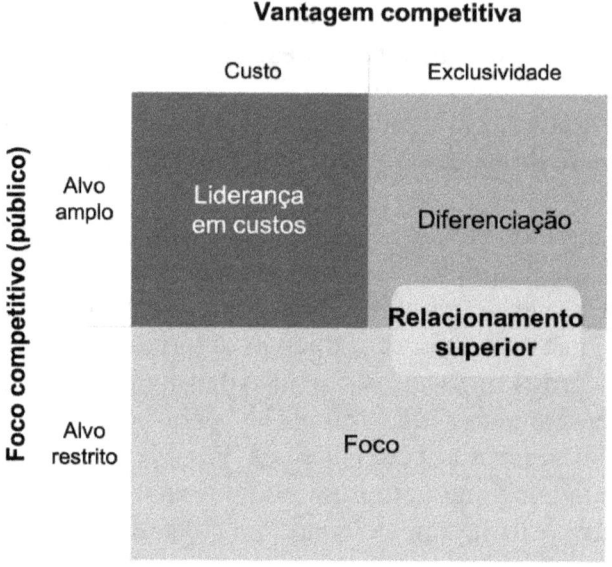

Figura 8: *Relacionamento como estratégia do negócio*

No entanto, nenhuma dessas perspectivas determina necessariamente a excelência ao cliente. Por isso é necessário entendermos uma nova perspectiva: os relacionamentos como estratégia dos negócios e não apenas como habilidade ou diferencial. E, para entendermos os relacionamentos como estratégia, temos que compreender como é obtido um desempenho superior no mercado.

Um desempenho superior requer que um negócio ganhe e mantenha uma vantagem acima da média dos concorrentes, que pode ser a capacidade de atrair mais, se relacionar melhor ou oferecer algo percebido como melhor. Neste contexto, um relacionamento considerado com superior se baseia na forma competitiva da empresa implementar estratégias e manter ações de relacionamentos que se tornem funcionais e duradouras com os principais públicos de interesse dentro da cadeia de valor: fornecedores, concorrentes, colaboradores e clientes.

No entanto, o Relacionamento Superior não é apenas uma forma de interagir com os públicos. Trata-se de uma estratégia da empresa que visa obter competitividade, por estar embasada:

a) em competências específicas dos profissionais envolvidos para a coordenação de recursos que proporciona menores custos que outras estratégias;
b) na singularidade diante de outras estratégias, pois trata-se de um ativo intangível difícil de ser copiado pelos concorrentes e
c) no diferencial sustentável de produtos e serviços, que cria valor aos negócios.

No entanto, há pouca ênfase em estratégias de relacionamentos ou processos colaborativos como as principais fontes de vantagem competitiva para a empresa. E, menos ainda, como uma estratégia de negócios.

Os relacionamentos, vistos como uma estratégia podem gerar vantagem diante da concorrência para diversos tipos de negócios, já que se tratam, muitas vezes, do único diferencial que podem apresentar diante da falta de recursos, capacidade específicas ou competências que permitam a criação de sinergia em relação aos processos, produtos e serviços da organização. Isso acontece principalmente em mercados extremamente competitivos, como restaurantes, turismo, bens de consumo, e outros. Faz-se necessário, então, entender e propor novas formas de relacionamento os quais permitem orientar o sucesso da empresa, de forma a compreender necessidades de cada público, ter a capacidade de resposta a essas necessidades, e criar oportunidades competitivas pensando em resultados a longo prazo.

E, é isso que é a base da Gestão da Experiência do Cliente: o pensamento estratégico movido pelo Relacionamento Superior que deve envolver a empresa como um todo para permitir 3 pontos essenciais na criação de competitividade e ganhos financeiros com isso:

- a percepção de estímulos que a empresa cria,
- a organização de todos os processos da empresa e o armazenamento de informação e
- a aprendizagem que essas informações propiciam.

Para isso, vamos comparar aqui novamente a empresa com o cérebro humano.

Ponto 1: Percepção de estímulos da empresa

Por meio dos sentidos, o cérebro é capaz de processar diferentes estímulos do meio externo do ser humano. A percepção dos elementos permite a formação da capacidade de reagir e de se adequar a esse ambiente para manter o indivíduo vivo. Se pensarmos nesse fundamento como empresa, a capacidade dos clientes de selecionar os estímulos que são adequados para ele perceber mais valor na sua empresa do que nos concorrentes é fundamental para fazer com que ele compre. É entender o que o atrai, o que estimula sua decisão e o que vai fazê-lo efetivar a compra e querer voltar a fazer negócios com a empresa.

Ponto 2: A Organização do funcionamento empresarial

O cérebro para os indivíduos tem o importante papel de propiciar a organização da estrutura corporal e os sistemas necessários para manter o ser humano vivo e bem no seu ambiente. Além disso, é responsável por garantir as ações que são comportamentos provenientes de reações à sensações e percepções do meio externo. Nas organizações, a estratégia permite alinhar recursos, capacidades e competências de toda a empresa para a mantê-la ativa e lucrativa e com processos e estrutura propícios à competitividade.

Ponto 3: Armazenamento de informações e aprendizagem

Os sentidos que captam os estímulos do meio externo, além de nortear a ação das pessoas, permite que os indivíduos possam criar associações positivas ou negativas, e assim aprender a reagir de forma adequada em momentos futuros. Na empresa, o processo de armazenamento de informações, garantido por meio de sistemas tecnológicos e realização de estudos e pesquisas, faz com que as novas estratégias sejam direcionadas para tornar a empresa ainda melhor na percepção dos clientes. É um processo de melhoria continua da empresa.

Por isso, para se ter a plena Gestão da Experiência do Cliente é necessário termos claro os seguintes pressupostos:

- A empresa é capaz de criar estímulos que influenciem a percepção dos clientes.

- A empresa deve se organizar para oferecer processos, produtos e serviços de forma coerente com a percepção do cliente.

- Os clientes devem captar os estímulos propostos e ser capazes de associar com os níveis de qualidade esperados e executar o comportamento de compra desejado pela empresa.

E, isso, a empresa não faz sozinha, mas sim com um bom relacionamento com todos os seus públicos, incluindo fornecedores, concorrentes e colaboradores. Simples assim!

Gerenciar a Experiência do Cliente com base na estratégia empresarial é ter o Relacionamento Superior na empresa, fazendo com que a empresa crie ações que sejam percebidas, associadas e aprendidas pelos clientes e que gerem comportamentos favoráveis de compra. Como resultado a empresa se tornará mais lucrativa que os concorrentes e ainda vai garantir a proximidade e preferência de (re)compra do cliente.

Questões para reflexão:

1. Como são os relacionamentos na sua empresa? Considere os relacionamentos com clientes, colaboradores, fornecedores, acionistas, imprensa, vizinhos e até mesmo concorrentes.

2. Quais são as principais estratégias que você tem para garantir a boa qualidade nas relações?

3. Quais são os estímulos que você propõe em sua empresa para criar um bom relacionamento?

4. Agora se coloque no lugar de seus clientes. Se você fosse comprar algo na sua empresa, como você perceberia as relações mantidas com você? Expresse isso em elementos e características chaves desse relacionamento.

9.
Tenha o Relacionamento Superior como base da Experiência do Cliente

Muito se fala de Experiência do Cliente e pouco se aborda de onde ela vem e porquê. A Experiência do Cliente, presente em todos os pontos de contato dele com uma determinada marca ou empresa, origina-se nos relacionamentos que a empresa mantém com os seus públicos. No entanto, não estamos falando aqui de qualquer relacionamento. Estamos falando de Relacionamento Superior.

O Relacionamento Superior permite organizar os processos de comunicação internos e externos, trazendo informações importantes para a gestão do negócio. Trata-se de um processo de percepção e entendimento do cenário empresarial que proporciona maior agilidade para evitar, solucionar e gerenciar problemas, trazendo melhores resultados, pois torna a empresa mais apta a visualizar oportunidades e a garantir a satisfação dos públicos do negócio.

No entanto, este tipo de relacionamento está intimamente ligado ao perfil pessoal e profissional do gestor, no que tange à sua cultura e às suas experiências profissionais. Por sua vez, como já vimos nos capítulos anteriores, essas características do gestor é que irão ser traduzidas na cultura do negócio e, consequentemente, na forma de se fazer negócios, nas prioridades de investimentos e na própria gestão de relacionamentos.

A visão do gestor, aliada à sua postura de liderança e participação ativa nas interações, dentro e fora da empresa, gera maior consistência na criação dos processos colaborativos entre os públicos do negócio e que vão culminar na qualidade produtos e serviços ofertados aos cientes.

São essas características pessoais e profissionais dos gestores que permitem a transmissão da importância dada às interações, enquanto um agente transformador da realidade organizacional para a estrutura do negócio. No que concerne este aspecto, as estruturas organizacionais de empresas que apresentam o Relacionamento Superior são horizontalizadas, para permitir maior proximidade e melhor gestão da comunicação entre a equipe, tratando os relacionamentos e a busca pela excelência como uma filosofia de gestão propagada para todo o negócio, e não apenas no resultado pretendido. Ou seja, os relacionamentos aqui são a base para se conquistar uma cadeia de processos que permita transferir valor agregado a partir de tudo que a empresa faz para o cliente final.

Quando pensamos em criar valor para o cliente, muitas vezes pensamos fora da empresa. Pensamos no mercado, nos concorrentes e no que podemos oferecer para ser e parecer melhores.

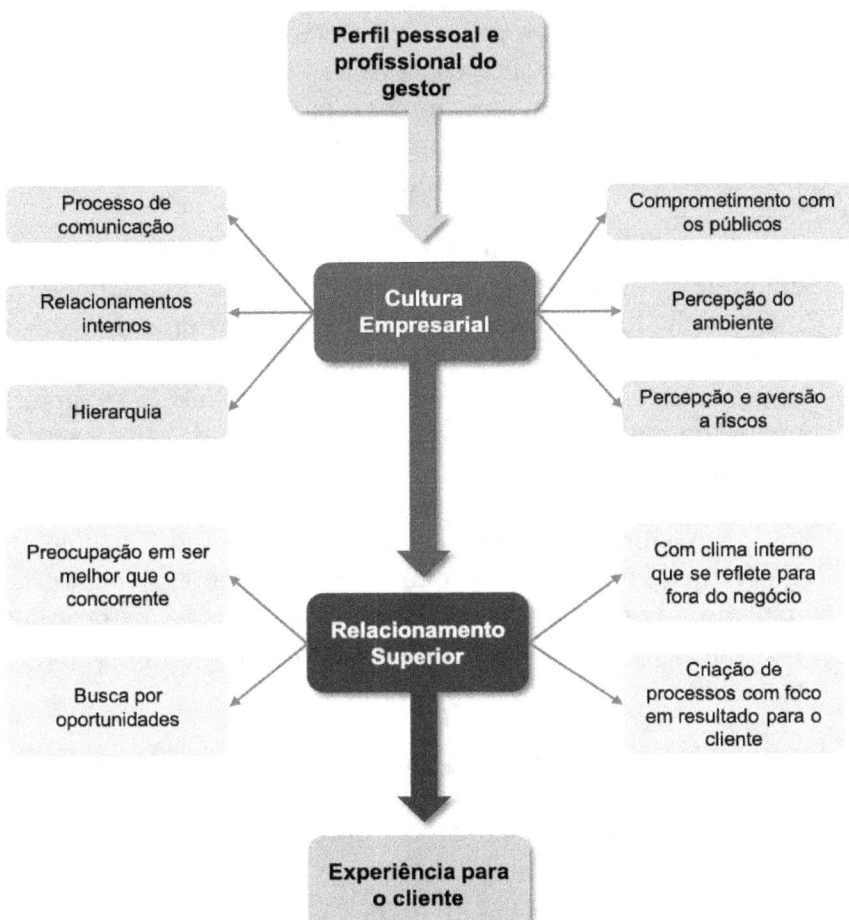

Figura 9*: Criação de Estratégias para a Experiência do Cliente a partir do Relacionamento Superior*

No entanto, é de dentro de casa que o valor deve ser plantado e transferido em todos os seus relacionamentos, como também já vimos no capítulo anterior. No contato e na troca de informações e de recursos. Na proximidade e empatia entre a equipe e departamentos. No conhecimento das funções e da importância de cada um dos departamentos da empresa.

Apenas quando temos colaboradores satisfeitos, se sentindo bem e com orgulho de estar na empresa e com sentimento de pertencimento na sua equipe é que criamos valor em tudo que a empresa faz e oferece. Colaboradores mais motivados são mais envolvidos. Colaboradores mais envolvidos se tornam mais produtivos. E, colaboradores mais produtivos se esforçam mais para entregar a melhor experiência para os seus clientes.

Pensar em Gestão da Experiência do Cliente e fazer com que ela traga resultados para a empresa é criar atividades mais eficientes e eficazes, além de estruturar processos mais ágeis, porque a empresa possui pessoas mais felizes. Isso otimiza custo e tempo. Evita desperdício e retrabalho. Garante maior qualidade. Ganha-se em resultados e valor para o negócio.

Assim, após os colaboradores terem a melhor experiência internamente é que a empresa será capaz de transmitir isso para seus clientes. Com mais empatia. Mais segurança. Mais comprometimento. Tudo para gerar e entregar mais valor e obter melhores resultados.

Uma equipe motivada, participa. Uma equipe que participa, rende mais. Quem rende mais, entrega mais qualidade. Mais qualidade encanta mais. E, mais encantamento aqui não é fazer algo imensamente diferente quando não se dá conta de entregar com qualidade e excelência o básico.

Além disso, o Relacionamento Superior deve-se ao fato de que a cultura e as experiências pessoais e profissionais dos gestores, são capazes de gerar mecanismos cognitivos que propiciam a criação de laços de proximidade e confiança adequados com os públicos, propiciando assim aumento do comprometimento entre as partes. Devemos notar que o primeiro passo para a criação do comprometimento é o alinhamento do ambiente interno da empresa.

Apenas depois, que podemos ver os resultados do Relacionamento Superior, notados pela satisfação geral dos públicos, pela confiança formada por eles, pela garantia de qualidade recebida, e, por fim, pelos resultados financeiros do negócio. Quem percebe mais valor, está predisposto a comprar. Está predisposto a pagar mais por isso também. Assim, uma empresa que tem uma estratégia orientada para o Relacionamento Superior com seus públicos, vende mais e melhor.

> Um **Relacionamento Superior** é a capacidade de criar estratégias de trocas que estabeleçam relações singulares e que agreguem valor e diferencial de forma sustentável aos negócios.

Podemos perceber que um relacionamento que gera vantagem para a empresa é aquele que é uma troca de benefícios mútuos entre a empresa e seus públicos. Mas, volto a frisar que não podemos restringir aqui apenas aos clientes. É toda a cadeia de valor da empresa que conta.

O Relacionamento Superior envolve a troca existente entre a empresa e seus fornecedores. Quanto melhor for o relacionamento com o fornecedor, melhor será a negociação conquistada e a qualidade do que será entregue para a empresa em termos de produtos ou serviços.

Envolve o relacionamento com os concorrentes. O conhecimento de uma empresa acerca das outras empresas que atuam no mesmo setor, que oferecem produtos e serviços similares e atendem o mesmo público torna-se essencial para saber como se tornar mais competitivo. A partir do momento que uma empresa se relaciona bem com o seu concorrente, ela é capaz de ter mais informações sobre como agir para melhorar seus negócios de forma proativa.

Envolve também o relacionamento com os colaboradores. Quanto melhor a empresa se relacionar com as pessoas que trabalham nela, tanto em relação a salários e benefícios, mas também em ambiente físico, social e psicológico de trabalho, melhor será o resultado que esse colaborador será capaz de entregar para os clientes em forma de produtos e serviços de mais qualidade, mais atenção e maior engajamento com os resultados da empresa.

E, por fim, envolve o relacionamento com os clientes. Não se trata de apenas de comunicar, de atender, de oferecer produtos e serviços de qualidade e querer manter esse relacionamento. Trata-se de propor diversos estímulos que façam o cliente compreender o posicionamento do negócio, ver que ele é realmente melhor que os concorrentes e ter emoções positivas que influenciem o seu comportamento de compra.

O Relacionamento Superior é, portanto, a base da Experiência do Cliente, pois direciona toda a estratégia da empresa para isso. Não é apenas pensar no cliente. Cliente é apenas o final de todo o processo de entrega do que a empresa se presta a oferecer. Temos que pensar no todo para que o cliente tenha realmente uma experiência memorável: como percebe, como interage, e como se sente em contato com a empresa independente do seu estágio no processo de compra.

A singularidade proporcionada pelo Relacionamento Superior na criação da Experiência do Cliente é relacionada aos aspectos pessoais envolvidos nas interações, garantindo a melhor percepção de qualidade e o atendimento dos objetivos de todos os públicos envolvidos no processo.

Assim, o conceito de Relacionamento Superior assume a perspectiva de que a empresa utiliza as relações que visam criar colaborações com os públicos de interesse (fornecedores, concorrentes, colaboradores e clientes) como uma de suas principais competências para desenvolver suas atividades e oferecer valor ao cliente final.

Além disso, o Relacionamento Superior, permite dinamizar os processos de comunicação internos e externos da empresa, trazendo informações importantes para a gestão do negócio. Não são apenas dados e informações de clientes que são importantes no processo. Trata-se de um processo comunicativo eficaz entre todas as partes envolvidas na oferta do produto ou serviço e que permite criar maior percepção e entendimento de todo o cenário empresarial e proporciona mais agilidade para solucionar e gerenciar problemas que possam acontecer. Assim, esse processo permite que a empresa se torne mais apta a visualizar oportunidades e garantir a satisfação dos públicos do negócio e aumentar seus ganhos com isso.

Com isso, a melhor representação dos elementos para estruturar o Relacionamento Superior na empresa e ter estratégias eficazes para a Gestão da Experiência do Cliente é como uma flor, em que se uma parte não existir, o processo não estará completo e ficará despedaçado.

A criação de estratégias voltadas à Experiência do Cliente no negócio surge, então, na medida em que todos esses públicos da empresa sejam aptos para criar de estruturas de relacionamentos. Essas estruturas estão, no início, fundamentadas no ambiente interno, para depois serem propagadas como forma de valor para fornecedores, clientes e concorrentes, no ambiente externo da empresa. Trata-se, também, de uma cadeia de comunicação e de processos na qual a empresa deve ser coesa para garantir o Relacionamento Superior em todos os níveis do negócio.

Por isso, a melhor maneira para representar todos os elementos da Experiência do Cliente fundamentada na estratégia de Relacionamento Superior é de uma flor, onde cada pétala é importante para a beleza e esplendor do resultado esperado. A cada pétala que falta nessa flor também é uma parte do processo que deixa de criar o valor ao cliente e, assim, perde o encantamento total do que poderia ser oferecido de fato ao cliente, parecendo algo despedaçado.

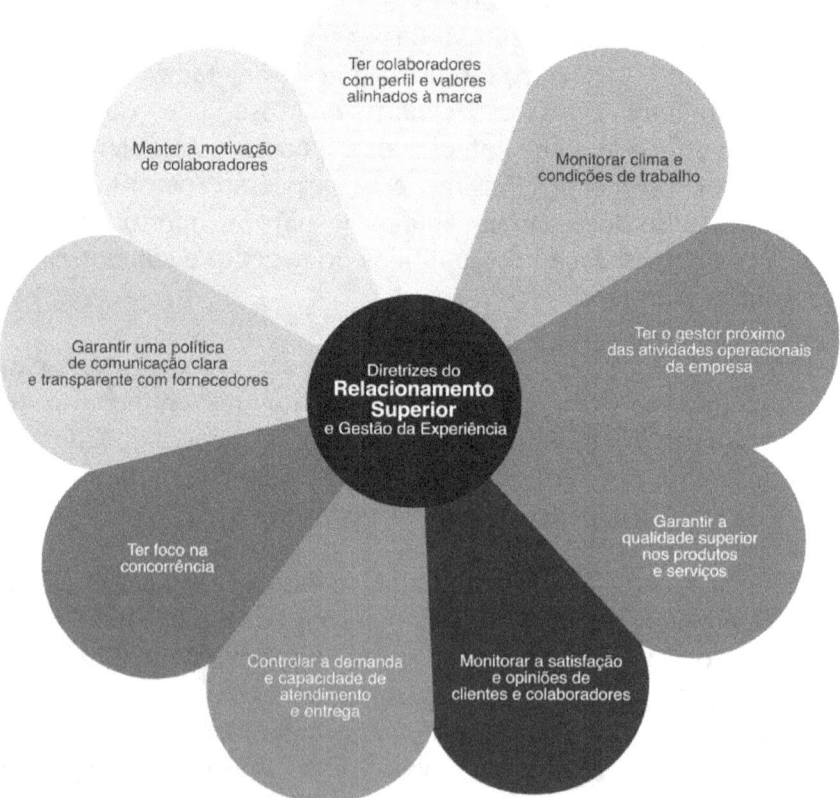

Figura 10: *Diretrizes para criar Relacionamento Superior e iniciar a Gestão da Experiência do Cliente no negócio*

Como resultado das estratégias criadas para a Experiência do Cliente baseadas na perspectiva do Relacionamento Superior, temos:

- a satisfação geral de todos os públicos envolvidos no processo e não apenas do cliente,
- a confiança formada, pela garantia de qualidade ofertada, percebida e recebida, e
- o aumento dos resultados financeiros.

Questões para discussão:
1. Como é a cultura organizacional da sua empresa? Quais são os valores que são mais observados? Você acredita que essa cultura seja proveniente das características do fundador, presidente, diretores e gestores do negócio? Como você pode observar isso?

2. Como a cultura do negócio permite criar os relacionamentos da sua empresa? O que deveria ser adaptado ou melhorado internamente para refletir o posicionamento da empresa voltado ao cliente para fora do negócio?

Bônus!!!

Toda cultura que se preze é baseada nas diretrizes do negócio, constituída por missão, visão e valores. Quando queremos criar uma cultura centrada no cliente e ter uma estratégia de Relacionamento Superior, devemos pensar em estruturar diretrizes que sejam condizentes com isso.

Portanto, reflita:

Qual é a missão do seu negócio?

Missão é a razão de ser do negócio. É o motor e o que motiva a todos a chegarem em um determinado fim. Para estruturar a sua declaração de missão centrada no Relacionamento Superior (ou avaliar se a do seu negócio está de acordo com o foco no cliente) pense responda:

1. Qual é o principal benefício que a sua empresa oferece para o cliente?
2. Qual é a principal vantagem (diferencial) que distingue sua empresa da concorrência?
3. Há algum interesse especial ou fator crítico de sucesso (FCS) que deveria estar na missão da sua empresa?

Agora, elabore uma frase curta, como se desse para estampar em uma camisa e seja fácil de decorar, considerando todos os pontos das questões anteriores.

Qual é a visão do seu negócio?

A visão é a projeção de futuro de sua empresa, ou seja, o que, onde e como você gostaria que ela fosse. É o foco de como o Relacionamento Superior vai ajudar na estrutura e direcionamento do negócio. Para isso, reflita:

1. Em relação a um período de 5 ou 10 anos, como você gostaria que a empresa estivesse ao final desse período?

2. Qual é o indicador de avaliação ou metas numéricas que poderiam ser utilizadas para verificar esses resultados?

Agora, elabore uma frase curta considerando esses dois pontos discutidos.

_____

_____

Quais são os valores do seu negócio?

Esse é mais fácil de fazer! Mas, tenha foco no cliente e nos valores que ele preza de verdade e que seu negócio consegue sustentar de fato.
Reflita:

1. Se sua empresa fosse uma pessoa, por quais atitudes ela deveria ser conhecida, lembrada e admirada?

   Considere que esses valores devem fundamentar os diferenciais do negócio e que visam garantir a sustentabilidade do negócio.

_____

_____

_____

_____

10. Desenvolva a experiência do seu cliente

A Experiência do Cliente depende de todo o contato que o seu cliente vai manter com a sua empresa durante toda a jornada de compra. Envolve desde do momento que ele percebe uma necessidade e coloca a sua empresa na lista de possíveis fornecedores de produtos e serviços que podem satisfazer suas necessidades e resolver os seus problemas, até mesmo depois que ele compra e utiliza a solução que sua empresa forneceu para ele.

> **A Experiência do Cliente** é o resultado de toda a interação que o cliente tem com a sua empresa gerada por meio da percepção que ele cria e das emoções que ele vai vivenciar em cada uma das interações durante o seu processo de compra.

Portanto, como a Experiência do Cliente não se trata apenas dos momentos em que o cliente está na sua empresa, nem envolve apenas o atendimento. Não envolve apenas o relacionamento com o pessoal de vendas. Não envolve apenas situações especificas durante uma compra. Não envolve apenas o relacionamento que você mantém com o cliente no pós-vendas.

Experiência do Cliente é o que o cliente sente em contato com uma marca. É como o cliente percebe a marca, se envolve com ela e se relaciona ou cria a pré-disposição a se relacionar com ela. Mas, **mais importante que saber o que e como o cliente sente, é ser capaz de o fazer sentir**.

Muitos estudos e empresas trabalham na perspectiva de analisar a Experiência do Cliente, identificando pontos sobre a qualidade percebida, sobre a satisfação e sobre a propensão de engajamento à empresa, com medidas como o Net Promoter Score (NPS). No entanto, essa perspectiva aborda apenas o lado cliente da história. É identificado o que o cliente sente e como o cliente sente. Mas somente com essas medidas não identificamos o que a empresa deve fazer para melhorar esses pontos da Experiência do Cliente, pois isso é resultado e não a ação em si. Além disso, não é possível melhorar um resultado sem conhecer o que foi feito e como foi feito em termo de ações para atingir esse objetivo. Discutiremos sobre isso de modo mais aprofundado nos próximos capítulos.

A Gestão da Experiência do Cliente é baseada nas estratégias que a empresa cria e implementa para gerar estímulos que motivem a percepção de valor e gerem o desejo e o comportamento de compra dos clientes. Mais que trabalhar com emoções, sentidos e boas estratégias de relacionamento, os gestores devem saber que cada estímulo induz a uma percepção e um comportamento em todos os artefatos, canais e processos que possuem em contato com os clientes.

Trata-se do que a empresa faz para que esse cliente se sinta de uma determinada maneira. Envolve toda a ação estratégica da empresa e trabalha com o mix de psicologia do consumo e estratégias de marketing jogando a favor do melhor posicionamento de marca para a empresa. O resultado não é a lembrança, a compra ou envolvimento com uma solução. É a o valor que a marca propõe para ele. E valor **para o cliente é como aquela solução o fez sentir**.

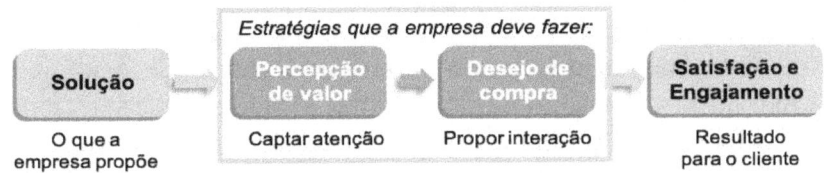

Figura 11: Como criar estratégias satisfação e engajamento do cliente

Para a análise de como a empresa faz a Gestão da Experiência do Cliente, precisamos ter claro que a base disso é a combinação entre estímulos para:

1) o recebimento de informações (aspecto sensorial)
2) o processamento das informações (aspecto cognitivo)
3) o armazenamento e uso das informações (aspecto emocional/relacional)

Diante disso, podemos estabelecer que a Gestão da Experiência do Cliente é um fluxo contínuo de ações realizadas durante toda a jornada de compra do cliente, que vem de dentro para fora da empresa de forma ordenada e organizada, com o objetivo de estimular a atenção e gerar interações com a empresa. O aspecto sensorial, ligado aos sentidos principalmente do tato, olfato, audição e visão preparam o indivíduo para receber um estímulo. Apesar das estratégias de marketing sensorial serem estratégias voltadas a desencadear comportamentos de compra nos clientes, esses estímulos conseguem estimular comportamentos apenas pela relação que mantém com outros estímulos de atenção ao qual estão associados.

Um exemplo é a comunicação. As estratégias de comunicação são o primeiro ponto de contato entre o consumidor e uma marca. A partir da comunicação, independente do canal, a empresa promove estímulos para que o consumidor receba e processe as informações. Para isso, há necessidade de a empresa saber e adaptar onde e como o indivíduo irá consumir essa informação. Trata-se de selecionar a velocidade e o tempo adequado de interação do usuário, de identificar o material que despertará maior curiosidade, além de outros diversos estímulos que permitam adaptar as estratégias a fim de promover as sensações adequadas ao receber uma peça publicitária.

No entanto, ter o canal adequado não basta. Após despertar e adequar o aspecto sensorial, é necessário que a empresa consiga estimular a atenção. É uma busca passiva de informações, sendo que a empresa vai até o indivíduo para que ele possa ter atenção à sua mensagem. A atenção é o processo cognitivo que permite que ele selecione os estímulos que pareçam mais adequados e interessantes para ele. Após ter a atenção em direção a algo, ele vai processar as informações fazendo associações no seu cérebro com outras referências já armazenadas anteriormente. É o momento de saber (na sua percepção) se algo é bom ou ruim e se isso será capaz de atender uma determinada necessidade (mesmo não explícita) ou não para ele.

Em seguida, o indivíduo irá armazenar as informações e usar no momento que julgar mais pertinente com interações com a marca. Essas interações é a busca ativa do indivíduo em relação à empresa. É o momento que, a partir dos estímulos que ele recebeu, ele vai buscar meios de contato efetivo para estreitar o relacionamento.

Um outro exemplo é com o ponto-de-vendas. Estudos comprovam que a iluminação e estímulos musicais aumentam o volume de vendas das empresas. No entanto, não é a iluminação que faz vender. Não é a música e a acústica que vendem. Esses estímulos são combinados em um determinado local para permitir a adaptação adequada do indivíduo no ambiente para que ele possa estar preparado fisicamente e psicologicamente para receber outros estímulos.

Uma iluminação mais clara em um ambiente de loja de departamentos, faz com que a pupila do consumidor dilate. Com isso, o seu sistema cerebral entra em estado de alerta fazendo que o indivíduo fique mais acelerado e tenha uma predisposição menor atenção seletiva e pequenos estímulos. Assim, a busca por informações no ambiente de loja aumenta e aumenta também a velocidade da busca dessas informações. Não é o consumidor que acelera. É o nível, cor e intensidade da iluminação que promoveu isso e, deste modo, a busca por produtos se tornou muito maior, incentivando a localização de possíveis produtos para ele.

Agora, se a empresa tiver a melhor iluminação para deixar o consumidor com a sintonia adequada a receber as informações do ambiente, mas o ambiente não for capaz de produzir os estímulos também adequados para isso, como organização dos produtos, separação de itens, disposição em alturas adequadas, etc, o consumidor não responderá da maneira esperada, pois não conseguiu fixar a atenção em pontos que poderiam ser itens de compra para ele. Com isso, percebemos que os estímulos não agem sozinhos, mas em combinação com outros.

Após a atenção aos itens, o consumidor faz uma interação com a empresa, pois busca mais informações a respeito. Essa busca de informações não é mais uma recepção passiva de estímulos, mas sim uma busca ativa de algo para poder estreitar a proximidade e interação com aquela empresa, ou seja, desencadear a compra. Esse momento acontece tanto em contato com a equipe de atendimento, sistemas tecnológicos de informações sobre os produtos ou mesmo o pagamento.

Mas, a efetivação desse relacionamento só se dá se houver coerência em todos os pontos de contato que um cliente tem com a marca. Pois, para ter a percepção adequada do cliente em relação a experiência que ele está vivenciando com a empresa, há necessidade de se produzir pontos alternados de estímulos de atenção e de interação. Apenas assim é possível manter o interesse de forma racional e emocional com a marca e produzir envolvimento. Veremos isso com mais profundidade na parte IV deste livro.

Para isso, há necessidade de pensar de forma estratégica para ter bons resultados. E, isso não é pensar em Experiência do Cliente. É pensar em Estratégias para a Gestão da Experiência do Cliente.

Assista sobre como trabalhar com Estratégias para a Gestão da Experiência do Cliente:

Flash este QR Code e se aprofunde nesse material explicativo sobre a Experiência do Cliente.

11. Gerencie Estratégias para a Gestão da Experiência do Cliente.

E não apenas satisfação!

Já vimos que não adianta ter estratégias adequadas ao aspecto sensorial se não houver informações pertinentes e relevantes para que o indivíduo possa manter a atenção em direção ao estímulo. Por exemplo, não adianta nada um anúncio ser belo se o conteúdo e o teor do anúncio não desperta a atenção. As pessoas veem, percebem, mas não retém a informação.

Não adianta conseguir captar a atenção se não há capacidade de interação adequada com o cliente. Por exemplo, não adianta o anúncio ter um bom conteúdo, se quando a pessoa entrar e contato com a empresa não receber um atendimento adequado, tanto em agilidade de resposta, em cordialidade no tratamento, quanto com informações complementares de modo satisfatório sobre o fato, produto ou serviço anunciado.

E não adianta pensar em ações de forma isolada ou pontual. Para pensar em experiências, é necessário pensar em estratégia para criar alinhamento de tudo. Isso porque, **no universo de experiências, cada ação tem uma reação interligada e depende da expectativa criada em relação à marca. A experiência é um processo**.

Por isso, devemos reconhecer que a compra de um produto ou serviço não é um processo isolado no contexto da Experiência do Cliente. Envolve todo o processo desde o reconhecimento da necessidade, a busca de informações a respeito, a escolha e tomada de decisão, a compra ou contratação, o consumo, a avaliação pós-consumo e o descarte ou finalização do uso do produto ou serviço.

Esses passos, referentes ao processo de decisão de compra, estabelecem toda a jornada do cliente na construção de sua experiência de fato. No entanto, algumas empresas podem não abordar o processo como um todo. Vamos ao caso de um restaurante. Imaginamos que um cliente chega e um restaurante, faz seu pedido ao garçom, é servido, come, faz o pagamento e vai embora. Essa é a Experiência do Cliente que você imagina. Mas não é a experiência completa que ele tem. Isso é reduzir a Experiência do Cliente só ao fato da compra e do consumo e esquecer todo o resto.

A Experiência do Cliente deve ser vista de modo completo, sendo associada a todo o processo envolvido na sua decisão de compra e relacionamento com a empresa. Esse processo vai desde a escolha de onde fazer sua refeição, o contato que tem com sua marca, seja por um boca-a-boca, seja por meio de anúncios, mídias sociais, ou mesmo da fachada do restaurante, envolve a percepção do ambiente (a compra e o consumo, claro!) e até mesmo a saciedade que ele terá depois do consumo.

Envolve o relacionamento para a escolha, a atmosfera e o ambiente proporcionado para o cliente, a recepção, o contato com o cardápio, a escolha do produto que vai consumir, o relacionamento no momento do pedido, seja com o garçom, seja com uma máquina ou com o atendente pelo telefone, a recepção do produto ou prato, que envolve a apresentação visual, temperatura, ou embalagem na entrega, e o consumo do cliente em si.

Neste consumo envolve a experiência com o produto ou serviço, que não pode ser esquecida ou minimizada, afinal, o cliente está fazendo a compra com essa finalidade e não porque recebeu um atendimento legal ou porque o restaurante é bonitinho. Na experiência com o produto, vale ressaltar que todos os artefatos ligados direto e indiretamente a ele contam, como o tipo de talher ofertado, guardanapos, o prato em si, sabor, bebida que acompanha, dentre outros diversos estímulos que influenciam diretamente na percepção de qualidade do prato.

Além disso envolve as relações que o cliente é capaz de manter durante o serviço tanto com a equipe do restaurante quanto com outros clientes e a saciedade proporcionada por esse consumo. Envolve a criação de uma atmosfera amigável e agradável para estar e querer permanecer. Essa sensação de bem-estar proporcionada é que vai favorecer também a percepção de necessidade e de qualidade dos produtos e serviços comercializados e vai auxiliar a criar e manter um relacionamento mais estreito entre o cliente e a marca.

Por isso, resumindo, para a excelência da Experiência do Cliente devemos pensar no processo do comportamento de consumo como um todo. Imaginando um restaurante, como no nosso exemplo, a Experiência do Cliente vai desde como ele surgiu como opção a ser considerada pelo cliente em seu momento de necessidade. Ele vai avaliar a facilidade de acesso que terá até lá ou conveniência de receber e ter o produto que deseja. Ele vai avaliar aspectos físicos, principalmente visuais para ver se está de acordo com o que espera. Inclui desde cores, sinais e símbolos, limpeza, conformidade com a marca, decoração, uniformes e forma de se vestir das recepcionistas e dos garçons. Tudo é observado para ser considerado e comparar com as expectativas que ele tem. Somente a partir disso que o cliente vai associar se é realmente provável que aquele restaurante é capaz de oferecer o que ele deseja e o que ele quer naquele momento ou não. Tem muita gente e ele vai se sentir em um momento mais festivo e em um lugar disputado ou que as pessoas desejam? Já ouviu dizer que sabemos quando um restaurante é bom se ele está cheio? Pois é. O cliente também pensa assim.

Inclui também a percepção do atendimento e da agilidade ou responsividade, capacidade de resposta do serviço. O cliente está com pressa e servira a tempo para ele continuar suas atividades fora dali ou ele terá a calma que precisa para conversar, pensar e se distrair? O ambiente e os atendentes são do perfil que o cliente espera em termos de atratividade e ser condizente cm seu padrão social?

São inúmeros elementos que devem ser considerados para essa experiência. Desde o primeiro contato. Desde a escolha. A Experiência do Cliente, portanto, não é apenas o atendimento e a qualidade do produto. Experiência do Cliente envolve percepção. Percepção de reconhecer, entender e oferecer o que o cliente espera e necessita e o que a sua empresa pode fazer para atendê-lo.

Para isso, toda empresa deve entender que para o seu cliente, seu negócio é apenas a solução capaz de satisfazer uma necessidade que ele tem. Seja necessidade do produto, do serviço ou de ego (sim, isto acontece e o cliente busca muitas vezes comprar para ter reconhecimento, bem-estar, vaidade, etc). Simples assim. Para o cliente, a experiência que ele terá com a empresa será apenas de "vou, pego, pago e uso". Ponto final.

No entanto, você tem que fazer com que seu negócio se destaque de forma muito superior que todos os seus concorrentes nos produtos e serviço que sua empresa oferece e no seu entorno também, é claro! E, apenas a partir desse destaque é que a empresa poderá ser capaz de iniciar um relacionamento de fato com o cliente e obter mais resultados com isso. Ou seja, deve-se pensar em o que e porquê criar ações que estimulam a experiência em cada ponto de contato.

Se o Boticário não tivesse produtos de qualidade, se o Nubank não ofertasse um serviço com mais benefícios, se a Magazine Luiza não tivesse excelência nas marcas que oferta e na sua entrega, não haveria atendimento, ambiente de loja e política de relacionamento que fizesse manter a Experiência do Cliente com a excelência que eles promovem.

Quem deve ampliar o relacionamento entre cliente-empresa e promover o algo a mais que faça a empresa ser reconhecida como algo que ele comece a precisar também, como um adicional ao produto em si, é a própria empresa com a oferta de um produto extendido que agregue o encantamento através do entorno desse produto. Por isso, sempre com o foco deve ser que o cliente vai até a sua empresa pelo produto em si, mas é conquistado, cria e mantém relacionamento pelo seu entorno.

A excelência na Experiência do Cliente é como um casamento. No namoro você conhece o parceiro, mas pelo que ele te vende. Antes do namoro você tinha uma expectativa, se encantou por algo que te chamou a atenção. Durante o início do relacionamento ele vai te reforçar isso. Se ele conseguir comprovar de fato a sua expectativa, vocês mantêm o relacionamento. Caso contrário, o relacionamento é quebrado, pois as expectativas não são atendidas. E ninguém quer ficar com um mal "produto", a não ser que a sua expectativa era realmente baixa. E às vezes, é por detalhes que um relacionamento é quebrado, não é mesmo?

Isso é a mesma sistemática que acontece com o cliente. Ele cria a expectativa, presta atenção em tudo no processo de venda. Mas, é com a efetivação da compra que ele vai comprovar a qualidade do produto. Caso isso não seja cumprido conforme a expectativa que ele tinha, ou que ele criou no processo de venda, o relacionamento se quebra e surge a má experiência.

E uma má experiência é diferente de insatisfação. A satisfação é sempre considerada em relação a algo específico e depende da expectativa criada em relação a esse ponto considerado. Satisfação é um resultado. Experiência é um processo. Portanto, podemos ter uma Experiência do Cliente incrível, pois a sua jornada durante o seu processo de decisão foi memorável, mas com uma insatisfação em algum ponto, ou ter a satisfação do cliente, mas com uma experiência ruim.

Por exemplo, posso ir a uma loja conceito, que trás experiências lúdicas incríveis, ao parque de atrações da Disney, ou mesmo a um hotel 5 estrelas, que me atende com o máximo conforto, excelência e qualidade. Fico extremamente contente com a experiência que eu vivenciei, afinal, surpreendeu minhas expectativas. Em uma avaliação de satisfação do meu contato com a empresa vi que o preço de alguns itens não me agradou e avalio com um ponto pouco satisfatório. Os canais contato que me deixaram esperar mais do que eu imaginei também não me agradaram. Avalio também como pouco satisfatório. Porém, nada tirou o brilho do todo.

A questão é que, quando penso em satisfação, estou reduzindo o processo de experiência àquele ponto apenas da compra e consumo, desconsiderando todo o resto. Além disso, com resultados de pesquisas de satisfação tenho uma visão geral de vários pequenos pontos que podem não ser a total realidade de algo e cai na subjetividade de quem avalia, já que o que é satisfatório para mim, pode ser insatisfatório para você. Tudo depende da expectativa criada. Isso é ver apenas o ponto de vista do cliente. E, vamos ver adiante que gerenciar a Experiência do Cliente com o foco apenas nisso é ter estratégias muito arriscadas, pois depende da percepção exclusivamente individual de cada um, de seu contexto, de sua história e de sua relação com o produto.

Moral da história: pesquisas de satisfação mensuram resultado, que podem não ser a realidade da experiência vivenciada. Experiência é um processo e precisa ser avaliado de forma criteriosa de outros modos, como vamos abordar nos próximos capítulos. E, gerenciar experiência depende do alinhamento de estratégias. Nada acontece de modo isolado.

Assim, para pensarmos de forma estratégica precisamos entender o que tem que ser feito para envolver o cliente do início ao fim, entendendo como ele compra para, somente a partir desse momento, oferecermos estratégias alinhadas com todos esses pontos de contato com ele. São 14 passos essenciais para a criação de estratégias e gestão da Experiência do Cliente e que deve ser considerado como um todo no momento de elaborar e efetivar estratégias eficazes para conquistar e fidelizar sua clientela. Trata-se do **Ciclo da Experiência do Cliente**.

Reflexão

Assista ao vídeo e descubra mais sobre as etapas para estruturar projetos estratégicos para a Gestão da Experiência do Cliente.

12.
O Ciclo da Experiência do Cliente – Método HappyTrack

Hoje, as pessoas não buscam apenas produtos e serviços de qualidade. As pessoas também não buscam simplesmente o preço mais atrativo. Não buscam apenas a marca mais forte. As pessoas querem a melhor experiência para sua compra, que inclui os momentos antes, durante e depois do processo, motivadas pela busca de confiabilidade e valor na entrega de momentos e resultados memoráveis que a empresa possa oferecer. Tudo de forma coerente e alinhada com a expectativa do cliente.

Antes da compra, a internet tornou-se o maior centro de busca de informações. A maior parte das pessoas "dão um Google" para saber mais sobre o produto, serviço ou marca. Vão às redes sociais para tirar a 'prova dos nove' e verificar se o que a empresa promete e o que ela propõe para interação com os clientes é algo que possa realmente agregar valor para si. E, além disso, também se atentam sobre avaliações, sobre o que falam a respeito e sobre quem utiliza de fato os produtos e serviços da empresa.

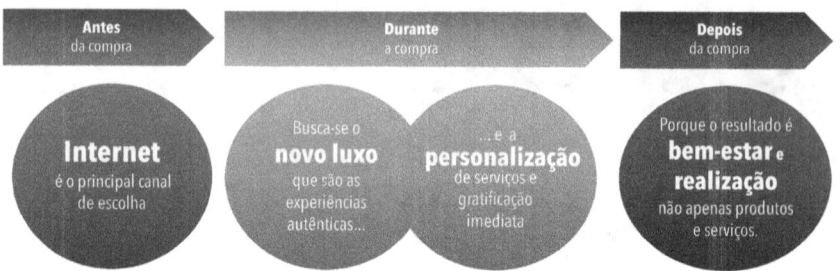

Figura 12: Momentos do processo de decisão de compras

Durante a compra, as pessoas não buscam somente um bom atendimento e um bom ambiente. Esses dois pontos são meros meios para eles obterem acesso ao verdadeiro motivador de uma experiência de compra: o novo luxo de receber experiências autenticas, inusitadas e capazes de despertar as melhores emoções e ter acesso a produtos e serviços personalizados se adaptando as necessidades de receber uma gratificação imediata.

E, depois da compra, o que os clientes buscam não é o produto ou o serviço em si. É o benefício que eles proporcionam, e o bem-estar gerado pelo ato da compra e a realização e valorização pessoal que esse momento de contato vivenciado com a empresa possa lhe trazer. Isso permite verificar que o cliente deseja atingir com a sua compra o patamar mais elevado de atendimento de suas necessidades, dentro da Pirâmide de Maslow.

Assim, a empresa deve se esforçar primeiro para atender essa necessidade lhe oferecendo a melhor experiência para somente após ser gratificada e remunerada por isso. Isso permite agregar valor para o cliente e incentivá-lo a perceber que fez a melhor compra. É desta forma que ela obterá mais resultados e sucesso a longo prazo.

Para permitir que a empresa alinhe o que o cliente deseja em cada momento de sua jornada de compra às estratégias da empresa para que ele obtenha o que deseja, surge o ciclo da Experiência do Cliente proposto pelo método HappyTrack.

O método HappyTrack é uma metodologia exclusiva para diagnosticar e planejar, de modo prático e completo, as Estratégias para a Gestão da Experiência do Cliente, com base no Relacionamento Superior conforme já vimos por aqui. Trata-se do processo de pensar em todo o processo para criar uma cadeia de valor ao cliente a fim de proporcionar o alinhamento de ações e a coerência na entrega do relacionamento ao cliente.

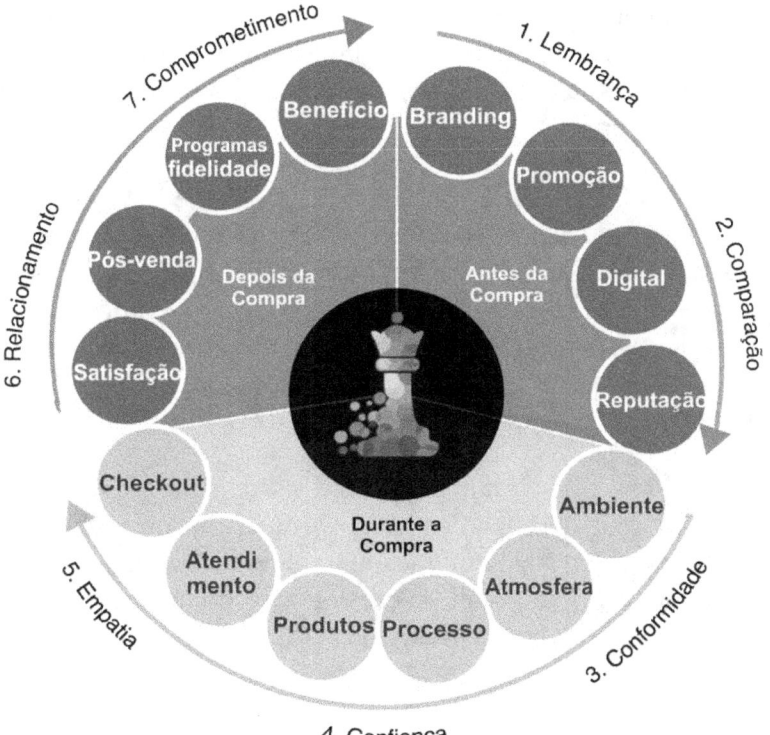

Figura 13: Ciclo da Experiência do Cliente – Método HappyTrack

O Ciclo da Experiência do Cliente HappyTrack, criado a partir dos resultados observados em minha tese, revela que é necessário que tudo seja realizado em um formato cíclico, e não meramente linear, para que as estratégias promovidas pela empresa consigam acompanhar plenamente a jornada do cliente. Trata-se de pensar de forma estratégica para que a empresa possa se estruturar e alinhar sua oferta e os aspectos relacionados ao entorno do produto, a fim de alinhar expectativas, encantar e atingir os resultados esperados para garantir o engajamento do cliente e o resultado financeiro para o negócio.

Primeiramente, precisamos ter em mente que para a empresa ter a estratégia adequada para atingir a melhor percepção dos clientes e proporcionarem uma boa experiência de compra é entender que o processo de decisão, que fundamenta a jornada do cliente e o processo de criação de estratégias para a experiência deve sempre ser composto por três fases distintas e interdependentes: a pré-compra, a compra e o pós-compra.

O Ciclo da Experiência do Cliente faz alusão ao processo de decisão de compra, no qual primeiro o consumidor percebe a necessidade, vai em busca de informações a respeito e avalia as alternativas. Esse é o momento pré-compra. É onde ele inicia um contato com a empresa por meio de suas estratégias de comunicação, como anúncios, mídias sociais e qualquer outro meio que promova a sua marca

Mas, e se a empresa promovesse estratégias pensando em conseguir desencadear exatamente esse processo no seu consumidor de modo em que ele lembre da marca e que diante da comparação que ele faça com os concorrentes ela se destaque sempre como melhor?

Neste ponto temos as estratégias realizadas **antes da compra**:

- **Branding** (ou posicionamento da marca);

- **Promoção de vendas** (incluindo as diversas formas de comunicação, que servem tanto para publicidade, quanto para venda de fato);
- **Atração e reputação online** (que envolve todas as mídias digitais e sistemas de criação de rankings e classificação das empresas do setor); e
- **Influência social e digital** (que representa tudo o que falam sobre a marca, imagem de quem a usa e julga e relação social da marca).

Em seguida, temos a compra, logicamente. E, novamente, pensando no ponto de vista apenas do consumidor, é algo aparentemente simples. Ele vai a um ponto de vendas, independente se é físico ou digital, observa, recebe o atendimento, faz a sua escolha, paga e pronto.

Mas, e se a empresa estruturasse ações com o foco que promover a conformidade com a percepção desse cliente, alinhando a sua oferta às expectativas criadas pela comunicação com o objetivo de estabelecer uma maior confiança do consumidor? E se essas estratégias também pudessem demonstrar a empatia da empresa com a necessidade real a ser atendida daquele consumidor?

Pensando deste modo, do lado estratégico da empresa, a empresa faria ações relacionadas a todos os pontos de contato durante a compra que impactassem de fato na criação de uma conformidade entre o que o consumidor espera e a oferta da empresa. Para ter estratégias eficazes para o momento da compra, devem ser considerados os seguintes pontos:

- **Fachada** da empresa ou estética do website (inclui todos os elementos visuais que atraem, transmitem proximidade ao universo de referência do público e se tornam atrativos para a entrada na loja ou no e-commerce);

- **Estrutura e layout** de loja (considerando acesso e facilidade de visualização e obtenção de informações de produtos e serviços, recursos alinhados ao padrão da marca e fluxo de caminhada ou navegação que façam sentido na jornada de escolha e utilização de produtos e serviços);
- **Estímulos sensoriais** (que fazem parte de estratégias de marketing olfativo, estímulos auditivos, recursos táteis, objetos e decoração, além de elementos que auxiliem na criação de um ambiente agradável para aproximar o público do universo da marca);
- **Processos** (que auxiliam a organização de recursos físicos e humanos da empresa para garantir a agilidade do atendimento e a manutenção do ambiente e de produtos e serviços);
- **Atendimento** (que proporcione coesão com o posicionamento adequado da marca, conhecimento dos produtos e serviços e tenham proximidade ao padrão do público do negócio);
- **Produtos, serviços e preços** (com padrão desejado pelo cliente); e
- **Checkout** (incluindo ambiente, atendimento e formas de pagamento que façam sentido para reforçar a boa escolha realizada pelo cliente).

E, por fim, no processo de decisão do consumidor temos o pós-compra, que envolve o consumo, a avaliação pós-consumo e o descarte. Mas, e se enquanto empresa, pensássemos em fechar esse processo promovendo ações que permitam analisar o desempenho das estratégias com base no que foi percebido pelo cliente e nos seus comportamentos e gerar ações que visem um relacionamento de longo prazo com ele?

Para criar estratégias que façam com o ciclo se feche de modo plenamente satisfatório e permita dar a continuidade do relacionamento e de novas experiências para o cliente de modo mais próximo, com mais engajamento e gerando mais resultados para a empresa, é necessário pensar em mais quatro pontos fundamentais:

- **Satisfação e emoções** (para verificar os níveis de atendimento a expectativa do cliente em pontos específicos sobre o processo de compra;
- **Pós-venda** (que permite criar o início de uma proximidade com o cliente demonstrando o quanto ele é importante para a empresa e cromo pode manter o relacionamento com ela);
- **Programas de fidelização** (que promovem benefícios a clientes para manter a proximidade criada e revelar vantagens em comparação com concorrentes para uma próxima compra); e
- **Recompensas** (ofertando benefícios de fato aos melhores clientes que anteverem relacionamento próximo com a empresa, como uma forma de agradecimento de sua lealdade).

Assim, temos um **ciclo do ponto de vista empresarial e estratégico** e não mais um processo linear que considera apenas o cliente. Quando pensamos apenas no processo da experiência pela ótica do cliente, caímos na armadilha de limitarmos ações pontuais e que não entrar na lógica total de compra e consumo, tampouco na articulação de novas ações para o desenvolvimento e a melhoria contínua da empresa. Fazemos com que possa existir desalinhamento de estratégias e, consequentemente, o não atendimento pleno e de forma perene das necessidades do cliente e o resultado financeiro para o negócio.

Por isso, tudo deve ser pensado no alinhamento de estratégias. O objetivo de pensar e trabalhar com Gestão de Estratégias para a Gestão da Experiência do Cliente não é entender como o cliente compra. E sim entender o que e como a empresa pode criar ações para conquistar, encantar e engajar esse cliente de fato, como um processo natural e toda a empresa e não somente de um setor.

Reflexão:

Assista ao vídeo e descubra mais sobre o Ciclo da Experiência do Cliente conforme o método HappyTrack.

13.
Defina quem é seu cliente

Apesar de falarmos bastante do ponto de vista estratégico, pensar no cliente é o alvo do processo de criação e gestão de boas experiências para ele. Agora vamos esclarecer a grande questão: o que vem primeiro de fato? Pensar no cliente ou pensar na estratégia?

Lógico que pensar no cliente é o foco e deve ser o primeiro ponto para criarmos estratégias. Mas, antes devemos entender que precisamos ligar e ter uma coerência entre a oferta da empresa, o desejo do cliente e o que a marca espera para o seu futuro de fato. Nem sempre atender todos os desejos do cliente ou tê-lo como centro das prioridades da empresa é o fator de sucesso para o negócio. Sabe por quê?

Quando pensamos no cliente como centro de tudo, a tendência é se limitar a um grupo de consumidores e questões específicas de suas necessidades. Não tem nada de errado com isso. Apenas que você pensa como uma área tática da empresa, como marketing. E isso traz riscos para o negócio de perder um certo alinhamento entre o todo no processo conforme falamos quando te apresentei o Ciclo da Experiência do Cliente. Isso acontece, pois, algumas vezes, apenas pequenos pontos são observados, como atendimento, produto, serviço ou comunicação e o projeto tende a parecer um Frankenstein.

Quando pensamos em estratégia precisamos pensar sim no cliente, mas de forma simétrica com concorrentes, fornecedores e os ideais da própria empresa. A empresa tem desejo próprio de estabelecimento de marca, de reconhecimento no mercado por características próprias, objetivos a médio e a longo prazo. Pensar apenas no cliente pode distanciar esse trajeto ao plano da empresa. O problema do cliente ser o centro da estratégia é o foco restrito ou a miopia que ele pode causar para a gestão do negócio, do ponto de vista estratégico.

Por exemplo em um restaurante do centro da cidade. Considerando uma cidade como o Rio de Janeiro, o centro da cidade possui um público bem específico de turistas e de trabalhadores. São pouco moradores de fato e baixa movimentação nos finais de semana, portanto. Se o objetivo de um desses restaurantes é oferecer uma refeição balanceada e saudável para pessoas que trabalham no rio, por meio da oferta de buffet de saladas e começa uma pandemia, o que acontece? O restaurante tem um baixo movimento e pode ter perigo de fechar. Mas, olhando para os clientes como foco prioritário desse restaurante, podemos identificar que eles podem pedir as refeições em casa, não é mesmo? Querem preço competitivo e praticidade. Problema à vista! Se limitando à preferência desses clientes é necessário alterar a estratégia de oferta e entrega do produto e mudar o preço. O que não é tão atrativo para o restaurante, afinal isso diminui as margens de lucro. Além disso, podemos pensar que trabalhando em casa, poucas dessas pessoas vão optar a comprar saladas vendidas em buffet, pelo baixo diferencial e por poderem fazer suas próprias saladas em casa com um custo muito menor.

Agora, se pensarmos do ponto de vista estratégico, como manter a Experiência do Cliente? Sabendo que esse restaurante tem o objetivo de oferecer refeições balanceadas e saudáveis, por que não trocar a clientela? Por que não reformular o diferencial da empresa? Por que não pensar em se aproximar de um público que crie uma fidelidade com a promoção de uma mensagem e dicas de alimentação saudável? O foco não serão mais esses trabalhadores locais. O foco serão pessoas que priorizam a saúde e a praticidade. Então, se mantém a expertise da produção, se acrescenta diferencial e isso permite aumentar a valorização da oferta. E, tudo isso só é possível com um novo foco em um público provavelmente diferente do inicial.

Viu como pensar apenas no cliente faz com que a empresa possa limitar a sua experiência, pois ela tende a trabalhar apenas com pontos de um problema observado e desalinhar a proposta da empresa como um todo? E quando pensamos em Experiência do Cliente como estratégia estamos jogando esse conceito a um patamar superior ao marketing na empresa, fazendo que ele seja parte das decisões da orientação do negócio. Por isso, precisamos pensar no cliente sim. O cliente precisar ser o centro do que é feito sim. Precisamos ter um nicho bem claro também. Mas, antes dos clientes, vem o objetivo da empresa como a alma do negócio. Às vezes, uma empresa não tem ou não consegue ter expertise par acompanhar seus clientes. Então ela deve mudar de clientes, e não de expertise.

Agora sim, sabendo dessa questão, você deve conhecer o público-alvo do empreendimento. Ou seja, saber definir o segmento de clientes que deseja atender é fundamental para saber o que oferecer em seu posicionamento.

Somente conhecendo esse grupo de clientes é que uma empresa será capaz de oferecer uma gama de produtos condizente com esse público, estabelecer um ambiente onde ele se sinta bem e confortável e fazer com que esse público crie confiança no que você oferece. E só conhecendo a fundo seus clientes você conseguirá ter estratégias que ofereçam a melhor experiência de compra.

Na medida em que conhecemos o perfil, as preferências e as necessidades de nossos consumidores sabemos como direcionar os produtos e serviços para eles. Para isso vale a pena o investimento em pesquisas de mercado para identificar as questões-chaves disso. No entanto, o dia-a-dia e o aprendizado que vivenciamos todos os dias no negócio complementa esse processo. Um não pode ser distante do outro, nem a pesquisa, nem o aprendizado pela vivência no dia-a-dia. Enquanto as pesquisas levantam informações diversas, no dia-a-dia fazemos as constatações e confirmações para podemos adequar a oferta e as ações de maneira mais eficaz.

Além disso, se eu questionar você sobre quem é o público de Coca-Cola, você pode me responder: todo mundo, afinal, todos gostam de Coca, certo? Errado! Nem todos gostam de Coca, nem todos gostam de refrigerantes, nem todos compram ou comprariam Coca. Por quê? Pelo simples fato de existirem preferências pessoais no consumo de bebidas. Pelo fato de existirem hábitos diversos em relação à situação que a pessoa está vivenciando. Não é um fato, mas sim preferências. E pelo fato de existirem rotinas alimentares e restrições impostas ou criadas pelas pessoas. Até mesmo por isso existem Cocas diet, light, zero, cherry e outros refrigerantes e bebidas sob o leque de produtos da marca Coca, concorda?

Então você viu que nem Coca-cola consegue atender e satisfazer todo mundo. Quem dirá um negócio com uma proposta mais restrita, como pode ser o caso de seu negócio.

Vamos conferir as principais afirmações que ouço no dia-a-dia dos negócios.

Como criar estratégias para encantar clientes?

1 *"Sei quem é meu cliente, pois observo ele todos os dias em meu negócio".*

Mito.

Identificar quem é o cliente por aparências é uma seleção extremamente superficial. Isso é embasado apenas em julgamento. Pelo olhar você pode tentar identificar comportamentos, faixas etárias, sexo, mas o essencial e a confirmação disso você não consegue ver. A pessoa que aparenta ter 30 anos, na verdade pode ter 50. A pessoa que você vê comer em um restaurante todos os dias pode ser não por preferência ou gosto, mas por preço ou comodidade. A pessoa que escolhe uma blusa medindo em seu próprio corpo pode ser que não seja exatamente para ela. O risco de erro e de perder uma boa oportunidade está justamente em tentar identificar questões que não conseguimos observar apenas olhando e tirando nossas conclusões.

É só observarmos um início de relacionamento: se seu companheiro(a) te perguntar se você gostou do seu visual, mesmo você não estando muito satisfeito a resposta será sim, está lindo(a). Afinal, você não tem intimidade suficiente ainda, não sabe onde pode estar pisando e não quer colocar tudo a perder ou ter reações inesperadas, não é mesmo? Isso acontece também com os clientes. Assista ao vídeo no Qr-code e confira você mesmo!

2 *"Não preciso fazer pesquisa de satisfação, pois meus atendentes sempre perguntam como foi o serviço, o atendimento e se gostaram da experiência".*

Mito!

Assista ao vídeo deste exemplo:

3 *"Acompanhando pesquisas de satisfação de aplicativos e sites de recomendações como Google, TripAdvisor ou mesmo Facebook conheço perfeitamente a opinião dos clientes".*

Mito.

A opinião de consumidores é dada por uma pequena parcela deles. Geralmente, quem reclama é porque está muito descontente. Quem elogia é porque já tem o hábito de fazer isso ou teve uma experiência fantástica. Então, há possibilidade das informações em sites de avaliações, quando em pequena quantidade, serem tendenciosas, principalmente quando há avaliações apenas positivas. Estudos já revelam que uma nota 4,6, por exemplo, se torna mais atrativa que uma nota 5 para as pessoas que escolhem empresas conforme avaliações no ambiente online, pois a credibilidade dessa avaliação de 4,6 é maior que só notas 5.

Muitas vezes você deixa de saber a opinião real dos seus consumidores pelos fatores que já mencionei e pelo fato de que as pessoas não são habituadas a reclamarem. Aí você pensa: mas e esses 95% de consumidores insatisfeitos, o que fazem? Devido à insatisfação, eles simplesmente acabam deixando de frequentar sua empresa e buscando a concorrência para uma próxima compra. Por isso, ter uma boa experiência para o cliente e conhecer a percepção de qualidade dos produtos e serviços é fundamental para garantir sucesso nas vendas e na fidelização de clientes.

"Apenas 5% dos clientes insatisfeitos reclamam". **4**

Verdade.

Ignorar reclamações ou toda e qualquer avaliação é a pior falha das empresas. Quem reclama é porque está preocupado ou com o seu negócio ou com a experiência dos próximos consumidores que o negócio possa receber. Por isso, clientes que reclamam são o perfil que devemos trazer para perto,

"Devo ignorar as críticas e comentários negativos no universo online, afinal tenho poucas reclamações e não é a realidade do serviço que ofereço".

Mito.

receber as informações como críticas construtivas e dar respostas de tom gentil, de aprendizado e de busca por melhorias continuas. Por quê? Avaliações negativas são as que mais geram visualizações e repercussões. Então traga isso como uma oportunidade para você, de resgate do cliente e de mostrar que você está sempre preocupado(a) com melhorias.

Depois desses mitos e verdades, você vai continuar ainda apenas observado e questionando diretamente seus consumidores?

Como definir quem é o seu cliente?

Existe uma distância muito grande entre como um empreendedor define o seu público do público real do negócio. Sabe por quê? A resposta é simples. O empreendedor (ou gestor) tem a sua ideia, seu produto, seus serviços, sabe para que serve e como funciona. Ele imagina um público. Vê o público. Cria critérios em sua cabeça sobre esse público. No entanto, são consideradas apenas características superficiais e evidentes desse público específico, que pode ser baseado apenas em uma realidade substancialmente limitada do empreendedor e isso não ajuda necessariamente a definir quem é o cliente do negócio de fato.

Apenas pesquisas de mercado e estudos com metodologias bem definidas poderão ser capazes de definir o público potencial ideal do negócio com quase precisão. E, perceba que ainda é 'quase', pois pesquisa é somente um recorte da realidade.

Público-alvo é o grupo de clientes, com características muito similares entre eles que você deseja atender no seu negócio e resolver um determinado problema dele. É o grupo de pessoas que realmente tem potencial de compra e seriam predispostos a se tornarem de fato seus clientes. E, este público-alvo também recebe outras denominações como segmento de mercado.

O segmento de clientes é aquele perfil de cliente que você deseja atrair no seu negócio, pois na impossibilidade de um negócio atender e satisfazer a todos, é necessário focar todos os esforços em um grupo de pessoas que tenham preferências, comportamentos e expectativas muito similares. Para isso, você tem que conhecer quem é esse grupo de pessoas que gostariam de frequentar o seu negócio, por meio de pesquisas e muita observação.

Segmentar é dividir grupos em características homogêneas. E, antes de falar de qualquer questão sobre público-alvo ou segmento de mercado, precisamos definir a homogeneidade de grupos.

Quando falamos em dividir uma determinada população, ou grupo de pessoas, nós agrupamos conforme características similares. Por exemplo, torcedores de um determinado time, profissionais de um setor, mulheres de uma comunidade, etc. Mas isso ainda não são grupos homogêneos, pois são consideradas características apenas em um nível macro. Se você ousar a vender algo para um desses grupos você perceberá que vai surgir algumas dificuldades, pois ainda tem pessoas com características muito diferentes em si.

Por isso, quando falamos em segmentar ou em delimitar um público-alvo, precisamos estabelecer alguns fatores que agrupem de forma homogênea de fato. Exemplo: torcedores do Atlético Paranaense, de 25 a 35 anos, moradores da região central de Curitiba, com ensino superior, atuando nas áreas ligadas à gestão comercial. Percebeu como o grupo ficou menor? E isso não é um nicho!!!

Nicho de mercado é quando essas características se tornam ainda mais exclusivas e cada vez mais distantes de outros grupos. Por exemplo, continuando no exemplo acima, devemos acrescentar que esses homens possuem uma renda mensal média acima de X e são veganos. Viu como agora sim eu tenho um grupo mais restrito e com características que vão distanciá-los ainda mais dos outros grupos?

Para isso, os principais critérios que podem ser usados são para criar um público-alvo ou segmento de mercado de uma maneira mais precisa e que auxilie a pensar na experiência que ele deseja vivenciar no negócio são:

- Critérios demográficos (ex: sexo, idade, escolaridade, renda)
- Critérios geográficos (ex: localização onde circulam, onde trabalham, onde residem)
- Critérios socioculturais (ex: estágio no ciclo de vida, raça, cultura, classe social)
- Critérios Comportamentais (ex: padrão de compra, papel desempenhado na decisão de compra, uso do produto, nível de lealdade à marca)
- Critérios psicográficos (ex: personalidade, estilo de vida, valores pessoais, referências de grupo, nível de valorização a atributos)

Não use apenas um desses critérios para estabelecer a sua segmentação! Quanto mais você souber sobre seus clientes, mais critérios poderão ser utilizados para facilitar o conhecimento do público e suas estratégias.

Temos que ter em mente que caracterizar um grupo de clientes apenas pela sua idade, sexo, localização e padrão de compra pode levar a um grande erro quando falamos em elaborar estratégias para experiências. Quanto mais informações detalhadas temos, mais conseguimos identificar padrões de tendências em cada momento da compra e isso que é significativo para entendermos os clientes e elaborar estratégias que sejam realmente eficazes.

A segmentação se torna fundamental para a Experiência do Cliente, pois com ela é possível entender comportamentos e calibrar um possível padrão de expectativas desse grupo em relação às características dele. Mas, percebe que as principais características para identificarmos essas expectativas estão longe de ser as relacionadas a questões demográficas, geográficas e econômicas?

Todas as características para definir um padrão de comportamento devem ser analisadas de um modo combinado e não isolado. Algumas vezes é mais importante definir traços de personalidade e questões culturais do que sexo, idade e localidade. Esses fatores podem definir padrões muito mais próximos ao comportamento de compra para definição de experiências que apenas analisar questões superficiais e óbvias.

Por isso, devemos pensar em como cada questão influencia nas preferências dos indivíduos. Observe também que dados brutos apenas não conseguem nos trazer essas respostas. Precisamos criar os dados, analisar em profundidade e fazermos diversas verificações com metodologias mais aprofundadas que simples gráficos de pizza. Devemos saber cruzar os dados e dar sentido a eles para transformar em informações mais concretas.

É necessário entender o como o individuo racionaliza o seu meio, por que ele pensa assim e a partir disso como cria suas expectativas e preferências em relação a produtos e serviços. Só assim, diante dessas conclusões podemos estabelecer as melhores personas para um projeto de Gestão da Experiência do Cliente.

Persona é a personificação desse público, por meio da representação das características do seu público-alvo em apenas um cliente específico. Trata-se da criação de uma representação de um estereótipo de um grupo em apenas uma única pessoa. O objetivo da persona é permitir que possamos reconhecer padrões mais intrínsecos à sua personalidade e padrões de comportamento, mais difíceis de identificar em um grupo.

A grande questão é que apesar de termos poucos grupos de púbico-alvo ou segmento de consumidores na empresa, podemos ter várias personas para representar a Experiência do Cliente, afinal, experiências são definidas por expectativas que são subjacentes a um sistema de interpretação do universo a volta desse indivíduo, conforme já vimos anteriormente. E, quanto mais profunda a nossa análise para a criação de personas, mais efetividade conseguiremos ter em nossas estratégias.

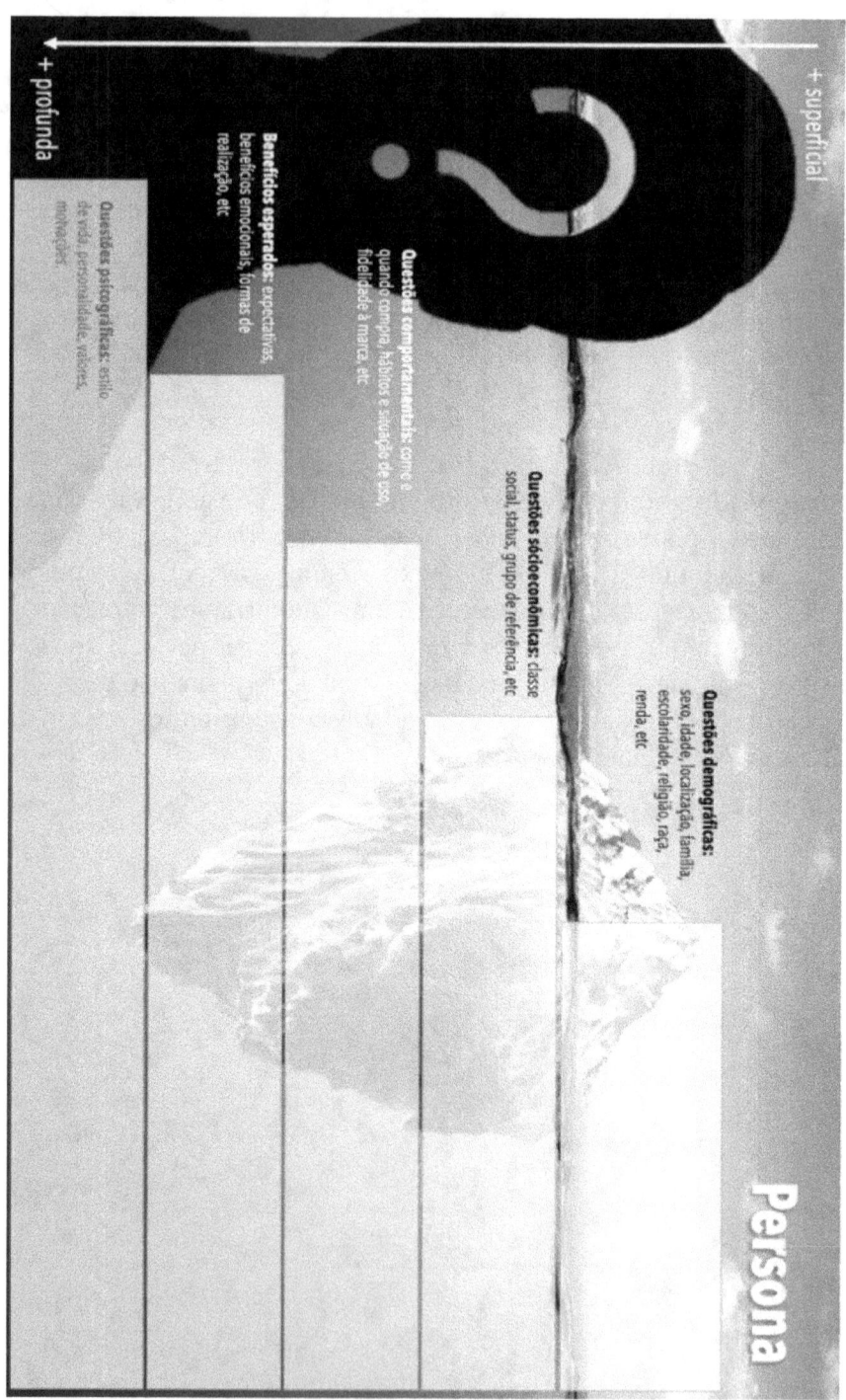

Figura 14: Método para criar personas HappyTrack

Devo salientar que para trabalhar em um projeto de gestão da experiencia do cliente não basta termos apenas uma única persona. Cada persona representa uma tipologia de expectativa, de preferência, e, consequentemente, de comportamento. Pensar em apenas uma persona seria dizer que todos se comportam da mesma forma e nunca conseguiríamos encantar o público, pois sabemos que apesar de similaridades, experiências são vivências e depende do íntimo de cada um. Tudo varia de acordo com como cada indivíduo processa informações e as transformam em emoções, em sentimentos.

Portanto, precisamos criar diversas personas para projetos de experiências. Cada uma, deve representar um nicho bem específico do público, em termos de comportamentos e jornadas de compra.

Como evitar erros na hora de definir quem é o seu consumidor?

Para definir quem é o seu consumidor realize constantemente pesquisas com eles. Você deve conhecer quem são as pessoas interessadas nos seus produtos e serviços, mas também quem frequenta e compra da sua empresa. E isso você deve monitorar constantemente. Por quê? Pois o público pode mudar conforme sua oferta, conforme o período e até mesmo conforme sua reputação. Acreditar que sua empresa continua com o mesmo perfil de público desde quando abriu é o maior erro que você pode cometer.

Para isso, contrate pesquisas que consigam identificar seus clientes e que te tragam informações para que você possa agir de forma sempre eficaz e com o menor custo de tempo e de investimento. Tenha em mente que uma boa pesquisa para isso deve identificar claramente:

- quem vai questionar,
- como vai ser a coleta dos dados,
- por quem será realizada a coleta dos dados, e
- como esses dados serão analisados.

Só assim você conseguirá ter em mãos informações seguras que vão auxiliar o sucesso do seu negócio.

Agora vamos aplicar na prática?

Material complementar:

Baixe neste qr-code um mapa para te auxiliar na criação de suas personas.

Questões para reflexão:

1. O modo pelo qual você segmenta os seus clientes te permite ter características claras do seu padrão de comportamento, preferências e experiências que desejam vivenciar em contato com a sua marca? E quais são essas características?

2. Quais são as personas para a Gestão da Experiência de seus Clientes? Defina pelo menos 3 personas, criando características e nome para elas, como se fossem personagens do seu negócio.

14.
Conheça a percepção de seus clientes

A percepção tem sido estudada por diversas áreas como a filosofia e psicologia. A percepção trata-se do processo que se dá pela seleção, organização e interpretação das informações adquiridas do ambiente, como sensações físicas ou imagem significativa do mundo. Contudo, nem todos os estímulos passam pelo processo de percepção já que a atenção do indivíduo é, geralmente, disputada por diversos estímulos ao mesmo tempo. Do mesmo modo, os estímulos não são percebidos de maneira isolada e sim, fazendo uma relação com a importância para o indivíduo, assim como com o contexto no qual está inserido.

O processo de percepção apresenta dois momentos importantes: a atenção e a retenção das informações, momento anterior e posterior, respectivamente, ao ato perceptivo. A atenção é captada por meio de elementos que despertem o interesse das pessoas. Já a retenção trata-se do interesse filtrado para um objetivo específico dessa determinada pessoa.

Diante disso, preciso ressaltar que a percepção é um processo cognitivo único de cada indivíduo. É como captamos os diferentes estímulos proporcionados por um produto ou por um serviço e como associamos ele em nossa memória, conforme referências que já temos de algo. Por isso, algumas características pessoais interferem diretamente na percepção de elementos ambientais, tais como: questões sociais, contexto, cultura, experiências e atributos físicos do estímulo.

A percepção humana, acerca de elementos ambientais cria um modelo mental. A interpretação está ligada aos símbolos e aos sentidos por eles gerados, também relacionados com experiências anteriores de cada um. Desta forma, o modelo mental produzido pelos elementos percebidos, experiências passadas e símbolos culminará na formação de associações na memória, e na formação da imagem que teremos da empresa.

Por exemplo: se vamos a uma tapiocaria e nunca comemos tapioca, a primeira associação provavelmente feita será com o formato da tapioca para algumas pessoas. Poderão associar com um pastel branquinho feito de forma diferente. Outros, com pizza ou calzone. Já existe um ponto de referência – neste caso o formato – e daí fazemos a comparação.

O sabor é a mesma questão. Para quem nunca comeu tapioca, a massa pode conotar algo diferente. Para os mais habituados com mandioca, poderão sentir esse gosto já de cara. Se quem experimentou gostar de mandioca vai ser fácil fazer essa associação e provavelmente considerar o produto como bom, saboroso a partir de sua massa. Já se a pessoa não gosta, vai ser um pouco mais difícil ter essa aceitação.

Já o recheio, tem a questão de preferências pessoais. Mas considerando nosso exemplo da tapioca, se a pessoa é habituada a consumir pastel ou calzone, fará a associação com gostos ou quantidade que está habituada ou que prefere. A partir desse momento, essa pessoa fará sua consideração se existe muito recheio, pouco recheio, se é bom ou ruim na sua preferência. Mas percebeu que tudo ha um ponto de referência e de comparação?

A questão da Experiência do Cliente é conhecer bem o cliente, o que ele quer, suas expectativas e seus pontos de referência, para que você consiga proporcionar estratégias que sejam percebidas de forma positiva por ele nas associações que eles fazem.

O serviço está dentro da mesma esfera. Depende das referências do cliente. Mas além disso, depende de seu humor ou estado de espírito naquele momento, do que ele espera e do que está acostumado.

Por isso, a percepção envolve tudo o que o cliente vê, capta e sente para formar associações na memória e, só a partir daí, é que será formada o que ele pensa a respeito. A percepção é responsável por estabelecer uma comparação com pontos de referência que já temos sobre o universo a nossa volta e a partir disso criar associações em nossa memória. A partir dessa associação, interpretamos como algo positivo ou negativo, como algo bom ou ruim, como algo que tem características que esperamos ou não, e assim por diante. E, apenas com essa interpretação, que pode ser consciente ou inconsciente, criamos sentimentos em relação àquele estímulo, nascendo as emoções.

Figura 15: *Processo de percepção*

Assim, a percepção é a base de como vamos avaliar uma determinada experiência com a empresa, pois é responsável por criar no nosso imaginário a expectativa que temos em relação a um produto ou serviço. Nossa satisfação estará relacionada a essa percepção geral, e, consequentemente, com a expectativa criada. A lógica é quase matemática:

- Se percebemos algo como excelente, imaginamos uma entrega de algo também excelente. Logo, se recebemos esse produto ou serviço com excelência, ficamos satisfeitos. Atendeu nossa expectativa criada por meio da percepção e das associações que tínhamos na memória.

- Se percebemos algo como bom, imaginamos uma entrega ok. Logo, se recebemos esse produto ou serviço com excelência, ficamos muito satisfeitos. Nossa expectativa foi superada, pois foi acima do que esperávamos.

- Se percebemos algo como ruim, imaginamos que a entrega também será ruim, e com isso nem compramos ou não escolhemos aquele produto ou serviço. Percebemos que a proposta não tem potencial para atender o que precisamos e criamos uma expectativa negativa. Consequentemente, evitamos a compra por falta de confiança.

Então se você se empolgou achando que criar uma expectativa baixa é algo bom para aumentar o nível de satisfação do seu negócio, se enganou. E aí está o grande perigo. Quando a empresa não é capaz de transmitir estímulos que provoquem o desejo, por meio de imagens, símbolos, comentários, etc, que passem uma qualidade mínima percebida, o produto ou serviço que ela oferece não tem o potencial de criar uma intenção de compra.

Por exemplo: Quando pedimos uma pizza por telefone e sem apoio de nenhum material de informação, o atendente fala as opções e escolhemos. Na nossa cabeça começamos a criar as referências da pizza em relação às características que conhecemos. Uma pizza de calabresa já lembramos de uma massa, redonda, com molho, queijo e rodelas de um tipo de linguiça em cima, podendo ter uma determinada quantidade conforme conhecemos ou estamos acostumados. Isso é a associação: formatar na nossa cabeça algo com relação ao que já conhecemos e temos gravado na nossa memória. Essa é a associação da pizza a ser recebida. É a expectativa criada.

Na hora em que começamos a imaginar já vem na nossa mente cheiros, sabores e ocasiões de consumo de uma pizza similar. Essa é a interpretação (rápida) que nosso cérebro faz.

Por fim, ficamos felizes com o que vemos mentalmente e tranquilizados com o pedido que irá satisfazer nossa vontade.

No entanto, a Experiência do Cliente nasce neste momento, com a criação de sua expectativa pelo processo de percepção. E esse também é o grande perigo de toda a experiência: fornecer estímulos que criam uma expectativa maior do que a empresa é capaz de oferecer na entrega do produto.

Voltando na pizza, você imaginou como ela seria, que ela chegaria quentinha, rápido, em uma embalagem em bom estado e com um entregador atencioso (por exemplo). Se algum desses elementos não forem atendidos da forma que você imaginou e que você percebeu que a empresa poderia te entregar, você não entenderá a experiência vivenciada como uma boa experiência. Você ficará insatisfeito com o resultado de sua escolha e, para uma próxima compra, você voltará ao seu ponto inicial de boas referências que tinha, buscando novas opções para uma próxima compra e evitando aquela que foi ruim para você.

Então além de deixar o cliente insatisfeito, ele vai desconsiderar a empresa para as próximas compras e afastará esse cliente de uma possibilidade de criar relacionamento.

Esse processo não é tão simples como citado no caso acima, mas resume bem que por mais que possamos pensar estrategicamente em experiências, se deixarmos de lado algum estímulo importante para o consumidor, conforme seus critérios de escolha, o resultado esperado (pelo cliente e pela empresa) não será atingido.

Para isso, precisamos entender que a Experiência do Cliente envolve o que ele sente em todos os pontos de contato com uma empresa. Da comunicação ao pós-venda. Da sua marca à finalização da compra. Envolve desde a comunicação utilizada com ele e a facilidade fornecida para o cliente saber que a empresa em questão pode satisfazer sua necessidade. Envolve também a forma que o cliente vai comparar da empresa com os seus concorrentes e poder fazer a melhor escolha para aquele momento.

Envolve como o cliente vai chegar até a empresa. Envolve como o cliente será recebido e atendido. Envolve também a forma que o cliente vai realizar seu pedido, comprar e consumir. Envolve a atmosfera física e todas as evidências disponíveis no ambiente, seja ele presencial ou virtual no caso de e-commerce ou delivery. Envolve também a avaliação que o cliente vai fazer do momento que vivenciou com a empresa. Envolve o relacionamento mantido com a empresa mesmo após a sua compra. E, só a partir disso é que podemos realmente definir a melhor estratégia para proporcionar uma experiência memorável para o cliente, do começo ao fim do processo de compra, para que cada estratégia possa criar percepções adequadas em relação ao que a empresa irá de fato entregar.

Para isso, alinhamento das estratégias às expectativas do cliente é a chave para o sucesso quando tratamos sobre a Gestão da Experiência do Cliente.

Questões para reflexão:

1. Como as personas que você criou no capítulo anterior interagem com a experiência proposta pelo seu negócio hoje?

2. que essas personas percebem em cada um dos pontos de contato com o seu negócio? Levante cada momento de interação e avalie a percepção de seus clientes. Para isso, elabora pequenas pesquisas ou converse com um pequeno grupo de clientes.

15. Conheça e esteja perto dos seus concorrentes

Não é porque o seu concorrente cobra R$ 9,90 que você também vai cobrar. Não é porque seu concorrente oferece buffet por quilo que você também deve oferecer. Não é porque seu concorrente dá brinde que você também tem que dar. E também não é porque ele está ao seu lado que ele será seu concorrente.

Analisar os concorrentes é uma arte e envolve muito relacionamento, pois concorrente não é apenas aquele negócio que está nas proximidades da empresa ou tem o mesmo tipo de produto ou serviço. Concorrente é aquela empresa capaz de atender as mesmas necessidades e ofertar os mesmos benefícios esperados pelos clientes. Por isso, nem sempre a empresa mais próxima é a empresa que será concorrente de sua empresa. Nem sempre a empresa que tem o mesmo produto também é a concorrente de sua empresa.

Por exemplo, vamos considerar um restaurante de massas localizado em uma região turística de uma cidade. Se esse restaurante tiver muita tradição, reputação forte, uma especialidade clara, talvez ele não vá atender apenas pessoas que circulam por essa região ou turistas. Talvez ele vai concorrer com outros estabelecimentos fora de sua área geográfica, já que os clientes podem o procurar exatamente pela sua especialidade, tradição e reconhecimento em uma determinada culinária. Ele vai concorrer com outros restaurantes de renome, também tradicionais, pode ser que até concorra com outras especialidades, por exemplo um restaurante de comidas típicas da mesma cidade, e que agreguem um valor similar de experiência ao cliente.

No entanto, se esse restaurante não tiver uma especialidade tão clara, se não tiver tradição e uma reputação tão forte, ele vai concorrer provavelmente com outros restaurantes da mesma região. Isso porque, os consumidores irão buscar os restaurantes pela facilidade de já estarem na região ou de desejarem frequentar a região para passear.

Você percebeu que não foi a culinária que diferenciou quem seriam os concorrentes, mas sim o perfil e a oferta geral do restaurante, sua reputação e os hábitos e preferências de consumo dos próprios consumidores? Como o consumidor escolhe e seus critérios de preferência são os principais direcionadores para selecionarmos concorrentes.

Por isso, para conhecer os concorrentes, deve-se estar perto de clientes para saber identificar seus comportamentos e preferências. E, deve-se estar perto dos concorrentes – diretos ou indiretos – para identificar oportunidades de ser mais competitivo e ter mais valor diante da escolha do cliente. Assim, para se destacar no mercado e vender mais e melhor não basta ter bons produtos e a excelência nos serviços. Você deve saber posicionar seu negócio de forma efetiva frente aos seus concorrentes a partir de uma análise criteriosa deles.

A análise da concorrência deve acontecer sempre antes do posicionamento de uma empresa. Deve-se conhecer quem são, o que oferecem e como se destacam os principais concorrentes no setor para, a partir disso, saber como e onde a empresa tem reais chances de se destacar na percepção dos clientes.

A necessidade de estar próximo de concorrentes e manter uma análise desse cenário competitivo vem do fato de que os clientes comparam empresas, ofertas, produtos, serviços, equipe, ambiente e diversos outros fatores que são prioridade para ele, antes de realizar a sua compra. Por isso, mais que apenas conhecer os concorrentes, deve-se saber agir com essas informações para ganhar destaque e relevância na comparação do cliente.

No entanto, diferentemente do que muitos planos de negócios consideram apenas identificando quais são as empresas, o que elas oferecem, qual é o preço proposto e qual é o público-alvo desses empreendimentos, alguns pontos essenciais devem ser seguidos para conseguir vantagem de fato frente aos concorrentes. Confira os 3 pontos fundamentais de análise da concorrência:

1° Ponto: Saiba selecionar seus concorrentes

O primeiro ponto para se destacar no mercado é saber definir quem são seus concorrentes. Para isso, não basta apenas observar a localização ou o tipo de produtos que o negócio oferece. Você deve saber identificar o tipo de concorrência em relação ao seu público-alvo.

Os seus concorrentes podem ser de 2 tipos: concorrentes diretos ou indiretos. Concorrentes diretos são aqueles que estão próximos ao seu empreendimento, atendem o mesmo público e tem uma proposta de produto ou serviço muito similar à sua. Já o concorrente indireto não vai atender o mesmo público que o seu ou não possui o mesmo tipo de produto. No entanto, ele vai atender a mesma necessidade de consumo oferecendo algo muito similar para outro perfil de cliente.

Por exemplo, um restaurante localizado em uma praça de alimentação que serve buffet por quilo de comida caseira, tem como concorrente direto outro buffet por quilo que está ali ou está nas proximidades dessa região (mesmo fora da praça de alimentação), pois possui produtos similares no cardápio e atende o mesmo público.

Já a hamburgueria que está ali no mesmo espaço dessa praça de alimentação ou um buffet de comida japonesa concorre também com o nosso exemplo de buffet por quilo de comida caseira, mas de forma indireta. Ou seja, esses restaurantes embora não possuam a mesma proposta que a sua, podem atender a mesma necessidade do seu público.

Por isso, é importante identificar a proximidade de proposta e perfil da escolha do cliente antes de criarmos uma escolha estratégica de quem são os concorrentes. Apenas quando temos as empresas certas no radar da empresa, e com prioridades diferentes para essa análise, é que conseguimos ter informações preciosas para saber agir e verificar oportunidades no ambiente.

2° Ponto: identificação da estratégia dos concorrentes

O segundo ponto é identificar quais são as estratégias futuras dessa concorrência selecionada. No cenário em constante mudanças, seja pelo comportamento e preferências dos consumidores, o abre e fecha de empresas e mudanças na legislação e questões sanitárias, é importante prever quais são as possibilidades estratégicas da concorrência e onde estão os principais fatores para se obter vantagem.

Para isso, você deve estar em constante monitoramento do mercado e identificar quais são os objetivos dos concorrentes, quais são suas estratégias, qual é a sua estrutura interna para se adaptar às mudanças e quais são os principais recursos e competências deles. Isso depende de muita proximidade, interação, discussões abertas e benchmarking direto com a empresa para se ter esse tipo de informações. E não tenha medo de trocar informações com concorrentes. A troca de informações é valiosa para ambos os lados, a questão é saber usar as informações e saber ter agilidade e vantagem para colocar suas ações em prática.

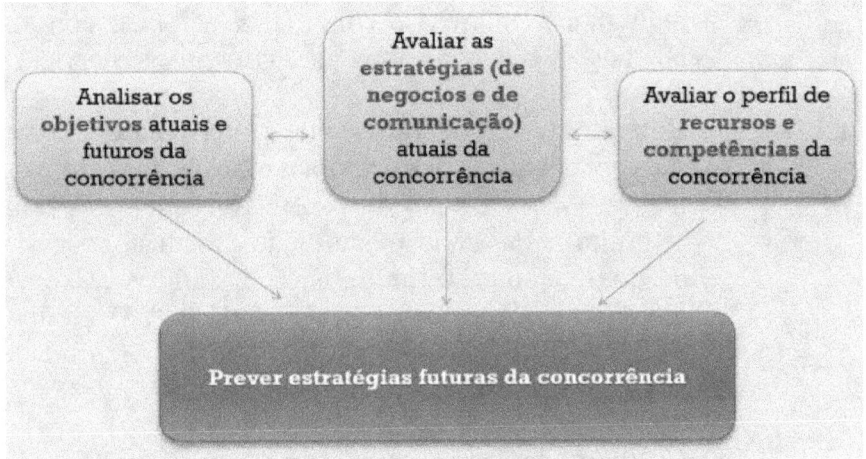

Figura 16: Pontos essenciais para análise de concorrentes

Apenas com o conhecimento desses elementos você será capaz de agir antes dos concorrentes e evitar possíveis inconvenientes e prejuízos na sua empresa, principalmente na percepção dos seus clientes. É fazer sua empresa estar sempre na frente no cenário competitivo e evitar a busca de seus clientes pela concorrência.

3° Ponto: Analisar todos os elementos estratégicos

O terceiro ponto para você analisar a concorrência é identificar os seguintes elementos estratégicos e compará-los com o que você oferece em sua empresa:

- **Mercado-alvo dos concorrentes**: quem é o público que eles atendem? E qual é o seu público?

- **Posicionamento dos concorrentes**: como os clientes percebem as outras empresas? E como seu negócio é percebido pelos seus clientes?

- **Comunicação dos concorrentes**: como eles divulgam a empresa e como se relacionam com os clientes? E o que você faz para isso em seu negócio?

- **Recursos e capacidades dos concorrentes**: como seus concorrentes se estruturam e o que eles fazem de melhor? E você no seu negócio, qual é a sua estrutura? Mas atenção aqui! Não é analisar apenas o produto e a estrutura física. Aqui você deve identificar questões relacionadas à equipe, competências técnicas, materiais utilizados, agilidade nos processos, etc.

- **Cultura do concorrente**: qual é o padrão de comportamentos da empresa concorrente em relação aos seus colaboradores, clientes e outros concorrentes? E o padrão de comportamento da sua empresa?

- **Oferta do concorrente**: Quais são os produtos, preços, localização e formas de divulgação dos concorrentes? E a sua?

- **Diferenciais**: Qual é o principal diferencial dos seus concorrentes? E o seu?

Todos esses fatores são os pontos principais considerados, de forma consciente ou inconsciente, pelos seus clientes para fazer suas escolhas. Vale a pena estar muito alinhado ao cenário externo para saber se adaptar e criar as vantagens necessárias para destacar o seu negócio diante dos pontos que não são tão óbvios assim nas análises concorrenciais padrões de produto, preço, ponto de vendas e estratégia promocional. O objetivo é criar vantagens e agregar valor e não apenas otimizar vendas em um momento pontual, por meio de ações isoladas.

Fique atento sempre e eleja prioridades

Diante desses diversos fatores que você deve considerar para conquistar vantagem competitiva, você deve estar se perguntando: "mas tenho muitos concorrentes, então qual desses concorrentes eu devo observar e priorizar"? A resposta é simples: quase todos.

Olhe e observe todos os concorrentes possíveis. Quanto mais informações você tiver, melhor é. Isso, independente de se a empresa que você está analisando é um concorrente direto ou indireto. Assim, você vai conseguir ter informações para listar as estratégias que mais se adequam à sua realidade e aprender com elas para que você possa adaptar e aplicar como melhores práticas para o seu negócio.

Quer elencar prioridade? Eleja uma empresa de referência no seu setor, mesmo sendo indireta, para que você possa ter ela como um objetivo de posicionamento futuro, um exemplo ou uma inspiração do que você quer para sua empresa no futuro. Mesmo assim, acompanhe de perto as empresas concorrentes diretas e se pergunte para ver com quem você realmente deve se importar: "Quem está mais próximo desse padrão desejado? Onde meus clientes vão quando não buscam a minha empresa"? Foque nesses concorrentes de modo prioritário.

A dica é: nunca foque apenas no seu negócio. Só assim você será capaz de estar sempre antenado a tudo que está acontecendo no setor e poderá se estruturar de forma eficiente e eficaz uma estratégia de experiência para seu cliente.

Lembre-se que experiência é proveniente de um padrão de expectativas. E expectativas a sua empresa não cria sozinha. As expectativas do cliente são criadas de acordo com padrões ofertados e impostos pelo mercado.

Além disso, você deve estar atento a tudo que se passa no seu ambiente de negócios. Por isso, estar em relação direta com os seus concorrentes, saber o que fazem e como fazem é essencial para o sucesso. E, diferentemente do que muita gente pensa e que acontece em outras culturas, estar em contato com os concorrentes não é algo ruim ou irregular por parecer vigiar (de uma maneira ética, é claro) o que eles fazem. É saber somar esforços, trocar conhecimentos, estar aberto a críticas e sugestões e com isso aprender e melhorar seus negócios sempre. Afinal, colaborar é sempre melhor que simplesmente competir.

Agora vamos pensar nos concorrentes do seu negócio?

Questões para reflexão:

1. Quem são seus concorrentes? Quais são seus objetivos, estratégias e competências essenciais?

    Para responder a essa pergunta pense: *"onde meus clientes iriam ou vão quando precisam do meu produto ou serviço e não vem até a minha empresa"*?

2. Como sua empresa se diferencia dos concorrentes? Como esse diferencial poderá se sustentar ao longo do tempo?

16. Selecione bem e esteja perto dos seus fornecedores

Já vimos que ter relacionamento com clientes é o objetivo final quando falamos em criar experiências. Vimos que ter uma equipe coesa e alinhada às diretrizes do negócio é essencial para criar a base da estratégia voltada ao cliente. Também vimos que estar perto de concorrentes garante conhecimento do setor e maior possibilidade de identificar tendências e estar pronto para adequar, incrementar ou mudar estratégias. No entanto, ainda falta um público fundamental para o sucesso em projetos de Gestão da Experiência do Cliente. São os fornecedores.

Mas, o que os fornecedores tem a ver com a Gestão da Experiência do Cliente? Fornecedores garantem a qualidade nos insumos, garantem a preservação de estoques para atender a demanda, garantem informações sobre o mercado e tendências e, acima de tudo, garantem a possibilidade de ter a melhor oferta para o cliente. Mas, essas garantias só podem ser vistas quando há um bom relacionamento com eles.

Um relacionamento estratégico de fato considera o relacionamento com o mercado como um todo para ter informações e saber agir criando oportunidades e uma trajetória para crescimento do negócio. Através de um relacionamento eficiente com fornecedores é possível obter melhor percepção e compreensão do ambiente e, com isso, ter maior agilidade para gerenciar e resolver possíveis problemas com os clientes. Este processo permite à empresa tornar-se mais suscetível às oportunidades, aumentando suas chances na busca pelo sucesso e na satisfação dos seus clientes.

No entanto, o relacionamento com fornecedores é importante para o resultado final para o cliente, pois vem de uma construção da proposta estratégica e da cadeia de valor do negócio. Inicia-se pela seleção dos fornecedores, pela avaliação do modo de se fazer negócios e de como eles podem assegurar os padrões necessários para atender às necessidades dos clientes da empresa.

Em um sistema complexo de inúmeras interdependências e relações, os fornecedores se tornam fundamentais para garantir as entregas de experiências, independente se é na área de indústria, comércio ou serviços. O principal motivo disso é que apenas com bons fornecedores é possível criar produtos e ofertar serviços com alta qualidade e atingir a satisfação total dos clientes.

Por exemplo, em uma gráfica o serviço prestado é a impressão de materiais. No entanto, o resultado percebido pelo cliente e a experiência vivenciada com essa empresa está no relacionamento entre os diversos fornecedores que auxiliam na entrega: fornecedores de tintas (que influenciam na qualidade e padrão de impressão), fornecedores de papel (que influenciam no aspecto e na qualidade geral do material), a transportadora (que influencia na qualidade de entrega ao cliente) e os outros diversos outros fornecedores necessários para atender a cadeia de processos produtivos dessa gráfica.

A questão é que a Experiência do Cliente é ofertada por esta gráfica. É o nome dela que está em jogo e para o cliente, a qualidade do que se recebe está sob responsabilidade dessa marca. Se o material chegar com qualidade baixa de impressão, não é a falha de uma tinta de baixa qualidade que deu problema. Não é a qualidade do papel que é baixa. Não é o entregador que amassou o produto final. O problema é que a gráfica não entregou o que o cliente imaginava e não atendeu às suas expectativas. Então, os fornecedores são atores que, mesmo sendo coadjuvantes para o cliente, exercem influencia direta para o resultado final da experiência gerada para ele.

Assim, é imperativo que uma empresa que deseja entregar excelência e uma boa experiência para o cliente, tenha os melhores fornecedores. E, ter bons fornecedores é uma questão de seleção e de relacionamento. Devemos primeiro estabelecer que tipos de materiais, equipamentos e insumos são necessários e essenciais para oferecer o melhor para o cliente. Depois, devemos avaliar a qualidade desses itens em relação às características funcionais, diferenciais, garantias fornecidas, agilidade e segurança na entrega, facilidade no contato e vantagens na negociação junto aos fornecedores.

No entanto, para a seleção de fornecedores que agreguem valor na entrega para o cliente, há outros critérios que devem ser levados em consideração:

1. **Histórico no mercado e reputação da empresa**, pois é associado às garantias que a empresa pode oferecer para o seu negócio, evitando problemas futuros no relacionamento.
2. **Saúde financeira e perfil de cliente**, que deve ser consistente para evitar problemas no fornecimento e mudança de qualidade por possíveis alterações na prioridade do fornecedor. Quanto mais similar os outros clientes dele forem do seu negócio, menor será

a probabilidade de mudanças drásticas na entrega ou especificações técnicas dos produtos.

3. **Produtividade e sistema logístico**. A capacidade de entrega deve ser ajustada com as necessidades do seu mercado para evitar pressões na compra de excedentes e nem falta de produtos por escassez.

4. **Qualidade dos produtos**.

5. **Relacionamento ético com seus fornecedores e colaboradores**. Quanto melhor for o relacionamento mantido do fornecedor com os seus públicos, melhor poderá ser o seu relacionamento com ele. Além disso, ter valores alinhados aos fornecedores garante seu posicionamento de imagem perante ao seu cliente final.

6. **Abertura para a comunicação e flexibilidade nas negociações**. Quanto mais fácil for o fluxo e acesso à comunicação com fornecedores, melhor será a sua relação e negociações com ele.

7. **Capacidade de adaptação e de inovação**, para estarem prontos juntos ao ambiente de mudanças e necessidades de novas criações ou reformulações de produtos e serviços já existentes.

Lembre-se: a qualidade de seus produtos e serviços são o centro da Experiência do Cliente. Por isso, preze pela melhor qualidade de insumos e relacionamento com fornecedores para garantir a excelência em sua entrega ao cliente final.

Negociação com fornecedores

Quando estamos trabalhando com base na filosofia do Relacionamento Superior, a negociação é um dos pontos de relacionamento com o fornecedor que deve ser considerado com muito cuidado.

A perspectiva de preço e o poder de barganha nas negociações com os fornecedores devem ser algo natural e vantajoso para as duas partes se focamos na excelência. O preço é uma vantagem em relação à estratégia de liderança em custos, quando há necessidade de se estabelecer o menor custo possível nas aquisições para conseguir repassar isso como menor preço para o cliente. Mas, neste caso específico, o valor para o cliente é o baixo custo para ele também.

Já dentro da ótica da Gestão da Experiência do Cliente, nem sempre o menor preço é a opção mais vantajosa para o resultado final ofertado. Com esse menor custo, e preço, sua empresa terá o produto com a melhor qualidade e vai garantir a excelência no que a empresa se presta a oferecer? É um produto que oferece garantia para repassar isso com segurança para o cliente? É uma entrega que permite garantir que não haverá ruptura de estoques e, consequentemente, terá a disponibilidade de produtos para os clientes sem problemas?

Todas essas questões são primordiais para se fazer quando o assunto é negociação de valores. Para ofertar excelência na empresa, que já vimos que é a base para a experiência, o barato pode sair caro no final. Como resultado da economia em uma negociação, pode ocorrer insatisfação do cliente, diminuição das vendas e problemas na criação da lealdade, afinal, quem quer se relacionar com algo percebido como ruim?

O relacionamento mantido com os fornecedores também é importante quando falamos em negociação. Manter um bom contato, com uma proximidade adequada e políticas de integração com o fornecedor permitem gerar um clima de interdependência e comprometimento entre as duas partes. Esse comprometimento é muito favorável para promover a troca de informações sobre novidades no setor, sobre os clientes, sobre a otimização de insumos, produtos e equipamentos comercializados, dentre outras vantagens que um relacionamento próximo e saudável com fornecedores pode oferecer para a empresa.

Além disso, os fornecedores também mantêm relacionamentos com base em questões individuais. Se o responsável pelo setor comercial do fornecedor e o responsável pelo setor de compras da sua empresa tiverem a proximidade desejada, há vantagens nas trocas devido a segurança pessoal e confiabilidade proporcionada.

Sabe aquela máxima de que se um restaurante discute com um frigorífico ele vai receber a ponta da carne? Sim, isso pode acontecer, por mais profissional que as duas empresas, e que os dois profissionais envolvidos sejam. Não é que isso é feito de propósito. Obvio que não!

Distanciamento nas relações gera uma falta de vantagens e preferências na seleção de produtos. A ponta da carne, parte mais dura, que demora mais para cozinhar e que ninguém quer em um restaurante, existe e existirá sempre. E ela terá que ser comercializada para alguém. Mas se o fornecedor não tem tanta preocupação e zelo em oferecer a melhor qualidade para a sua empresa, ela tem maior probabilidade de receber produtos de menor "qualidade" (quando não há um padrão, como nesse exemplo, logicamente), o que prejudica a prosperidade na cadeia de qualidade do negócio.

E como é a relação com os fornecedores em sua empresa?

Questões para reflexão:

1. Como sua empresa se relaciona com os fornecedores?

2. Como as negociações que sua empresa mantém com os fornecedores acontecem normalmente? Que características dos relacionamentos você consegue observar?

3. Em que pontos uma relação melhor com os fornecedores de seu negócio pode auxiliar a criar melhores experiências para os clientes?

Parte III

Comportamento organizacional
Da mentalidade à ação:
Como ter um pensamento estratégico para criar experiências?

Conexão com cliente
Do interesse à compra:
Como e por que se diferenciar pelo Relacionamento Superior?

Gestão de experiências
Da comunicação à fidelização:
Como criar estratégias eficazes para encantar clientes?

Controle estratégico
Da prevenção à avaliação:
Como evitar riscos e promover a aprendizagem na empresa?

Parte III

**Da Comunicação à Fidelização:
Como criar estratégias eficazes para
encantar o cliente?**

A interação, vista por meio dos relacionamentos, é inerente ao ser humano. Nossas células se relacionam através de negociações e trocas – na maioria das vezes benéficas – entre as partes do nosso corpo. Nossos órgãos se comunicam por meio do Sistema Nervoso Periférico (SNP), responsável por conectar o sistema nervoso central (SNC) aos outros órgãos do corpo. A sua função é levar informações percebidas pelos receptores sensoriais (visão, audição, olfato, paladar e tato) até o SNC e trazer respostas para os órgãos certos. E, as empresas também se comunicam e se relacionam, em um sistema colaborativo de ação e reação.

Assim, podemos comparar o corpo humano à empresa: tanto no corpo humano quanto nas empresas os relacionamentos são ocasionados por estímulos externos. No organismo, o sistema sensorial recebe informações do ambiente, percebe e sente os estímulos e reage a partir do funcionamento adequado dos nossos órgãos. Nas empresas, as pessoas recebem informações externas, processam esses estímulos e transformam em ações que gerem valor. Trata-se do sistema de se organizar para criar estruturas consistentes de relacionamentos que supram necessidades sociais e empresariais para conquistar os objetivos de cada parte envolvida: a autorrealização do indivíduo e a satisfação do cliente e lucro para a empresa.

A grande questão é que quando falamos de Experiência do Cliente também devemos pensar no sistema de formação de relacionamentos, por vezes complexos, mas que promovem os sentimentos tão almejados de reconhecimento, valorização e bem-estar. Dentre as principais questões que devemos considerar estão:

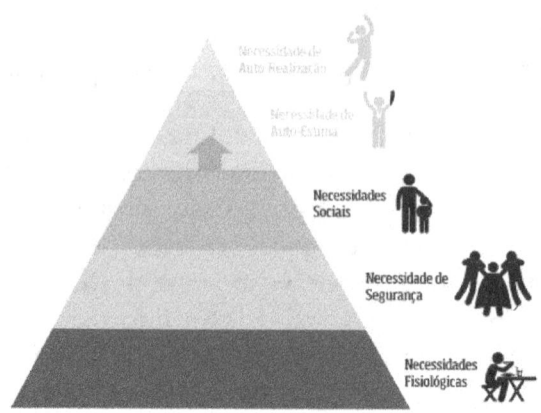

Figura 17: *Hierarquia de necessidades – Busca de Auto estima*

- O cliente se relaciona com seus desejos internos, com seus conflitos psicológicos, sociais e fisiológicos, e busca a realização por meio de uma compra ou contato com marcas que façam sentido para o universo de necessidades dele.
- O colaborador se relaciona com sua empresa conforme suas motivações, sejam ela de desenvolvimento pessoal, profissional ou ligadas a questões de busca de reconhecimento, autovalorização ou dinheiro.
- Os setores da empresa se relacionam entre si em busca de um equilíbrio entre interesses de metas da empresa e motivações pessoais dos participantes.
- A empresa se relaciona com fornecedores, concorrentes e com colaboradores conforme seus interesses de posicionamento de marca e de retorno financeiro.
- E por fim, a empresa oferece sua proposta para clientes com necessidades e desejos bem distintos, mas que acabam imersos em um universo de estímulos que criam sentido para estreitar uma relação com a empresa que fornece a melhor proposta de valor na sua percepção.

Então, vemos que nada acontece de modo isolado no sistema organizacional. Para criar a Experiência do Cliente, devemos considerar que tudo é uma rede de relacionamentos e de interdependência. Isso gera uma cadeia de processos e de relacionamentos, onde cada parte do processo, do fornecedor de matéria-prima ao concorrente que impõe um padrão de desejo aos clientes, todos estão em busca de criar valor para si e para o seu próximo elo na cadeia de entrega. Isso depende dos recursos físicos e humanos da empresa, do clima e da cultura organizacional que se torna essencial para sustentar a coerência e a consistência dos relacionamentos que serão formados com um caráter estratégico que já vimos com o Relacionamento Superior.

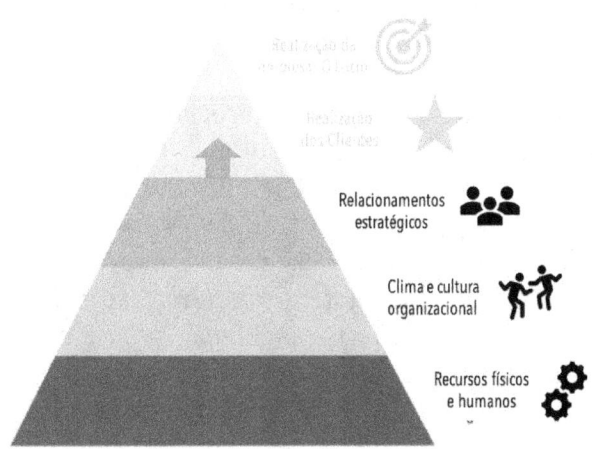

Figura 18*: Hierarquia de necessidades – Busca de Satisfação do cliente*

Nesse processo de relacionamento, o objetivo é a busca da realização das necessidades do cliente, colocando-o no centro das prioridades da empresa. Enquanto de um lado esse cliente busca a sua realização, seu bem-estar por meio de sentimentos e emoções positivas por meio de um simples contato com a empresa ou de uma compra efetiva, do outro lado a empresa busca vender para esse cliente. No entanto, vender com base na filosofia do Relacionamento Superior é oferecer a melhor experiência para primeiro atender o outro – o cliente, neste caso. Apenas com o atendimento do outro – com quem se relaciona ou para quem se oferece algo – é que a empresa conseguirá obter a sua recompensa maior: resultado financeiro.

Isso gera o processo de ação e reação, motivado pela empresa, de forma deliberada, por meio de estímulos e de estratégias ligadas aos processos colaborativos, onde tudo busca suprir uma determinada necessidade ou interesse do cliente. Como vimos, a partir da atenção do cliente captada por estratégias realizadas pela empresa, um determinado comportamento de interação é estimulado entre pessoas, objetos e estímulos a fim de gerar uma resposta que confirme percepções, crie um envolvimento e o engajamento com a empresa.

Por isso nesta parte do livro, iremos abordar como a empresa realiza suas estratégias diante da jornada de compra do cliente, a partir do nosso Ciclo de Experiência do Cliente do método HappyTrack, a fim de provocar os estímulos necessários para desencadear comportamentos que aproximem clientes, encantem e gerem resultados esperados (para as duas partes, claro – satisfação para o cliente e lucro para a empresa).

17.
Alinhe os critérios de escolha de seus clientes

A chave do sucesso para um negócio atrair e conquistar mais clientes é saber reconhecer oportunidades, analisar situações e propor soluções adequadas no momento de escolha do cliente.

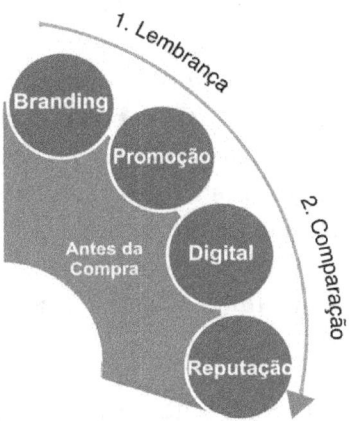

Figura 19: Antes da compra

O momento da escolha destina-se a todo processo que antecede a compra de um produto ou serviço. Envolve o reconhecimento da necessidade do cliente, a busca de informações e a escolha.

Todos esses elementos permitem auxiliar na construção da lembrança da marca e na preferência em comparação com concorrentes.

O Reconhecimento da necessidade

Vamos considerar o caso de um novo restaurante? Muitos empreendedores desejam abrir seu restaurante para ter liberdade em termos de trabalho e gestão da carreira. Outros porque querem investir. Alguns querem apenas empreender e fazer algo novo. Não necessariamente novo no sentido de inovação, mas de realizar sonhos e vivenciar um setor que fascina e motiva muitas pessoas. Muitos partem da seguinte lógica: vou abrir um restaurante, pois fome todo mundo tem e, assim, vou sempre ter clientes para atender. No entanto, esse pensamento de achar que todos tem a mesma necessidade e mesma motivação está muito errada.

A partir do momento em que pensamos que um cliente vai a um restaurante pois ele está apenas com fome, caimos em um erro fatal para conquistar sucesso no setor. Quando vamos a um restaurante, vamos por diversos motivos. Uma saída com a família. Uma reunião de negócios. Um encontro com os amigos. Um encontro romântico. Para sairmos um pouco de casa. Para nos divertimos. Para comer algo diferente e experimentar novos sabores.

Vamos a um restaurante porque queremos momentos diferenciados, porque não temos tempo, porque queremos facilidade e comodidade ou porque queremos sair da rotina. Mas também vamos porque temos fome.

Você percebeu que não é só a ordem que citei que a fome ficou em ultimo lugar? A fome, apesar de ser uma necessidade básica de todo ser humano, não a única e a principal razão que nos faz ir à algum lugar ou pedir comida de algum lugar para comer.

Apesar de a fome ser uma necessidade básica, ela não é o motivo principal ou único motivo de irmos a um restaurante. Fome que é fome, « qualquer » produto de alimentação pode saciar, apesar de salientar esse qualquer entre aspas devido ao nível de exigência de cada um, principalmente quanto ao tipo de comida e qualidade associada.

Percebemos a partir disso que o primeiro ponto para determinar o comportamento do consumidor de um restaurante, como no nosso exemplo, é ser capaz de entender as motivações de compra para ele. Essa compreensão vai permitir a criação do posicionamento do negócio e a própria oferta feita para ele. Trata-se do tipo de serviço, tipo de pratos, preço e até mesmo a localização.

Depois disso, o cliente vai buscar informações sobre quais são as opções de onde ele poderá encontrar o que ele tanto busca.

A Busca de informações

A busca por informações é o momento em que o cliente já definiu o que quer, o que deseja e quais são suas expectativas quanto ao tipo de comida, tipo de experiência que deseja e quanto está disposto a gastar para isso, tanto em dinheiro, quanto em tempo e energia. E, aqui, vamos continuar a pensar no exemplo do restaurante.

Quando as prioridades do cliente já estão definidas, automaticamente ele vai procurar referências em sua memória de lugares que já conhece, que já ouviu falar ou que já viu alguma publicidade a respeito. Para comer, o cliente não está disposto a investir tanto tempo nesta busca de informações. Por isso, ter claro que causar uma boa impressão sobre a empresa, assim como investir em comunicação é fundamental para ser lembrado. E as experiências antigas que o cliente teve também são consideradas aqui. Se ele saiu satisfeito e passou um momento que considera como agradável no restaurante, o cliente estará sempre disposto a retornar. É a fidelização pelo processo espontâneo de lembrança. Além de ele falar bem a respeito, ele terá facilmente as informações sobre seu restaurante em sua memória e estará predisposto a retornar. E nesse ponto devemos discutir sobre a importância da memória para a jornada de compra.

A memória do cliente é a primeira etapa que devemos formar com estratégias da empresa. Memória é uma capacidade cognitiva, individual a cada um, de adquirir, armazenar e recuperar informações disponíveis em nosso cérebro. Também existe a memória artificial, como dispositivos externos no qual podemos realizar essa mesma aquisição, armazenagem e recuperação de dados, como o caso de computadores, smartphones e outros equipamentos.

Por exemplo, quando somos pequenos é o momento de descoberta. Descoberta de várias coisas. De vários sabores. De várias cores. De várias palavras. De várias ações. Entretanto, tem coisas que nos lembramos, ou seja, há informações que recuperamos mais facilmente que outras. Por exemplo, quando comemos algo de diferente pela primeira vez, independente de sermos crianças ou adultos, vamos associar com algo e depois recuperar na memória a cada vez que sentirmos o gosto ou a cada vez que ouvirmos falar a respeito. Quando um adulto não gosta de brócolis, por exemplo, provavelmente foi uma associação ruim feita na infância ou no seu primeiro contato com o legume, e isso foi registrado na memória daquela forma:

brócolis é ruim. Isso pode acontecer por tolerância do próprio paladar ou por questões de hábito. Então toda vez que ele ouvir sobre 'brócolis' ou mesmo quando um prato contiver isso, ele vai associar como algo ruim, pois teve uma experiência ruim quando o consumiu, seja pelo seu paladar, seja por algum fato negativo que ele associa.

Então, tudo se trata de um processo que envolve a aprendizagem. Se a situação em que experimentamos algo é marcante, essa lembrança será forte, pois envolveu nossas emoções e sentimentos e, assim, resgataremos isso na nossa memória no momento em precisarmos dessa situação, empresa ou marca.

Mas, nossa memória também é ativada com mensagens de comunicação. Toda comunicação que recebemos nos faz criar associações para armazenar essa informação de acordo com algo que já temos como referência e catalogar em nossa memória essa informação conforme nossas próprias prioridades. Por esse motivo, outras formas de buscar informações com elementos externos, como com a comunicação on e off-line, são tão importantes para novos clientes quanto às vivências que eles terão em contato com a empresa.

Hoje, a grande maioria dos consumidores "dá um Google", busca em redes sociais ou em sites de referência na internet antes de fazer suas escolhas. O universo digital permite a aproximação de informações e a facilidade de acesso para os consumidores. Por isso, ter os estímulos adequados para desencadear uma percepção adequada com a real entrega é fundamental e pode ser observada com o branding e estratégias de comunicação para gerar interesse para a compra, conforme veremos nas próximas páginas.

A escolha

O momento da escolha é aquele momento crítico em que o cliente vai se decidir sobre qual empresa ou marca está realmente apta para atender seus desejos e expectativas naquele momento.

O cliente já sabe o que ele quer ou o que ele precisa. Ele já tem informações de diversas empresas. Já viu anúncios. Já pesquisou. Já conversou com amigos. Já lembrou de suas experiências anteriores. Agora, é o momento em que ele vai colocar tudo em uma balança e fazer a comparação antes de escolher.

Figura 20: *Formação da expectativa do cliente*

A escolha é baseada num ranking mental que o cliente vai fazer em relação a seis pontos fundamentais:

- O critério essencial para a compra (baseado nas necessidades e preferências do cliente): preço, característica, benefício, vantagem, experiência, localização, etc.
- Comunicação e promoção da oferta: o que ele percebe como melhor, mais conveniente e que atraia mais sua atenção par atender ao seu principal critério de escolha. Os critérios estéticos e argumentos utilizados pesam muito neste quesito, pois permitem criar associações no seu imaginário.
- Atributos adicionais ofertados: o que a empresa oferece que as outras não propõe?
- Vantagens e benefícios: o que a empresa propõe como resultado da compra.
- Lembrança de experiências passadas.
- Notas de avaliação e comentários de terceiros.

Todos esses pontos serão avaliados em comparação uns com os outros em um esquema mental do cliente. De um mix de empresas que ele elegeu, o cliente compara todo os itens e vai afunilando com o que mais está próximo de atender à sua expectativa.

Mas, você percebeu que tudo que expliquei é do lado do cliente, o que ele busca e como busca? Para que a escolha seja pela sua empresa, você deve pensar claramente no lado estratégico: o que a empresa pode fazer e influenciar a Experiência do Cliente em contato com ela e criar preferência na escolha?

No processo antes da compra, enquanto os clientes buscam as alternativas que podem atender as suas necessidades de compra, as empresas devem pensar em estratégias para influenciar a percepção sobre a empresa e a criação de expectativas que criem prioridades no momento de comparação e escolha.

Para isso, devemos pensar que:

O que o cliente faz?	Estratégia que a empresa deve pensar	Como a empresa deve fazer?
Cliente busca atender a uma necessidade ou desejo	Branding	A empresa deve fornecer estímulos associados ao seu posicionamento de marca e branding para ser lembrada da forma certa e no momento certo, a partir de seu posicionamento
Cliente busca informações	Comunicação e promoção	A empresa deve pensar em seus canais de comunicação, estratégias de apelo visual e argumentos convincentes para atrair e encantar
Cliente compara as alternativas e empresas concorrentes	Reputação online e influência da marca	A empresa deve ter um bom resultado de notas e avaliações nos diversos meios online, ser ativa em comentários e ter defensores de sua marca

Quadro 2: *Estratégias antes da compra*

18. Construa uma marca forte para criar relevância e lembrança

Para muitas pequenas empresas, a marca é apenas um logotipo que a identifica e a diferencia de outros estabelecimentos ou mesmo de outras ofertas propostas pelos concorrentes. Engana-se quem pensa assim!

Uma marca representa o significado dos produtos, diminui o risco percebido para a compra e também garante que a expectativa do consumidor, em relação a uma promessa feita por meio da comunicação pode ser atendida. A marca assume diversas funções importantes. Uma delas é criar uma identidade que permita criar associações e formar uma imagem favorável ao negócio, transmitindo seus principais diferenciais e aspectos relevantes para o consumidor, como sortimento, preço, localização, qualidade, serviços agregados e bom relacionamento com os clientes. Além disso, uma marca pode transmitir valores e aspectos culturais importantes para criar proximidade e mostrar ao consumidor que possuem características e comportamentos similares a ele. O somatório de todos esses elementos, transmitidos de forma coerente pela marca da empresa é o branding.

Branding é a ação da empresa de dotar produtos e serviços com um valor adicional pelo fato de serem representados por ela. Trata-se da forma que a empresa afirmará a procedência do que oferece e certifica o que vende por meio de suas características próprias, comportamento, valores, cultura e o que defende. Ou seja, branding é a arte de dotar produtos e serviços de brand equity, que é um conjunto de associações e comportamentos que permitem transferir um significado e um sentido a produtos e serviços, auxiliando na percepção que clientes terão de produtos e serviços.

Assim, as empresas devem considerar suas marcas como mais que um simples símbolo de identidade visual. O branding fortalece esse símbolo e faz com que ele assuma mais valor para produzir diversas associações que a empresa possa oferecer em forma de vantagens e benefícios aos seus clientes.

O principal elemento que conduz o entendimento do cliente e fundamenta as ações de marketing da empresa é o posicionamento da marca. O posicionamento é a forma que as pessoas em geral, clientes ou não, irão perceber ou entender um negócio ou uma marca. É o que se passa na cabeça dessas pessoas quando elas pensam em uma determinada empresa. É a associação que elas fazem. E, por isso, posicionamento está na cabeça das pessoas e não diretamente no negócio.

O posicionamento tem por objetivo fazer com que o seu negócio seja percebido como diferente e único pelos clientes. É fazer com que seus clientes sintam vontade de ir ao seu estabelecimento, pois só aí é que ele irá encontrar o que ele espera. É fazer que seu cliente entenda de forma consciente porque ele prefere o seu negócio e não o do concorrente.

Por isso, ter uma posição específica e singular na mente dos clientes é essencial para toda empresa. E, quanto mais competitivo for o setor, maior é a necessidade da criação de um posicionamento estratégico para ter destaque, criar competitividade e aumentar o retorno financeiro para a empresa.

Mas afinal, o que é o posicionamento estratégico?

Ao contrário do que muita gente pensa, posicionamento estratégico não é uma simples criação de conceito ou um diferencial para o seu negócio. O posicionamento é mais que isso.

Posicionamento é a percepção e o entendimento que os seus clientes terão do seu negócio. Ou seja, posicionamento é como sua empresa será lembrada pelos seus clientes. É a imagem que seu cliente terá em mente quando pensar em sua empresa.

Embora para alguns tipos de negócios, como pequenas empresas, possa parecer impossível, não é. Estabelecer um posicionamento é dever de todo negócio que pretende crescer, se destacar e ter perenidade dos seus resultados. Mas, para criar um bom posicionamento estratégico, precisamos definir 3 pontos fundamentais: empresa, concorrentes e clientes.

A empresa deve iniciar o processo de definição de seu posicionamento estratégico fazendo uma reflexão sobre qual é o seu objetivo e qual é a sua principal vantagem ou competência essencial.

O objetivo do negócio é o proposito dele, o que ele se predispõe a oferecer e deve estar claro tanto para o empreendedor quanto para os clientes. Esse ponto deve ser definido pelo que a empresa sabe e pode oferecer de melhor, está em suas capacidades básicas e é extremamente difícil de ser copiada, conforme já vimos nos capítulos anteriores.

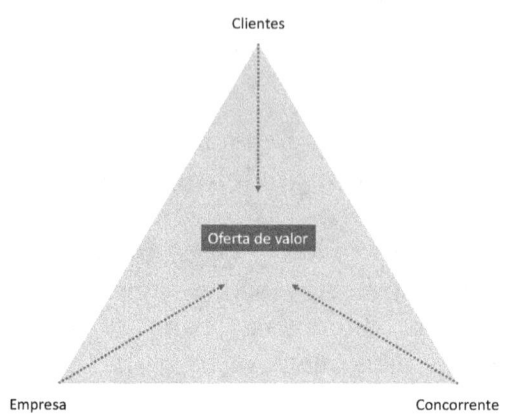

Figura 21: Formação de oferta de valor

No entanto, o objetivo deve se manter coerente ao longo do tempo para garantir que o posicionamento também possa ser mantido. Não adianta se propor a oferecer o melhor café da cidade como posicionamento e depois de um tempo passar a ofertar até almoço. Isso dificulta e pode até fazer perder a coerência na criação do posicionamento, caso a empresa não tenha uma marca forte.

Por isso, o posicionamento também está relacionado com o público: para quem é o negócio. Um posicionamento eficaz possui um segmento de mercado bem definido. Ou seja, possui um grupo de pessoas com necessidades, desejos, comportamentos, preferências e interesses muito parecidos. E esta definição de um público com características similares permite estabelecer algumas ações condizentes com a associação que eles irão fazer. Além disso, permitirá alinhar o que é ofertado e como é ofertado com o que essas pessoas esperam e o que as satisfaz.

Com isso, podemos ver que o posicionamento é percepção. É imagem. É o que as pessoas associam de algo, de alguém, de um produto, etc. Posicionamento não é a identidade da empresa. Ou seja, não o que ela é, o que faz e o que ela oferece. Mas sim, como ela é percebida. E, por isso, que ter um posicionamento estratégico é fundamental para direcionar a Gestão da Experiência do Cliente na empresa.

Diante disso, vemos que uma coisa é a identidade da empresa, criada pelo branding. Ou seja, estratégias que a empresa faz para ser percebida e associada de uma determinada maneira. Outra coisa é a imagem que é o posicionamento. Ou seja, como o cliente associa e percebe a empresa.

> **Como diferenciar identidade e imagem?**
>
> Identidade é como uma empresa se projeta para seus públicos. É o que ela faz, o que oferece, o que ela prega, como ela faz, quem trabalha nela, etc.
> Imagem é a percepção de uma pessoa em relação a algo. É como se olhássemos no espelho. Às vezes, como nos arrumamos ou como estamos naquele dia não é o reflexo de como nós nos vemos. Ou ainda, outro exemplo é quando uma pessoa se acha feia e se projeta como feia, mas outra pessoa a considera bonita. Qual é a diferença? A diferença está na percepção. Os elementos que representam o bonito ou o feio para uma pessoa não tem o mesmo significado ou representatividade para a outra.

Por isso, nas empresas deve haver consistência entre o que a empresa ou marca faz, oferece, como se comunica por meio de sua publicidade, para que ela possa ser percebida de maneira adequada por seus públicos.

Todo o negócio deve ter essa mesma fórmula: a somatória de produto ou serviço que é ofertado, mais o preço, mais a localização e o ambiente, mais a comunicação deve ser igual ao que o seu cliente vai receber. Isso é criar coerência para o entendimento do cliente e para que ele possa associar a sua empresa da maneira que você gostaria que ele a percebesse.

Um diferencial isolado não sustenta um posicionamento. Um ambiente que não está condizente com a proposta, também prejudica a percepção das pessoas. Preço em desacordo com a proposta não faz o cliente perceber qualidade e não faz vender. Comunicação? Se não tomar cuidado, você vende o que você não é capaz de entregar. E aí está o grande perigo.

Então, posicionamento está também ligado à diferenciação de um negócio e à marca. Mas, não é a marca em si. Não é o produto em si. Posicionamento é o conjunto de ações da empresa que permitirá que o seu público a perceba da maneira que ela gostaria de ser reconhecida por ele. Por isso, um bom posicionamento deve ter 5 elementos fundamentais, obtidos por meio das seguintes questões:

1) Apelo:
Qual é a proposta de valor que está sendo ofertada pela sua empresa para o seu cliente? Qual é o seu chamariz?

2) Características tangíveis e intangíveis:
O que seus produtos e serviços, seu ambiente e seus colaboradores transmitem para o seu cliente? O que ele percebe com isso?

3) Vantagens:
O seu cliente entende que o que você está oferecendo em seu negócio é aquilo que ele

busca para satisfazer suas necessidades e é melhor que os outros estabelecimentos? Como ele vê isso?

4) Benefício:
A vantagem é percebida como um benefício para o cliente? Ou seja, além de satisfazer seu cliente e ser melhor que os concorrentes, seu negócio é capaz de oferecer algo a mais para ele? (e não estou falando de brinde ou desconto não!)

5) Prova de valor:
O entorno do produto e os detalhes que vem junto com ele são percebidos de forma adequada e transmitem os valores de sua empresa e o benefício esperado pelos clientes?

Se você conseguiu responder a todas estas questões, parabéns! Seu negócio deve ser um sucesso! Agora, se você ficou com dúvidas se conseguiu ou não responder realmente essas questões, cuidado! O problema não é com o cliente, mas sim com o posicionamento do seu negócio e vou te ensinar a criar um.

O principal fundamento para criar um posicionamento estratégico direcionado a experiências

Quando o empreendedor ou gestor pensa em aumentar os lucros, ele pensa automaticamente em reduzir custos e conter despesas. Pensa que está com um quadro funcional talvez muito grande, que seu fornecedor talvez não seja o melhor em preço, que está se gastando demais em alguns pontos (que inclusive podem ser essenciais para a percepção de qualidade dos clientes). Pode ser que isso esteja acontecendo sim na empresa. Achar que apenas isso vai fazer aumentar os lucros, e de forma duradoura, pode ser algo prejudique a obtenção do verdadeiro resultado financeiro. Mas então, qual é a relação entre questões financeiras e posicionamento estratégico?

Quando se trabalha com alguma redução de custos, de quadro funcional, etc, podemos estar fatores críticos de sucesso e impactando de alguma forma a qualidade percebida pelo cliente, seja com produtos, processos ou serviços. E, dessa mudança, por menor que seja, pode afetar diretamente no modo em que os clientes percebem e em como avaliam a empresa.

Já a criação e a garantia de um posicionamento estratégico consistente permitem que os clientes criem preferência pela sua empresa, pela sua marca. Criando essa preferência eles se tornam fiéis, retornam mais vezes, gastam mais. Além disso, falam bem para os amigos, para os colegas, defendem nas redes sociais e são capazes de trazer novos clientes até você. E com o menor custo possível, afinal, você não gastou tanto em divulgação e ainda teve mais credibilidade, já que foi uma outra pessoa que falou de seu negócio.

A questão é que o posicionamento estratégico deve ser embasado nas prioridades estratégicas e objetivos da empresa. Assim, a consistência que tanto discutimos só em mantida, para criar uma experiência memorável para o cliente, quando a estratégia da empresa estiver alinhada ao seu posicionamento. Por isso, volto a frisar que quando trabalhamos com princípios de Relacionamento Superior e com Gestão da Experiência do Cliente, o custo baixo nunca deve ser o maior foco do negócio.

Seu negócio tendo um posicionamento bem definido, vai ser percebido com um valor superior, ou seja, como algo melhor do que o ofertado pelos concorrentes. Assim, tendo esse valor percebido e esse diferencial, seu negócio pode cobrar mais pelo que oferece e seus clientes farão questão de pagar por isso. Quer coisa melhor? Simples assim.

Agora vamos revisar em um passo-a-passo para você fazer seu negócio arrasar no seu posicionamento estratégico?

Dicas para criar um bom posicionamento estratégico

1. Analise seu ambiente

Veja as oportunidades que você tem na sua região. Estude tudo que pode influenciar no seu negócio, da escolha do cliente ao relacionamento que seus concorrentes não criam. Veja fatores de macroambiente (cenário político, econômico, social, tecnológico e natural). Saiba como aproveitar o momento desse cenário para oferecer o melhor na sua empresa.

2. Defina bem seu público-alvo

Ninguém consegue satisfazer todo mundo. Cada cliente tem desejos, comportamentos e expectativas diferentes. Por isso, concentre seus esforços em um segmento de consumidores bem definido. Estude quem são seus clientes, onde eles estão, como se comportam, o que preferem, como decidem a compra, com quem moram, etc. Quanto mais informações você tiver, maior será a sua chance de entender o que você pode oferecer para o cliente valorizar de verdade a sua empresa.

3. Descubra quem são seus concorrentes

Saiba onde seus clientes iriam ou vão se não preferissem você. É dessa forma que você deve pensar para eleger seus concorrentes.

A partir do momento que você descobrir quem são ele, analise o que esses concorrentes oferecem, como, para quem, e o que você pode fazer melhor que ele para se destacar na percepção dos clientes.

4. Estabeleça sua principal competência

O que a sua empresa sabe fazer de melhor? O que sua empresa faz que ninguém mais sabe ou vai conseguir fazer se você não ensinar ou contar como é?

Para a empresa se destacar com alguma competência específica, essa competência deve ser rara, difícil de ser imitada e deve agregar valor na percepção do cliente. Esta é a chamada competência essencial da empresa e, pode ser fonte de vantagem competitiva para ela.

Caso a empresa não apresente nenhuma habilidade com essas características, você deverá analisar como sua empresa pode adquirir (comprando, aprendendo ou criando) algo que seja de maior destaque no seu setor e que possa ser lembrada por isso.

5. Transmita seu posicionamento

Não basta ter um posicionamento definido. Você deve ser capaz de transmití-lo de forma clara na sua empresa. Crie um slogan curto, claro e simples. Não é necessariamente um atributo comercial, uma propaganda. Mas, isso é o que passará quem é e principalmente por que escolher a sua empresa.

Nele deve conter o que você oferece como benefício ao cliente. Esse deverá ser o propósito da sua empresa refletido em tudo que ela fizer para ter coerência e fazer que os colaboradores consigam transmitir em suas ações e fazer com que o cliente consiga compreender de fato o que você quer transmitir como valor fundamental do negócio e vender para ele.

Para isso, escolha a principal característica que fornece base para o benefício que você oferece e que te diferencia dos outros. Lembre-se de se questionar: O que sua empresa quer entregar? O que você tem de melhor? O que seu cliente irá valorizar de verdade na sua escolha e comparação com concorrentes?

6. Confira seu check-list

Depois de criar o posicionamento de seu negócio, confira se ele atende 5 condições: O posicionamento criado é durável? É atrativo?

Passa credibilidade para o seu negócio? É original? É simples e fácil de entender? Se a resposta foi sim para todos os itens, você tem um bom posicionamento.

Questões para reflexão:

1. Qual é a identidade de seu negócio? E sua imagem? As duas, identidade e imagem são convergentes e consistentes entre si?

2. Qual é o posicionamento estratégico do seu negócio? O que você poderia fazer para melhorar seu posicionamento e como ele deveria ser?

Material complementar:

Para saber mais sobre como diferenciar o seu negócio, assista ao vídeo acessando o QR Code:

19. Estabeleça uma estratégia digital para ter atratividade

O consumo de mídia tem mudado muito nos últimos anos. No último estudo realizado pela pesquisa brasileira de mídia, em 2016, o meio de comunicação mais acessado no Brasil para busca de informações era a TV, seguida da internet. No entanto, mesmo antes da pandemia, a mídia mais utilizada para a busca de informações, principalmente no âmbito de escolha e compras tem sido a internet.

A principal questão aqui não é a mídia em si onde as pessoas buscam informações. Porém, a informação buscada para formar opinião. Enquanto na TV o conteúdo de produtos e serviços é meramente publicitário, trazendo a questão de finalidade comercial, independente se é por meio de anúncios ou inserção em estratégias de merchandising editorial ou product placement, a finalidade do que é retratado na mídia convencional é com objetivo de venda.

A partir dessa exposição, o consumidor recebe a informação de forma mais passiva, se for pertinente para suas necessidades, guarda a informação em sua memória, como já vimos anteriormente, ou cria uma ação. No entanto, a opinião em si não depende apenas da exposição ao conteúdo, mas sim da relação social, confirmações e da própria reputação, no âmbito coletivo. Esse é um dos motivos que faz com que a internet tem se tornado cada vez mais forte para posicionamento das empresas. Na internet não é sobre vender os produtos. É sobre criar conteúdos relevantes para auxiliar a imagem e estabelecer uma boa reputação para desencadear confiabilidade para a compra.

Em relação a frequência e comportamento de contato com a mídia, ainda segundo dados da pesquisa brasileira de mídia, a maioria dos brasileiros, assistem TV todos os dias e leem muito pouco jornal ou revista impressa. Já a internet é a mídia mais acessada todos os dias. Mais da metade dos brasileiros passam pelo menos 5 horas diárias na internet (e esses dados dão de 2016, muito antes de um contexto de videoconferências, lives, home office e distanciamento social imposto pela pandemia). Outro dado importante em relação ao hábito de consumo de informação, é que o celular é a principal fonte de conexão, muito à frente de desktop. A facilidade de navegação com os dedos e a praticidade de aplicativos ajudam ainda mais essa realidade.

Mas, você sabia que estudos comprovam que a grande maioria dos consumidores buscam informações na internet antes de fazer suas compras? Por todos esses dados a comunicação digital se tornou a menina dos olhos para a comunicação da maioria das empresas.

De uma coisa todos temos certeza: as redes sociais e sites de avaliação são os meios mais utilizados hoje para busca informações. O Google também ajuda. Diferentemente de ferramentas de busca, as redes sociais não propagam apenas a informação para o seu cliente sobre o que seu estabelecimento oferece, onde está localizado, quais são os horários que ele funciona e por que ele é tão especial.

Engana-se quem pensa que redes sociais são importantes só pelo alcance de um número maior de pessoas, menor custo de promoção de marca, produtos e serviços. As redes sociais trazem comprovação e aprovação social de uma informação (e isso de forma consciente ou não). As redes permitem maior comparação, já que os próprios detentores da tecnologia mostram concorrentes de forma quase que estratégica para melhorar algoritmos de ganho e investimentos publicitários. Expõe os consumidores a novas opções, mesmo que sem uma busca ativa dessa informação. E, o mais importante: permite identificar se o negócio é realmente bom por meio de uma avaliação e aceitação de pessoas que já frequentaram ou da percepção que possuem a respeito. E esse tipo de informação dá mais credibilidade.

E, por isso, o bom uso das redes sociais pode ser uma oportunidade nesses negócios (se tiver uma boa estratégia, claro!).

Hoje, quase todo mundo utiliza os mecanismos de busca na internet e as redes sociais. Facebook, Instagram, WhatsApp, Google e Youtube são apenas algumas dessas mídias amplamente utilizadas. A grande questão é que estar nestas mídias é fundamental para ver e ser visto. No entanto, a notoriedade nesses meios deve ser iniciada por estratégias da própria empresa e depois geradas de maneira espontânea pela interação que sua marca, que sua mensagem, ou de produtos que você promove com o seu público. Não é um meio de apenas pensar em postar anúncios e divulgar o negócio. A estratégia para gerar uma boa percepção da marca e promover a interação adequada deve ser embasada na criação e na gestão de conteúdo, o chamado *content marketing*.

Conteúdo gera experiência. Só promoção, não!

A internet é um caminho para dialogar com clientes e com quem está interessado em conhecer o que você tem para oferecer para ele. Isso independente de se você é bar, restaurante, café, panificadora, loja de calçados ou tecnologias.

Para se pensar em ações que deem visibilidade para a marca, há necessidade de um conteúdo que atraia a atenção, desenvolva a relevância para futura lembrança da mensagem e promova o engajamento para uma ação. Por isso, conteúdos devem ser planejados estrategicamente, envolvendo planejamento, a criação da mensagem, tom, linguagem, conteúdo visual com apelo coerente com a marca e mensagem para criar a percepção desejada nesses canais.

E, nesse meio, já vi de tudo por causa do erro no uso nas mídias sociais. Negócios que perdem clientes por postar conteúdo com posicionamentos contraditórios. Por serem grosseiros com clientes em mensagens ou mesmo deixarem de responder. Enviar mensagens erradas ou para pessoas erradas. Divulgar dados que deveriam ser confidenciais. Apelarem no uso de promoções e mensagens para atrair clientes. Isso, dependendo do tom e da frequência usada, pode piorar a situação e deixar o cliente desconfiado. Afinal, se precisa de maneiras contraditórias para propagar alguma informação é por que tem algo de errado com o negócio, não?!

Assim, seguem minhas 4 dicas sobre como melhorar o uso de suas mídias sociais:

1. Jamais mecanize ou artificialize a comunicação

Que fique claro: não digo que não devem ser agendadas publicações, afinal ninguém tem tempo a perder na frente do computador criando conteúdo. Ainda mais se for você mesmo que administra seu negócio, que cuida dos funcionários e ainda faz o papel de social mídia.

O que quero dizer é que você jamais deve deixar postagens estritamente comerciais e meramente informativas. Lembre-se que mídias sociais é para interação. Seu público estará te observando, te acompanhando.

Então, traga para suas redes o que mais tem de precioso e que este tipo de meio pode proporcionar: o *feedback* de seu cliente, a possibilidade de conhecê-lo melhor, de dialogar com ele e com isso ter informações para você sempre oferecer o que ele espera. Torne a comunicação o mais pessoal possível para isso.

Esse tom de troca de informações e conversas deve ser a base de sua proposta, pois a busca do seu cliente é pelo resultado de seu produto e não o produto em si. Então, informe, crie assuntos que façam realmente sentido para o que seu cliente busca, interaja de modo mais natural e próximo possível.

2. Tenha frequência, mas acima de tudo, consistência

Quem não é visto não é lembrado. Certo, até concordo. No entanto, pecar pelo excesso também pode ser fatal. Aparecer toda hora na *timeline* do seu cliente pode ser cansativo e até mesmo fazer com que ele enjoe de você. Prefira ter conteúdos mais robustos, mais consistentes, do que simples postagens que agregam pouco para ele.

Sabe aquela sensação gostosa de expectativa, de esperar por algo que realmente será espetacular como uma ceia de natal? Isso mesmo! Faça seu público ter vontade e ter expectativa do que você vai oferecer a ele. Faça ele querer te ver. Não o force a te ver monotonamente toda hora só pelo simples fato de ser visto. A não ser que você sempre tenha algo interessante e novo a dizer.

Saiba o melhor dia e horário para publicar e, acima de tudo, saiba o que publicar para que aquele conteúdo seja reconhecido realmente como algo pertinente para ele. E, mantenha a consistência de sua marca e o padrão visual adequado das postagens. Ter uma identidade visual para facilitar a lembrança de marca é fundamental!

3. Seja criativo!

Surpreenda seu público com o que você posta. Por exemplo, se você tem o melhor cardápio da sua região, use isso a seu favor. Mas não apenas para vendê-lo. Promova de forma alternativa contando como seus pratos são feitos, de onde vem os ingredientes e porque utilizam isso. Dê valor ao que você oferece.

Observações à parte: não é para dar a receita, mas sim dizer o porque o que você faz é tão especial e bom. Se você tem um ambiente legal, por que não promover esse ambiente com postagens não tão óbvias sobre ele? E sobre os seus colaboradores? Garanto que seus clientes vão gostar de ver um pouco mais sobre o local que eles frequentam, mas de forma mais pessoal, menos óbvia do que promoção de vendas e técnicas para atrair seu público para o consumo. Ou seja, fuja do clichê e seja genuíno nessa aproximação.

4. Saiba gerenciar crises (e seja rápido nisso)

Nas redes sociais tudo é para ontem. Então, se seu cliente chega e é mal atendido, se seu estabelecimento não tinha algo que prometeu, ele vai reclamar em algum canal. Na visão do cliente as redes sociais também servem para isso.

Se inúmeros problemas acontecerem ou apenas um, mas que cause um "bafafá" para o cliente, isso pode ser alvo de críticas nas redes sociais. E críticas em redes sociais é mais que viral. É quase que um efeito cascata.

Por isso, tenha sempre acesso às contas das redes sociais ou um profissional dedicado para uma gestão *full time*. Em caso de urgência, uma resposta rápida e bem posicionada pode ajudar a controlar crises junto à opinião pública. Saiba responder mensagens insatisfeitas e de reclamações de modo cordial e sempre privilegiando as soluções para o cliente. Traga respostas rápidas e pertinentes sobre os problemas, se posicione e leve isso como uma crítica construtiva para a melhoria da empresa. Mostre que a empresa está disposta e quer melhorar. Nunca retruque o cliente só para você ter a razão ou aumente a discussão. O cliente nem sempre tem razão, mas se for necessário ser rígido com ele, mostre os motivos que te levaram a isso.

Uma pessoa mal atendida e que ficou insatisfeita te avalia negativamente, ou seja, ela estará predisposta a dar uma nota baixa lá na sua avaliação nas redes sociais ou em guias da cidade. Com uma avaliação negativa, a sua média já tende a cair. E se você tiver um baixo número de avaliações realizadas por outros clientes, a sua nota não cai. Ela despenca.

Além disso, se o cliente fizer um comentário, quantas pessoas vão ver? Quantas vão compartilhar? E quantas vão comentar a respeito? Lembra da máxima que se uma pessoa fica satisfeita ela não vai comentar muito (afinal, isso é sua obrigação). Agora, se ficar insatisfeita pelo menos outras dez pessoas saberão? Nas redes sociais esse efeito não se soma. Se multiplica.

Por outro lado, temos que ter em mente que a intensa competitividade no cenário de negócios faz com que os produtos e serviços oferecidos pelas empresas não sejam os elementos mais importantes nas transações. O que a empresa é ou parece ser também é um importante aliado à preferência dos seus públicos de interesse.

A reputação trata-se do julgamento coletivo acerca da imagem empresarial. Envolve elementos de convicção, credibilidade e sustentabilidade percebidos pela imagem organizacional. Por isso, a reputação é a interpretação da imagem de um determinado grupo de influência e não apenas com base em uma única pessoa. A reputação representa um ativo econômico que se traduz na atratividade da organização para os seus públicos com base no desempenho dela perante a opinião pública, ou seja, no olhar dos outros.

A reputação indica uma determinada comparação entre concorrentes com relação a produtos, serviços, funcionários e estratégias. As organizações com uma sólida reputação, com credibilidade, valor em produtos e serviços, além de coerência nas atitudes e comportamentos, apresentam maior probabilidade de serem lucrativas e estáveis, pois se tornam preferidas para compra quando os clientes vão compará-las com os concorrentes, afinal, terão maior aceitação social.

No entanto, para manter a lucratividade e a estabilidade, alguns desafios devem ser superados, como a inconsistência da empresa no jogo entre o "ser" e o "parecer". A reputação não considera apenas a percepção atual dos públicos como é o caso da imagem individual de cada pessoa acerca da organização. É uma condição coletiva baseada no comportamento organizacional ao longo dos anos e as associações a sentimentos e experiências dos indivíduos.

Por isso, as empresas devem estar atentas a como transmitem seus valores, crenças e atitudes, assim como qual é o propósito real de seus produtos e serviços em tudo o que fazem no meio digital. O discurso da empresa deve ser condizente com seu comportamento, transmitindo a credibilidade. Não adianta postar ou anunciar algo e o seu colaborador dizer ao contrário ou ele mesmo duvidar da oferta. Na internet não adianta falar uma coisa e se comportar na vida real de outra maneira.

Deste modo, a reputação está fortemente apoiada na coerência do seu processo de formação desde as estratégias de criação de manutenção de uma identidade empresarial íntegra, percepção dos públicos, e consequentemente, permitir a transformação das informações em uma imagem forte e positiva, base da reputação do negócio.

3 Dicas para garantir a reputação da empresa nos canais digitais:

1. Saiba identificar insatisfeitos e agir antes deles chegarem nas redes sociais ou mecanismos públicos de avaliação.

Clientes insatisfeitos são sempre prontos para contar da sua má experiência? Não! Estudos revelam que apenas 5% dos clientes insatisfeitos reclamam para a empresa ou fazem avaliações. Os outros 95% simplesmente vão embora e não voltam. No entanto, quem reclama quer colocar a boca no trombone, afinal o cliente está irritado e descontente. Para evitar que esse tipo de situação, seja evitada, crie métodos internos de acompanhar o cliente e conhecer se aquele momento de contato com a empresa (independente do canal utilizado) atendeu sua expectativa. Crie pesquisas internas para que o cliente se sinta ouvido. Na maioria das vezes ele busca a internet pois a empresa não se predispôs a ouví-lo durante ou logo após a sua compra.

2. Promova a marca de dentro para fora.

De nada adianta querer ser bem avaliado e ter clientes que falem bem da empresa se dentro da empresa os colaboradores não percebem ou agem dessa maneira. Um clima de insatisfação interna prejudica o nível de serviços e pode contaminar clientes.

Use estratégias de endomarketing com seus colaboradores para promover internamente sua marca, seus produtos e seus serviços. Toda nova informação deve ser transmitida e associada bem internamente, para depois criar uma repercussão natural para fora da empresa.

3. Cative seus clientes e incentive aqueles que tiveram boas experiências a falarem de sua marca e defendê-la.

Influencie os bons clientes e aqueles mais próximos a defender a sua marca na internet. No entanto, isso deve acontecer de um modo muito natural. Normalmente, as empresas com marcas muito queridas e experiências incríveis alcançam esse grupo de clientes de forma espontânea. No entanto, se você não consegue criar uma experiência memorável, dificilmente algum cliente seu vai querer defendê-la perante os outros, afinal é sua reputação que também estará em jogo. Assim, quanto maior for o valor que o cliente perceber na sua empresa e melhor for o que você proporciona para ele, mais predisposto ele estará para falar bem de você. Nesse momento, incentive o seu cliente a realizar avaliações, enviar relatos e mensagens sobre sua compra e experiência com a marca.

Questões para reflexão:

1. Que meios de comunicação você usa para atrair seus clientes?

2. Como é a estratégia de geração conteúdo de sua marca? Ela é suficiente para criar e manter um bom diálogo com seu cliente?

3. Quanto a sua comunicação influencia hoje para a boa percepção e equilíbrio da expectativa de seu cliente? O que você poderia fazer para melhorar?

20.
Crie a melhor atmosfera de compra

A compra é o ponto alto da Experiência do Cliente. É o momento em que o contato com o produto ou com o serviço será efetivado e, portanto, é o momento também chamado de momento verdade. Mas, afinal, por que o ato da compra é o momento verdade?

Já vimos aqui que o momento da compra não é o primeiro contato, pois antes de estar em contato de fato com a empresa para efetivação do pedido, o *prospect*, ou seja, o possível cliente, já teve outros contatos para a escolha da empresa em questão.

Porém, o momento verdade trata-se do momento em que o consumidor irá avaliar se a empresa é capaz de atender às suas expectativas em relação ao que ela se propôs a entregar. É o momento em que ele vai colocar em xeque se o que está sendo ofertado tem potencial de fato de atender as necessidades pré-existentes dele ou as expectativas criadas pela comunicação da empresa. Além disso, também é o momento de verificar se aquele universo apresentado pela empresa é o esperado pelo cliente e se faz sentido à sua realidade.

Este universo imaginado pelo cliente é um sistema de referências criadas ou resgatadas em sua memória, obtidas em um aprendizado anterior. Esse aprendizado permite que o consumidor analise todos os detalhes da empresa, de forma racional ou emocional, faça associações e, consequentemente, efetive ou não a sua compra.

Vamos pensar no caso da Disney? A Disney trabalha muito com o imaginário de crianças e adultos há décadas. Não é apenas um parque de atrações, tampouco desenhos animados. Falar e pensar em Disney é associar ao encantamento. Mas vamos entender o porquê.

O encantamento surge quando algo foge do convencional, supera o esperado e proporciona sentimentos positivos em relação ao momento vivenciado. A partir dos filmes, desenhos e histórias, o consumidor cria imaginários sobre personagens, sobre cenários, sobre sonhos. Os parques da Disney promovem a perfeição na estrutura, no atendimento, nas atrações ofertadas e em todos os detalhes ali presentes. Vai desde a forma de vender o ingresso com cordialidade e um sorriso estampado no rosto de todos os colaboradores da bilheteria, até o pessoal da manutenção, dos restaurantes, das cafeterias e das lojas de *souvenirs*. Não são apenas atrações e diversão. Não é apenas beleza e representações teatrais. É encantamento conquistado pela magia. E essa magia vem da combinação de diversos fatores que permitem construir nosso imaginário, lapidar expectativas e encantar em todos os momentos da interação e entrega da promessa da empresa.

Não há outras marcas ou parques de atrações que proporcionem tudo isso junto. Se houvesse outra marca que criasse magia com personagens e histórias, que vendesse perfeição, oferecesse excelência em tudo, Disney não seria mais Disney para nós. Assim como Cirque su Soleil seria só mais um. Assim como MMs seria só mais um chocolate. A experiência ofertada por essas marcas conquista, encanta e fascina não pelo atendimento, pelo ambiente ou só pelo produto que oferece. É pelo modo em que a expectativa é criada e atendida em todos os pontos de contato, evidências físicas e emoções despertadas durante a interação com ela no momento da compra. É o modo pelo qual essas empresas equilibram expectativas, no imaginário do consumidor, e entrega, com todos os artefatos, a máxima excelência possível.

Ter isso em mente se torna importante, pois após ter tomado sua decisão prévia, ponderando as opções disponíveis e comparando com concorrentes, para o consumidor o momento de ir ao encontro da empresa é o ponto alto de seu processo de decisão. Na grande maioria das vezes, a decisão de compra é tomada no momento da interação de fato com o produto. O consumidor já avaliou alternativas e fez uma escolha ou teve uma percepção prévia. Mas, é na hora da efetivação de fato da compra, ou seja, na loja, que o consumidor vai verificar se aquele produto ou serviço é realmente a sua melhor opção de investimento.

O consumidor analisa as questões físicas da empresa incialmente para avaliar, mesmo que inconscientemente, se aquela empresa tem potencial para atender à sua expectativa, se parece uma escolha segura e se faz parte do seu universo. Para isso, o consumidor avalia a fachada e o ambiente de loja em todos os seus aspectos. E, isso não acontece apenas no varejo. Serviços também precisam de elementos tangíveis para que possamos identificar o potencial dos serviços que serão prestados.

Por exemplo, quando vamos a um restaurante, nossa escolha é direcionada às informações que já ouvimos falar a respeito, que tivemos acesso na mídia, que vimos na internet. Mas, é conforme aspectos visuais que vamos efetivar nossa percepção. Na maioria das vezes, acabamos identificando o potencial que um restaurante tem em satisfazer nossa necessidade em relação à alimentação e serviços conforme a "cara" dele. Observamos a fachada, julgamos pela localização e por quem frequenta, prestamos atenção aos uniformes e detalhes, antes mesmo de julgar a refeição e os serviços. Tudo de maneira inconsciente, rápida e com base em nosso universo de referências e valores. E essa atmosfera da empresa vai até influenciar na percepção de qualidade do prato em que vamos receber. É transformar a somatório do produto, do ambiente e dos serviços, em um momento único que cria a boa Experiência do Cliente.

No entanto, por mais que seja trivial essa avaliação no ambiente físico da empresa, no ambiente digital isso também é feito pelo consumidor. Ele analisa as questões estéticas do site, a facilidade de localizar produtos, as informações disponíveis sobre os produtos, o design e a interação com ferramentas do site, além da facilidade e da agilidade na navegação. Esses pontos são capazes de proporcionar uma melhor experiência de navegação para o usuário (*user experience* - UX) e também são cruciais para identificar elementos referentes à qualidade percebida, já que uma empresa mais atrativa e interativa no universo online agrega mais confiança e faz com que o consumidor perceba seus produtos e serviços com melhor qualidade que os concorrentes.

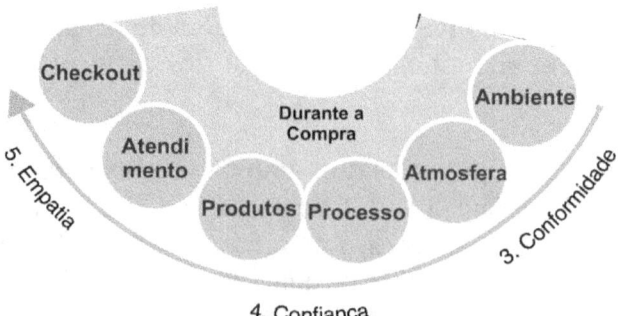

Figura 22: *Durante a compra*

Para isso, 6 pontos devem ser considerados:

- Fachada da empresa: influencia na atratividade.
- Layout e ambiente físico ou digital da empresa: influencia a percepção de qualidade.
- Estratégias de marketing sensorial: influenciam nos sentidos e na criação de emoções.
- Processos e organização para o atendimento: influenciam a percepção de agilidade, presteza e receptividade do atendimento.
- Atendimento: influencia na criação do relacionamento e laços de confiança para a compra.
- Checkout: influencia na segurança para a compra e conforto psicológico quanto ao investimento realizado pelo consumidor.

Por isso, vamos abordar aqui o momento da compra, do ponto de vista estratégico, tratando de dois temas importantes para contextualizar as ações da empresa para entregar a melhor experiência: o Servicescape e o Service Design (quadro 3).

O que o cliente quer?	Estratégia que a empresa deve pensar	Itens que a empresa deve priorizar
Busca um ambiente agradável e confiável para suas compras	Servicescape	• Fachada • Ambiente físico ou digital • Estímulos sensoriais • Produtos e embalagens • Dress Code
Deseja receber atenção e personalização	Service Design	• Atendimento • Processos • Pagamento ou Checkout

Quadro 3: *Estratégias durante a compra*

21. Servicescape: Crie um ambiente altamente eficaz

Para os clientes, o ambiente de serviços é rico em sinais que conotam a qualidade da empresa e do serviço prestado, sendo ele, portanto, influente na comunicação e na imagem. Os funcionários, por sua vez, também são impactados, só que de modo diferente: o ambiente influencia na satisfação com o trabalho, na motivação e na produtividade.

Com o objetivo de tornar a experiência de consumo mais estimulante para os clientes, muitos estabelecimentos vêm construindo ambientes diferenciados e atrativos. Além da experiência satisfatória e diferenciada para o consumidor, os ambientes podem gerar resultados mais lucrativos à empresa por transmitirem melhor a proposta da empresa e também se tornarem critérios essenciais na escolha de onde os clientes preferem fazer suas compras.

Os ambientes que apresentam uma boa imagem atraem mais atenção e recebem maior número de visitas de clientes potenciais, aumentam a satisfação com o momento da compra e estimulam a propaganda boca-a-boca. Além disso, um ambiente de loja agradável influencia o tempo de permanência dos clientes no interior da loja e auxilia na exposição de produtos e proximidade com funcionários da empresa.

No setor de serviços, a acessibilidade, o conforto e a conveniência são considerados diferenciais que auxiliam a percepção sobre a qualidade das soluções ofertadas pela empresa. E é pelo ambiente que existe essa percepção. No entanto, esses ambientes devem ser vistos e criados de forma estratégica, pois são também capazes de influenciar o comportamento de seus frequentadores: clientes e colaboradores.

Os ambientes provocam os sentidos por meio de elementos como cores, luzes, formas, aromas e músicas combinados harmoniosamente. A inspiração para criação dos ambientes vem a partir do perfil do consumidor e dos contextos sociais por eles valorizados. Deste modo, os ambientes facilitam a promoção de aspectos relevantes para a entrega de produtos e serviços: o chamado Servicescape.

Mas afinal, o que são Servicescapes?

No método HappyTrack, o servicescape é representado pelo ambiente e pela atmosfera, sejam eles físicos ou digitais. O termo servicescape refere-se ao ambiente onde os produtos e serviços são entregues aos consumidores e os efeitos proporcionados por ele. Trata-se da atmosfera de loja que é criada por meio de elementos físicos, como design, decoração, layout, e mesmo elementos sensoriais, que exercem influência direta e indireta no comportamento de clientes e de colaboradores.

Os servicescapes são lugares concebidos e calculados estrategicamente para produzir ações comercialmente significativas em consumidores e colaboradores. Também se referem aos aspectos que proferem emoções, que apoiam a determinação de valor e que impulsionam os clientes a repetir sua escolha, influenciando o nível de satisfação e qualidade de serviço percebido. No entanto, o *servicescape* não fornece apenas pistas tangíveis antes da compra sobre seu ambiente e a atmosfera de serviços de um negócio. Ele representa uma dimensão da experiência de serviço em virtude do impacto produzido principalmente sobre o cliente durante a compra.

Figura 23: *Servicescapes*
Adaptado de Bitner (1992)

Ambientes concebidos estrategicamente podem melhorar a percepção de estímulos e criar emoções que apoiam a determinação de valor de sua oferta para seus clientes. Isso permite que eles criem associações positivas sobre seu negócio e percebam uma boa experiência de compra. A associação desses fatores facilita a lembrança da experiência vivida pelo cliente, já que esses estímulos atuam com questões emocionais e reforçam ainda mais os aspectos voltados à lembrança de seus produtos e serviços. Tudo isso faz com que o seu cliente seja impulsionado a querer repetir a sua escolha.

Assim, o servicescape é a concepção do ambiente físico que pode motivar reações comportamentais de aproximação ou evitação dos clientes e colaboradores. Não se trata apenas de deixar o ambiente agradável e atrativo. É permitir que as pessoas sintam de fato o ambiente, se identifiquem e se sintam pertencentes ao seu negócio.

Para os clientes, o ambiente é rico em sinais que conotam a qualidade da empresa e do serviço prestado. Os colaboradores, por sua vez, também são impactados, só que de modo diferente: o ambiente influencia no bem-estar, na motivação, no nível de engajamento e, consequentemente, na produtividade.

As combinações visuais, sonoras, táteis e olfativas são os meios pelos quais os clientes percebem uma atmosfera comercial. O fator visual é composto por cor, iluminação e elementos visuais, como estilo, decoração e material de comunicação. Estilo e volume da música compreendem o aspecto sonoro da combinação. A parte tátil, por sua vez, é representada pela limpeza, estilo de piso, textura de paredes, conforto proporcionado pelos móveis. Enquanto o aroma representa o caráter olfativo.

Todos esses fatores não verbais servem como pistas para representar a atmosfera almejada no ambiente de entrega dos produtos e serviços e são percebidos pelos clientes como indicativos de qualidade, capacidade, confiança, tecnologia, valores, ideais e procedimentos da empresa.

Além de seus efeitos sobre a percepção e sobre os comportamentos individuais, o servicescape influencia a natureza e a qualidade das interações dos clientes e funcionários, mais diretamente nos serviços interpessoais. Os ambientes físicos representam um subconjunto das regras sociais, convenções e as expectativas em vigor num determinado estabelecimento, servindo para definir a natureza, a proximidade e a intensidade da interação social.

A esse respeito, os principais fatores que mais influenciam diretamente no contato e na aproximação entre os indivíduos em ambientes comerciais são os artefatos visuais e a iluminação, fachada e vitrine, entrada do ambiente, layout de loja, textura, sonorização, marketing olfativo, além do *dress code*.

Principais elementos do Servicescape:

Artefatos visuais e iluminação

A decoração, a sinalização, com utilização de placas, artefatos e qualquer elemento de decoração que permita criar um ambiente que remeta ao universo da marca é fundamental para criar uma atmosfera que permita a associação correta do cliente em relação a percepção de qualidade e conformidade da proposta e conceito do negócio.

Além disso, as cores do ambiente também são importantes para auxiliar, além da identificação da marca, na criação de sensações propícias à compra ou ao tempo adequado de permanência na empresa. Por exemplo, o vermelho agita e faz o tempo de permanência ser menor. O azul claro relaxa e faz com que as pessoas tendam a permanecer mais tempo no ambiente.

Já a iluminação influencia diretamente na percepção da atmosfera criada no ambiente físico da empresa. Por exemplo, você já percebeu que restaurantes que promovem um ambiente mais intimista têm tendência a deixar a iluminação do ambiente mais baixa, ou seja, mais sombreado? Isso cria uma sensação de conforto nos clientes, os aproximando e possibilitando um clima mais propicio às interações sociais. Já os que são *fast-food* ou mesmo buffet, que possuem uma maior rotatividade de pessoas, preferem utilizar iluminação mais clara e forte, para facilitar a agitação das pessoas e consequentemente, fazer com que elas tenham a predisposição a permanecer menos tempo no local. As estratégias de iluminação podem ser alteradas de maneira estratégica conforme horário, o público e objetivo do negócio.

Vitrine e fachada

A vitrine tem a função de promover produtos, se destacar de outras empresas próximas, promover a identificação com o universo de referência do público e atrair a atenção do cliente para criar a vontade de entrar no ambiente de loja.

A vitrine, portanto, deve ser planejada para atender a todas essas questões. Para isso, pensar no modo de exibição dos produtos, a iluminação utilizada, a altura dos elementos, a criação de relevos e dimensionamento de objetos para adequar a um padrão visual agradável e dar um efeito de movimento à vitrine são alguns elementos fundamentais que devem ser pensados para criar uma estratégia de vitrine eficaz. Devem ser consideradas a sinalização e demarcação de fachada, se é aberta ou fechada com vidros, se faz sentido com o estilo de entrada e localização, além de precisar levar em conta as questões de conformidade legal como ter preços e informações claras sobre os produtos expostos.

Figura 24: Processo de leitura de vitrines
Fonte: Pinterest

A vitrine deve seguir prioridade de itens conforme padrão de leitura. Por exemplo:

- A área de maior destaque inicia na esquerda, onde os manequins e objetos devem ser posicionados com destaques e com os produtos principais e de maior "valor agregado".
- As informações de detalhes e produtos de tamanho menor devem estar na direita e um pouco atrás. Produtos de destaque devem estar ao meio.
- Para detalhes e informações específicas, a localização ideal é o canto inferior direito.

- Ter níveis diferentes para objetivos e iluminação permitem dar efeito de movimento, leveza e destaque aos itens da vitrine.

Mas essas são apenas algumas das inúmeras possibilidades de se estruturar uma vitrine. E, tudo isso é focado em varejo. Mas, e em serviços?

Em serviços, a fachada do local é tão importante quanto o seu interior, pois ela ajuda a determinar a expectativa quanto ao nível de serviço e padrão de preços esperados. Somado a isso, ter elementos que transmitam a marca e o posicionamento da empresa, facilita a identificação e permite destacar a empresa da concorrência.

Hall de entrada

O espaço de entrada de uma empresa é importante, pois é o primeiro ponto de contato mais visual e já dentro do universo da marca de fato. Para isso, é importante que seja um espaço que permita a ambientação do cliente no local, oferecendo o conforto necessário para ele entender a sistemática da empresa e criar suas percepções sobre a loja, produtos e serviços.

Por exemplo, alguns restaurantes possuem um *hall* de entrada ou espaço para acomodação de clientes para aguardar a liberação de mesas ou para a espera de pessoas a fim de completar um grupo. Esses espaços, além de promover a socialização entre seus clientes, cria a possibilidade de envolver o cliente já no clima do serviço e prepará-lo para a sua compra e consumo.

Em uma loja, o espaço da entrada é importante para estabelecer o reconhecimento do ambiente, criar identificação e proximidade com a proposta da marca e ter acesso às principais ofertas e promoções. Por isso, recomenda-se a existência de 3 a 4 metros livres na entrada da loja antes de posicionar os produtos. Isso permite primeiro a adaptação do cliente ao ambiente e possibilita a criação do foco no produto apenas após essa assimilação do "todo".

Layout de loja

O layout é o modo de organizar os elementos de um ambiente físico ou virtual, como no caso de e-commerce, com o objetivo de sistematizar o fluxo adequado do cliente na loja. Um layout adequado cria uma dinâmica de observação, de circulação e de pega de produtos que façam sentido tanto para o comportamento de compra do consumidor, associado à lógica de suas necessidades, assim como para a estratégia comercial da empresa. Por exemplo, produtos de primeira necessidade em muitos supermercados ou *homecenters* são organizados ao fundo da loja. Isso faz com que o cliente tenha que percorrer um número maior de sessões e tenha contato com um maior número de itens, incentivando a compra de itens que possam não ser tão essenciais para ele em um determinado momento.

Além disso, devemos considerar que o layout de um estabelecimento é elaborado de acordo com o estilo de vida e hábitos culturais do público que frequenta o estabelecimento. Em algumas grandes cidades, layouts integrados propiciam mais dinamismo e agilidade para a compra. Esses layouts são necessários para ajustar a falta de espaço físico de alguns estabelecimentos. Isso acontece, por exemplo, em alguns restaurantes de Paris e de Nova York, que devido à falta de espaço físico, aproveitam este fator para aproximar mesas ou ofertar acomodações aos seus clientes de forma quase conjunta. Nesses locais, isso é hábito, há aceitação desse modelo e as pessoas interagem normalmente entre si. No entanto, isso não é visto em restaurantes turísticos. Então, tudo é uma questão de adaptação de condições físicas, proposta do negócio e questões culturais.

Por isso, vemos que em termos de experiência, o layout e a organização de recursos físicos proporcionam também a proximidade e a interação entre pessoas, tanto entre clientes quanto entre clientes e colaboradores, tornando o processo de compra mais gratificante.

Sonorização

O padrão musical é considerado um quesito importante para a criação da atmosfera nas empresas, assim como também é importante para a caracterização e criação da temática do estabelecimento. Para a Experiência do Cliente a sonorização auxilia na criação do conforto adequado para a compra. A música influencia no conforto auditivo dos clientes, na percepção do universo da marca, no nível de ruído geral do local e na possibilidade de diálogo entre os indivíduos.

Além disso, o volume também é um fator relevante que deve ser considerado. Uma estratégia observada é que volume e tipo de música adequados conforme horário e conforme o público, permite criar a velocidade ideal no fluxo de clientes, auxiliando na agilidade necessária para o atendimento e entrega de produtos.

Uso de elementos táteis

Não é só a decoração, os itens de espera e conforto e os produtos em si que tem texturas que propiciam a percepção tátil do seu cliente. Pisos e paredes compõem ambientes e transmitem significados que podem ir de encontro ao que sua marca deseja transmitir.

Já falamos de cores em aspectos visuais, mas elementos como cortinas, tapetes, madeira, tipo de revestimento utilizado (cerâmico, porcelanato ou mesmo Epóxi) possuem interpretações que ajudam a remeter o consumidor a um conjunto de significados característicos e provocam comportamentos em relação ao seu ambiente de loja ou ambiente de serviços.

Por exemplo, piso de porcelanato branco, dá um toque de elegância, mas dá velocidade às compras, pois transmite frieza e acelera o tráfego, por ser material mais liso. Madeira transmitem aconchego, principalmente em tonalidades mais escuras. Assim como uso de carpetes e cortinas de tecido. Isso faz desacelerar o ritmo das compras e transmitir mais conforto e aconchego. Já concreto, transmite um estilo bruto, um pouco mais moderno, mas também mais masculinizado.

Marketing Olfativo

Ter aromas agradáveis é um dos atrativos que fazem a diferença quando pensamos em ambientes de lojas físicas. No entanto, não é apenas para deixar o ambiente mais agradável que esta estratégia deve ser utilizada.

O uso de fragrâncias em ambientes, assim como em produtos específicos, permite criar uma identidade única ou uma associação a lembranças específicas. Quando sentimos uma fragrância, logo pensamos ao que isso remete. Isso acontece porque nossa memória tem ligação direta com o sistema olfativo e isso facilita a lembrança da marca e de bons momentos associados a ela.

Outra questão importante é que aromas também podem ser associados a outros sistemas sensoriais, como paladar, que, de uma forma bem simplificada aqui, aguça a sensação de fome e consequentemente "precisamos de algo para nos estabilizar". Isso, muitas vezes permite desencadear a compra como um desfecho para esse gatilho. Como em lojas com fragrâncias mais adocicadas ou cítricas que nos fazem salivar.

Dress code: Uso de uniformes e identidade dos colaboradores

Se você acha que apenas questões estruturais entram na percepção do ambiente, está enganado!

Dentro de um ambiente de loja física ou de prestação de serviços, os profissionais contam muito como pessoas capazes de personificar a marca. Por isso, o *dress code* utilizado reflete em como o padrão de atendimento e qualidade da marca é transmitido para os clientes. Os colaboradores são como uma extensão da marca na loja.

Mais que apenas uniformes, ter a identificação de colaboradores, com o uso de crachás para facilitar a comunicação, padrão de vestimentas adequado ao posicionamento da marca, estilo de se preparar e de se portar, como uso de penteados, acessórios, tatuagens à mostra ou não, e uso das próprias vestimentas entram em critérios ligados diretamente a como o cliente vai perceber o valor agregado da empresa.

Em canais online isso também acontece com padrões de linguagem, formato e interatividade em chats, etc. Aqui, o importante não é o visual, mas o modo em que a interatividade será proposta. Neste quesito, sai na frente o uso de atendimentos humanizados e não a robotização do atendimento, pois cria mais proximidade e dá credibilidade à marca.

E no ambiente digital? E-servicescape: A influência dos ambientes conectados

Após termos em mente algumas das principais perspectivas dos servicescapes em ambientes de lojas físicas, temos que considerar também os ambientes virtuais. Se, as pessoas formam a primeira impressão de outras pessoas usando a aparência visual de seus rostos ou geralmente com base em qualquer informação visual disponível em 39 milissegundos, então imagine o quão rápido não é a percepção de uma marca por meio de seu website!

Para perceber e analisar a influência das estratégias digitais no comportamento de compra do consumidor devemos considerar:

- Apelo estético
- Arquitetura das informações (layout)
- Segurança

A percepção da atratividade do ambiente online influencia comportamentos de compra dos consumidores, pois também influencia a qualidade percebida, o prazer e a segurança em sua compra, assim como vimos que acontece no ambiente físico. Considera-se para isso:

- o apelo visual
- a originalidade do design e
- o valor do entretenimento proporcionado.

A arquitetura das informações se refere à organização da estrutura e do fluxo de informações em relação à navegabilidade do usuário e à adaptabilidade das funções buscadas por ele. Isso inclui algumas regras de usabilidade como ter até 3 cliques para se completar uma ação de compra, ter agilidade no carregamento de informações em até 2 segundos e manter a eficiência e a eficácia no uso do website, por meio de conteúdos relevantes, customização em relação ao perfil do usuário e interatividade para a comunicação e troca de informações.

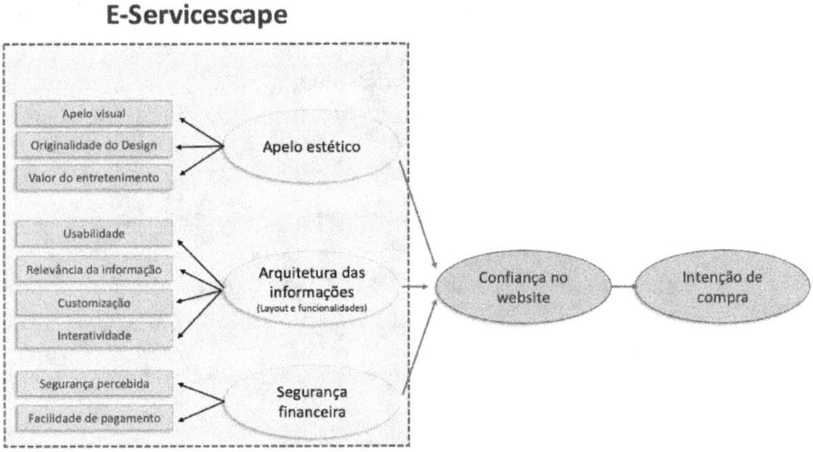

E-Servicescape

Figura 25: E-sevicescape

E, por fim, a segurança percebida é essencial para realizar compras online. Inclui regras gerais de segurança e pagamento, observadas por meio do profissionalismo do design, que aumenta a confiabilidade na marca e nos dispositivos de segurança e certificações.

Com isso vemos que toda estratégia, seja em ambiente físico ou digital, é importante para calibrar a expectativa e preparar o cliente para a sua compra. Ter o alinhamento adequado entre os estímulos desses ambientes ao nível de serviços e à qualidade de produtos propostos permite criar uma experiência de compra mais agradável, evitando frustrações e insatisfação.

Questões para reflexão:

1. Você utiliza alguma Estratégia de servicescape na sua empresa? Qual estratégia é utilizada e com qual objetivo?

2. Como é o e-servicescape de sua empresa? Você acredita que todas as questões proporcionam uma boa experiência para o usuário?

3. O que você acredita que poderia ser melhorado na sua empresa para estar mais relacionado ao universo e ao imaginário do cliente, além de proporcionar melhor experiência para o contato com produtos e serviços? Como você poderia fazer isso?

22. Service Design: Elabore uma estrutura eficiente de serviços

Uma questão essencial quando pensamos no momento de criar estratégias para promover a experiência para o cliente no momento de sua compra é criar excelência pelo atendimento ao cliente. Porém, para chegarmos a um nível de excelência no atendimento, mais que pensar somente em processos de atendimento, formas de se relacionar e de dar atenção às problemáticas trazidas pelo cliente, devemos pensar na questão básica e subjacente a como estruturar o atendimento ao cliente: ter um service design eficaz.

O service design, ou design de serviços, não se trata apenas de políticas de atendimento. Não é a rotinização de processos para o atendimento. Muito menos somente pensar na estrutura da oferta de serviços ao cliente.

Quando falamos em service design falamos em uma estrutura que oriente o fluxo de pessoas e processos dentro do ambiente (físico ou online) do negócio e que promova uma interação benéfica para ambos os lados: empresa e cliente. O service design permite direcionar a relação entre ferramentas de atendimento, interfaces, pessoas e fluxo de informações e de processos para atender as expectativas do cliente em relação ao produto ou serviço e também da empresa em relação ao cliente. No nosso modelo HappyTrack, o service design é representado por processos e atendimento.

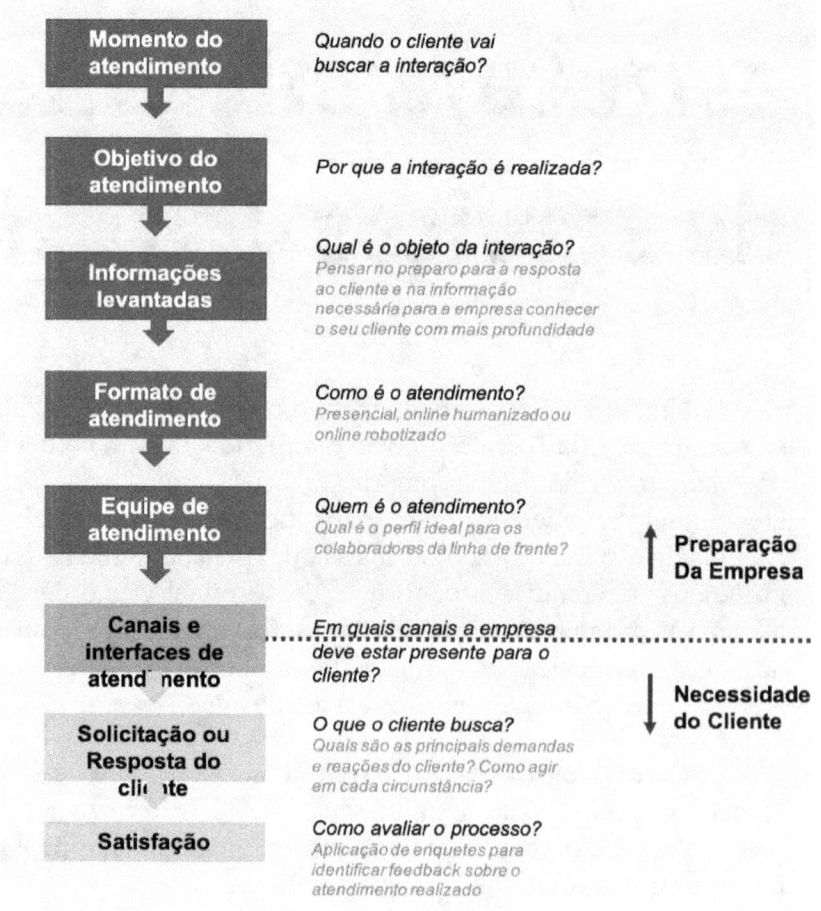

Figura 26: Service Design

Para estruturar uma boa estratégia, a empresa deve pensar tanto no lado interno de como se estruturar quanto do lado externo de como o cliente irá interagir. Um influencia o outro. Para isso, a empresa deve ter em mente todos os momentos em que o cliente vai buscar a interação com a empresa durante o processo de compra e relacioná-los aos motivos da busca e canais ideais para essa interação. Deve ser considerado também o objetivo de cada momento do atendimento, quais serão as informações necessárias para estar preparado para as demandas do cliente e qual é o formato ideal de interação, nível de proximidade e personalização para cada perfil de cliente. Ao final, deve ser considerado a avaliação do atendimento para criar uma dinâmica de feedback sobre a qualidade dos serviços prestados ao cliente em cada momento de contato, mas esse ponto vamos explorar melhor nos próximos capítulos.

Quando pensamos em atendimento ao cliente pensamos muito do lado do cliente. No entanto, devemos pensar em pessoas: pessoas do lado da empresa e pessoas do lado do cliente. De nada adianta pensar em atender bem se eu não tenho uma equipe que seja bem cuidada pela própria empresa e que possa repassar o tratamento que recebe em forma de atenção, motivação em relação à marca e informações pertinentes para o cliente.

Por isso, trago algumas dicas para estruturar equipes e processos de forma harmoniosa com o objetivo de ter mais qualidade nos serviços ofertados por sua empresa.

Dica 1: A qualidade dos serviços é reflexo de como o gestor trata seus colaboradores

A motivação de seus colaboradores também pode ser um mero reflexo de como os líderes os tratam.

Sabemos que ninguém motiva ninguém, pois motivação é algo interno, pessoal e depende dos objetivos que as pessoas têm em relação a algo. Mas, essa motivação pode ser conquistada, lapidada em forma de reconhecimento e valorização do trabalho realizado.

Trata-se de fazer com que o colaborador tenha um sentimento de pertencimento àquela empresa. É ele entender a sua importância no processo de construção de resultado. É ele participar ativamente de processo e, principalmente, ser ouvido.

A motivação pode ser vista também quando o colaborador estiver direcionado com o que realmente gosta de fazer e não com o que a empresa quer que ele goste. Um colaborador desmotivado com o que faz, principalmente em atendimento, não traz bons resultados para a empresa, pois ele também não é capaz de gerar bons resultados para si.

A questão da diferença de tratamento também é importante ser levada em consideração. Você já observou que o seu nível de confiança e exigências pode ser diferente com colaboradores que exercem a mesma função? Em um restaurante, por exemplo, pode ter dois garçons, mas de um se cobra sempre mais e se espera sempre mais. Do outro, se exige menos. Qual é a diferença? O que isso influencia?

A maior diferença é como o gestor vê o seu colaborador e o quanto aposta nele. Se o gestor vê potencial no funcionário, ele deposita automaticamente mais responsabilidades a ele, pois também acredita que ele queira isso e que ele se sentirá valorizado. E, no outro, que às vezes gostaria de ser reconhecido, não se vê oportunidades. Essa postura da liderança influencia na motivação e no rendimento de cada um também. Volto a repetir que para conhecer o objetivo e a motivação dos seus colaboradores para adequá-los ao seu processo, você deve conhece-los muito bem.

Dica 2: Para ter a qualidade de serviços, avaliar corretamente o colaborador é fundamental!

Muitas vezes, nos deparamos com avaliação de colaboradores conforme rendimento, desempenho de suas atividades diárias e cumprimento de deveres e obrigações. Mas, você já parou para pensar que esta avaliação só considera o seu negócio e não o colaborador e sua motivação ao trabalho? Você pode estar vendo seu colaborador apenas como uma peça de uma engrenagem. Não tem nada de errado nisso, pois a sua função é auxiliar o funcionamento da máquina empresarial. No entanto, ele deve ser tratado e visto como uma pessoa de fato também, com suas necessidades e desejos, sejam eles desejos pessoais e profissionais.

Quando se avalia um colaborador, geralmente o gestor leva em consideração o seu trabalho. Avalia o rendimento. Avalia cumprimento e desempenho de tarefas. Avalia resultados. Isto é avaliar apenas o final de um processo. É avaliar apenas o que a sua empresa precisa deste colaborador. É a engrenagem sendo avaliada.

Mas você já pensou pelo lado da motivação e do sentimento dele em relação à realização de seu trabalho? Para a equipe de atendimento ao cliente, a rotina pode ser extremamente pesada, o trabalho é duro e repetitivo, os horários não são muito amigáveis às vezes e ainda tem que se ter pique para o corre-corre e estresse para resolução de problemas e possíveis reclamações. Por isso, o nível de motivação que o seu colaborador deve ter com o que ele faz deve ser altíssimo para garantir padrões de qualidade, um bom relacionamento entre a equipe, e um bom atendimento aos clientes como reflexo do que ele recebe da empresa.

Para isso, mantenha um diálogo aberto e frequente entre as equipes, aproxime as lideranças dos liderados e recorra periodicamente a pesquisas com seus colaboradores.

Dica 3: Saber quando e como cobrar e incentivar é essencial para manter a motivação

Uma cobrança que pode parecer um ponto de motivação para o gestor acaba sendo fruto de insatisfação com o trabalho por parte dos colaboradores. O que é motivo de oportunidade e de crescimento para o colaborador, a partir da percepção do gestor, pode ser percebido como pressão se o seu funcionário não estiver alinhado com essa pretensão de crescimento e até mesmo tratamento de cobrança do gestor.

Assim, se não houver uma comunicação interna entre liderança e equipe, com clareza e transparência, incluindo metas e padrões claros, gera frustração e insatisfação. Insatisfação gera baixa qualidade de trabalho. Baixa qualidade de trabalho gera produtos e serviços ruins.

Por isso, é necessário conhecer as aspirações profissionais de cada colaborador para poder ponderar o que você deve esperar de cada um em suas funções e como deverá mantê-los satisfeitos com a empresa. Esse conhecimento permitirá que você ofereça oportunidades, exija mais, dê mais responsabilidades para aquele colaborador que deseja realmente crescer no seu negócio.

A questão é que a expectativa do gestor não deve ser confundida com as aspirações de carreira de seu funcionário, quando tratamos de elaborar um plano de gestão de pessoas para o nosso service design. Se o funcionário não busca crescimento no que faz, por diversos motivos, uma simples cobrança pode acabar virando insatisfação e frustração. O que era para ser estímulo e motivação para a busca de melhores resultados pode cair por terra. E, o colaborador deve gostar e se sentir bem ajudando gente! Afinal, atendimento é relacionamento e para se relacionar é preciso gostar de gente. Essa é a alma do pessoal que garante um bom atendimento.

> **Lembre-se:** nem todos os profissionais tem o perfil e a pretensão de evoluir na carreira. Portanto, saiba reconhecer isso nos colaboradores também.

Gerencie processos de atendimento pelo 'timing' do relacionamento com o cliente

Além de pensarmos nas pessoas, é necessário ter um modelo de processos que seja realmente eficaz para criar a melhor estrutura subjacente a Gestão da Experiência do

Cliente. Para isso, temos que entender sobre a jornada de compra do cliente e o fluxo de informações que ocorre em diversos momentos da interação com ele.

O modelo de formatação da proposta de serviço ao cliente depende do posicionamento da empresa, perfil da equipe e processo de entrega do produto ou serviço ao cliente. Independente do tipo de negócio, seja de bens físicos ou serviços, o escopo do design de serviços fica condicionado ao processo de entrega final ao cliente.

No caso de bens físicos, toda a estrutura de loja, seja ela física ou online, rotina de processos de atendimento no ponto de vendas, checkout e pagamento, assim como o empacotamento do produto faz parte da entrega ao cliente. A entrega do produto é o ponto alto da compra para o cliente. É o que desencadeou seu desejo de compra. É o que eles buscam para resolver seu problema.

No entanto, tanto a produção quanto a entrega de produtos envolvem a organização de processos para ele chegar da forma adequada ao cliente. E, nesse processo, o que é mais importante que interfaces e regras para o atendimento em si, é entender a relação e o nível de participação do cliente na entrega. Essa entrega do produto ou serviço pode ser:

- Exclusiva da empresa, quando a empresa é responsável em produzir e entregar o produto ou serviço sem nenhuma ou quase nenhuma personalização do objeto em si;
- Produção conjunta entre a empresa e o cliente (coprodução);
- Produção pelo cliente, onde o cliente é responsável pela concepção do produto ou serviços, personalização necessária e outros elementos, sem quase precisar da interferência da empresa nesse processo.

O mais importante para entendermos um bom processo de atendimento dentro da perspectiva do service design é compreender a coprodução. A coprodução trata-se do conjunto de alternativas da decisão de compra com a sua participação direta na aquisição do produto ou serviço ofertado. O processo de coprodução é comumente visto em serviços ofertados diretamente aos clientes, no qual existe uma grande influencia de sua participação no resultado do serviço. Por exemplo: restaurantes, salão de beleza, hotéis, etc. Em relação à participação do cliente na produção de serviços, a coprodução pode se caracterizar como o comportamento, reações e recursos do cliente para a produção ou entrega de serviços, incluindo fatores físicos, mentais e emocionais. E, por isso, a entrega só acontece com a presença (física ou virtual) do cliente.

O uso da coprodução do cliente pode ser utilizado à favor da empresa como um ponto de diferenciação da proposição de valor em busca de compreender as necessidades do cliente e ajustar benefícios específicos para cada um. Trata-se da obtenção de uma maior capacidade de customização, maior eficiência na entrega de serviços, menor custo e maior controle de informações.

Além disso, nas empresas, a coprodução se torna essencial na interação entre colaboradores e clientes. Este fator torna-se de extrema necessidade para o entendimento da necessidade de cada cliente, não apenas com relação ao pedido a ser realizado, mas no atendimento de necessidades relacionadas à própria experiência de consumo. Isso estará relacionado diretamente também com a *expertise* do colaborador em identificar através do próprio perfil do consumidor algumas de suas necessidades e preferências na forma de atendimento e nível de serviço necessário para atender sua expectativa.

Diante do que contei para você aqui em relação ao service design, você percebeu que pessoas são mais importantes que os próprios processos? Quando falamos de

Experiência do Cliente devemos sempre lembrar que as pessoas criam processo, as pessoas criam padrões, as pessoas criam estratégias para os clientes que também são pessoas. Enquanto não entendermos que a compreensão de pessoas é o centro da criação da experiência, e que a experiência do colaborador deve ser o centro da Experiência do Cliente, não entenderemos da magia de criar estratégias eficazes que encantem e engajem de verdade PESSOAS. E nesse ponto, devemos destacar o processo de entrega em si.

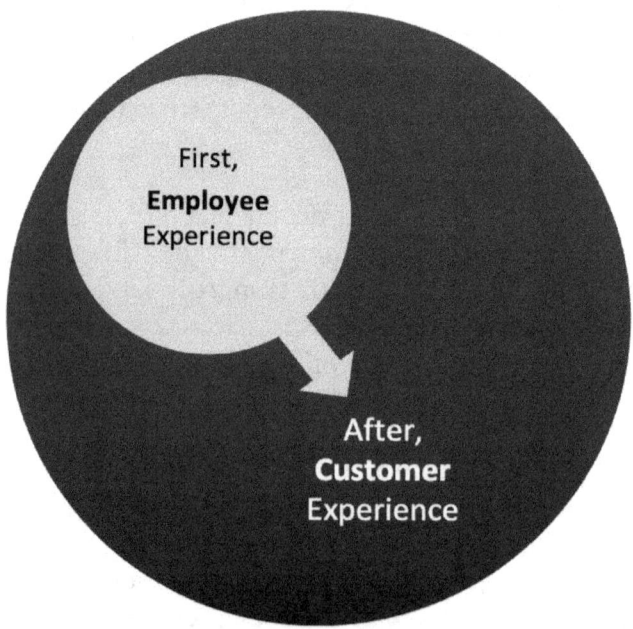

Figura 27: Colaboradores como centro da Estratégia para Experiência do Cliente

No service design o que conta não é o atendimento enquanto relacionamento puro como muitas centrais de relacionamento com cliente o veem. O atendimento é parte integrante do processo de entrega de algo de valor ao cliente.

Pode ser um produto, um serviço ou ambos. Mas o cliente só está recebendo o atendimento, pois ele está em buscava de algo relacionada a uma entrega. O atendimento dentro da ótica da Experiência do Cliente é, portanto, importante para a interação, mas você percebeu que ele não deve ser considerado o centro da experiência em si?

Questões para reflexão:

1. Quando você elaborou o processo de atendimento ao seu cliente, que critérios estratégicos você considerou?

2. O que você faz hoje que te permite estar com as melhores pessoas para atender as necessidades de seus clientes? Que estratégias você utiliza e o que faz seus colaboradores serem fieis a sua empresa? Considere sua resposta sem pensar em questões de emprego e remuneração.

23. Crie valor na entrega pelo preço e pagamento

Tudo que citamos antes, incluindo os aspectos da comunicação, pessoas, e ambiente de vendas, seja ele off ou online, auxiliam na formação da percepção do cliente. Esses elementos criam um imaginário na mente do cliente, relacionando o que ele viu, sentiu e percebeu à possível entrega da empresa que irá atender a sua necessidade. Diante desses estímulos que permitiram que ele faça associações diante de seu próprio universo de referência, é na entrega de fato que ela vai fazer uma nova associação: "esse produto ou serviço atendeu realmente o que eu imaginei". O desafio é igualar ou superar essa expectativa criada em seu imaginário. Qualquer diferença abaixo dessa linha tênue culminará na sua insatisfação.

Isso também reflete nas estratégias de posicionamento de preço. Estudos comprovam que quanto melhor for a experiência proporcionada ao cliente, mais ele será propenso a gastar com a sua compra. Isto é, se a empresa criar uma compra onde a valorização do contato com a empresa pode superar a própria entrega em si, isso agrega valor e faz o cliente "poder" investir mais por isso. Isso auxilia também na criação de um posicionamento consistente para a marca e sua valorização no mercado. Sem contar com o maior retorno financeiro para a empresa, é claro!

No entanto, aqui temos que destacar a inter-relação entre qualidade do atendimento, comunicação, ambiente e marca. Esses elementos são capazes de trazer mais relevância ao produto ou serviço diante do universo do cliente. Fornecem credibilidade ao relacionamento e ajudam a definir o que é o valor agregado daquela compra na visão do cliente. Assim, quanto maior é a qualidade percebida desses elementos, maior é a influencia na percepção de qualidade do produto em si. Testes cegos comprovam que muitas vezes o melhor produto percebido não tem a marca mais conhecida, embora seja associado a ela (isso até mesmo com cervejas, quem dirá em serviços). Quanto maior é o valor agregado percebido pelo cliente, mais ele estará disposto a pagar para obter algo.

Por isso, pensar estrategicamente em todos os critérios que culminarão na entrega e na percepção de preço é essencial. E entrega não é só a recepção da mercadoria em si, embora também represente uma parte fundamental desse processo. A embalagem, seja caixa, sacola, qualidade do papel utilizado e utensílios, são associados com a qualidade do produto e com a experiência de compra. Além de mais resistência para o transporte, as embalagens agregam ainda mais valor ao produto que está dentro. A agilidade e a cordialidade em um processo de entrega estão associadas com mais confiabilidade no produto e na empresa. Assim como a forma da finalização do pedido, e pagamento também são importantes.

Por que a noção de estratégia de preço é tão importante para a Experiência do Cliente?

Tudo que é feito pela empresa impacta na percepção de qualidade e, consequentemente, na valorização do produto. Aí temos que destacar quem faz muito bem esse processo de valorização: marcas ligadas à tecnologia e à indústria do luxo.

Um iPhone, um iPad, um iMac não precisam necessariamente custar muito mais caro que outros telefones, tablets e computadores, concorda? No entanto, o diferencial do produto e principalmente da experiência de compra faz que ele possa ser cobrado muito mais por isso. Perceba que aqui friso o "possa ser cobrado", pois o preço também é uma estratégia para o posicionamento de valor e da própria experiência do consumidor.

Uma bolsa Hermès é uma das bolsas de marcas de luxo mais desejas do mundo. Com fabricação artesanal, couro da melhor qualidade e design único, ela é símbolo de status e poder para muitas mulheres. Mas, essa bolsa custa algumas vezes mais que até mesmo bolsas Louis Vuitton e não está disponível para todos comprarem, por mais possibilidade e disponibilidade financeira que o cliente possa ter.

Essas marcas trabalham com o posicionamento de exclusividade. E, o conceito de exclusividade é central na estratégia voltada à Gestão da Experiência do Cliente com base no Relacionamento Superior. Não que só a indústria do luxo e produtos caros possam oferecer de forma coerente a excelência. Mas, você já percebeu que na grande maioria das vezes, somente marcas de destaque, relevância e preço alto que conseguem isso? Não é todo mundo que vai e pode ir à Disney, mesmo morando perto. Não é todo mundo que pode comprar um MMs. Não é todo mundo que pode ir se hospedar no Plaza Athénée, hotel 5 estrelas, classificado como castelo, localizado no coração de Paris. Mas há pessoas que fazem de tudo, juntam suas economias, passam a viver em função de um sonho, só para ter relação com essas marcas. E essas são apenas algumas das marcas que oferecem as melhores experiências para o cliente.

Por isso, a entrega, quando pensamos em experiência, não é relacionada apenas ao produto ou serviço, mas a um contato memorável com a marca. E isso é realizado em todos os detalhes, do tipo de toalha utilizada no banheiro ao perfil do atendente da recepção de um hotel. Da narrativa e do conteúdo tratado nas mídias digitais a entrega da embalagem, no caso de um artigo de perfumaria. Do anúncio publicitário e das avaliações de clientes ao processo de manutenção e assistência técnica no caso de uma concessionária de automóveis.

As pessoas que percebem boas experiências valorizam pagar mais por isso. E, justamente por aproximar mais os clientes das marcas, por querer deixar o relacionamento em um nível superior e para conseguirem ter mais resultados com isso, a longo prazo, é que a própria questão de ganhos com escala em empresas que querem trabalhar com excelência na Experiência do Cliente deve ser repensada.

Empresas que trabalham com estratégia de liderança em custos e maximização de lucros não conseguem otimizar essa entrega e foco na excelência, por questões óbvias de critérios e prioridades competitivas, como já vimos nos capítulos anteriores. Assim cabe frisar que, apesar da Experiência do Cliente estar no auge de discussões recentes no mundo dos negócios, a excelência da Experiência do Cliente e os resultados ofertados por ela, infelizmente, não é para toda e qualquer empresa. E, não há nada de errado nisso e nem deve haver. É uma questão de escolha estratégica da própria alta gestão do negócio. Por esse motivo, vemos que uma cultura centrada no cliente é algo natural e é proveniente dos mais altos escalões da empresa, assim ela não deve ser artificializa. Trata-se de um principio estratégico da empresa para ter coerência e consistência na entrega. Em outras palavras, se a estratégia do negócio não estiver alinhada e condizente para refletir um preço também mais elevado de alguma forma para o cliente, como algo natural da própria proposta do negócio, talvez o conjunto da entrega não transmita uma verdade de fato para o cliente, distanciando conexões necessárias entre o cliente e a marca.

Gestão de pagamento

Diante da perspectiva de posicionamento de preço, devemos entender também a dimensão do *checkout*, ou pagamento, na Gestão da Experiência do Cliente. Quando associamos a percepção de qualidade do produto ou serviço a outros fatores, como preço, estamos associando em nossa memória o valor do produto ou do serviço, conforme nosso universo de referências. Sempre há uma predisposição a pagar mais por algo que percebemos como melhor, pois trata-se de um sinônimo de garantia, de procedência e de referência para nosso sistema de significados cognitivos e emocionais.

Por exemplo, há diversos estudos que trazem que a percepção de risco de produtos classificados como bens de consumo é maior quanto menor for a renda do cliente. Isso porque a experiência de compra deve passar prioritariamente segurança para não haver necessidade de realizar nova compra daquele item, o que seria considerado um custo maior para o cliente que perderá seu investimento feito em uma aquisição de um produto ineficaz.

Isso também entra na perspectiva do pagamento em si. A lógica do checkout para a Gestão da Experiência do Cliente deve ser associada com dois critérios específicos:

- Percepção de exclusividade com a compra
- Percepção de segurança da compra

A percepção de exclusividade da compra por meio do pagamento se faz com a combinação: preço mais condições de pagamento. Na medida em que todos podem ter algo, seja por valor monetário, seja por facilidade de acesso no pagamento, o valor da experiência de exclusividade com a marca não é mais visto como algo singular. A singularidade é o cliente se perceber como especial por ter o produto ou serviço daquela empresa e se relacionar com ela de um modo diferenciado.

Por isso, neste ponto a demanda deve ser pensada de modo estratégico de acordo com o acesso que a empresa deseja fornecer. De nada adianta criar escala sem ter qualidade para manter os padrões iniciais pensados e proporcionar a melhor experiência. Até os parques da Disney tem capacidade máxima para garantir excelência, por que a sua empresa também não teria?

Já a percepção de segurança é inerente ao fato de se tentar evitar a dissonância cognitiva. Após a negociação de um produto ou serviço, chega o momento de remunerar a empresa pela troca. E, por que cito remunerar pela troca e não realizar um pagamento? Porque devemos fazer o cliente lembrar que isso se trata de uma troca e o interesse da empresa é a sua satisfação com seu melhor produto. Ou seja, é o momento de reforçar as qualidades dessa troca e não só receber por isso, pois na ótica da Gestão da Experiência do Cliente as finanças são um resultado da satisfação de clientes.

Diante disso, o objetivo de considerar o checkout na Gestão da Experiência do Cliente é que este é o momento de valorização real do cliente pela compra, onde ele ainda está formando as associações com tudo o que vivenciou durante seu processo de decisão de compra e há ainda possibilidade de uma avaliação não satisfatória, ou uma desistência da compra. Por isso, deve ser considerado para o pagamento os seguintes critérios que permitem criar esse reforço:

- Confirmação do pedido, com possível reforço de características diferenciais.
- Atendimento cordial, personalizado e que valorize a privacidade do cliente.

- Localização do *checkout* em um ambiente que também transmita valores da marca, passe tranquilidade e segurança.
- Atmosfera coerente com a vivência durante a compra, pois não pode haver quebra dos estímulos sensoriais de forma abrupta, a fim de não perder a linearidade da jornada e a coerência do processo para o cliente.
- Formas de pagamento e artefatos de interação com os meios de pagamento que transmitam segurança e o nível do serviço recebido – desde a qualidade e marca da caneta que em vai assinar o cheque até a limpeza e posicionamento adequado das maquininhas e cartão devem ser levados em consideração, afinal não dá para comprar uma Ferrari e assinar o contrato e cheque com uma caneta BIC, certo?
- Entrega do pacote – com embalagem adequadas e acompanhamento do cliente até seu momento de despedida da empresa e finalização do processo de compra em si.

Então, você percebeu que a questão do pagamento não é só uma questão monetária, mas sim o momento de interação e de confirmação de uma relação que também deve ser benéfica entre as partes? É reforçar porque o cliente está comprando e confirmar que essa é a sua melhor escolha. É ajudar a encantar mesmo no momento em que algumas vezes vem a "dor" para o cliente. E aqui não é sobre meios de pagamento em si. Mas sim sobre estratégia de encantamento por meio do fechamento da coerência no processo de compra.

E, nesse momento, a empresa não deve deixar de lado a atenção ao design de sua entrega: a estética, a informação e comunicação permitiram a atração do cliente, permitiram seu envolvimento no imaginário da marca. Mas é com a entrega, realizada pela excelência de pessoas e processos e o alinhamento com o preço que vai auxiliar a confirmação disso para o cliente e criar a conformidade, a confiança e a empatia que ele espera receber.

Questões para reflexão:

1. Como seu produto, com exceção de suas características básicas e essenciais, agrega valor de forma consistente para seus clientes?

2. O posicionamento de preço de seus produtos e serviços é consistente com os valores que sua empresa prega e com a experiência que oferece? Os clientes percebem o real valor e são realmente predispostos a pagarem mais pelos produtos e serviços que a sua empresa oferece?

3. Como é a experiência de pagamento que a sua empresa oferece para seus clientes? Como poderia encantar e finalizar com chave de ouro o contato do cliente com a sua marca?

24. Engaje seus clientes!

Você sabia que o processo de decisão de compra de seu cliente não acaba quando ele compra o produto ou o serviço? O processo continua mesmo após a decisão e compra de fato. Ao final do processo de decisão de compra, ainda existem três passos importantes para o cliente: o uso ou consumo, a avaliação da compra e o descarte.

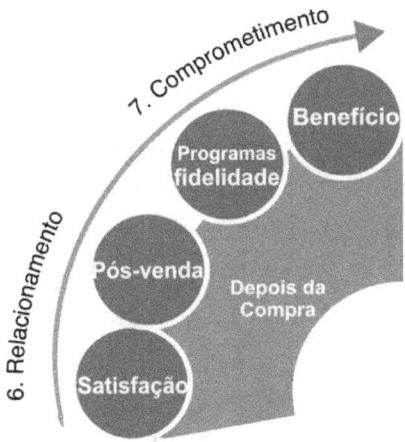

Figura 28: Após a compra

A utilização de um produto ou o ato de desfrutar do resultado de um serviço é um dos momentos mais esperados pelo seu cliente. É nesse instante que ele terá realmente contato com o que ele esperava e é o momento em que ele vai avaliar o desempenho e resultados obtidos com o investimento que foi feito. Essa avaliação se torna crítica para determinar a predisposição do cliente em querer manter a proximidade com a marca.

A partir do contato com o produto, agora em situação de uso, é o momento em que o consumidor irá testar funcionalidades, sentir na prática, receber seus benefícios e colher seus frutos. Porém, esses benefícios, fora os ofertados pelo próprio produto em relação as suas vantagens e funcionalidades, tratam-se de benefícios muito mais emocionais para o cliente, quando falamos de empresas posicionadas para trabalhar com experiência de fato. Pode ser um benefício relacionado com a segurança proporcionada pela marca, garantias fornecidas, prestígio social ou mesmo autovalorização pessoal e autoestima. Esses aspectos estão muito mais ligados à marca e às estratégias de branding, como já mencionamos, do que com o produto em si.

Por isso, a avaliação pós-compra também é uma fase essencial na finalização do processo de decisão do consumidor e no delineamento de estratégias para a empresa. A partir desse resultado é que a empresa poderá corrigir processos, melhorar o produto ou outras questões conforme a percepção do cliente. Mas até que ponto as medidas de satisfação são importantes do ponto de vista estratégico?

A avaliação da satisfação do cliente

Antes de entrarmos nas métricas de satisfação do cliente, devemos esclarecer a diferença entre satisfação e experiência de fato. Experiência do Cliente já vimos que é todo o processo relacionado a sua jornada de compra, assim como a percepção e a vivência que ele terá em cada ponto de contato que a empresa propõe. Já a satisfação do cliente é o resultado dessa vivência.

Aí você deve estar se questionando: "mas então eu posso mensurar o processo da experiência pelo resultado que ela oferecer, certo?" A resposta é: ERRADO!

A vivência do cliente em cada um dos pontos de contatos desperta sentimentos a partir da percepção dos estímulos recebidos pelo ambiente. Todas as estratégias que apresentamos, relacionadas aos momentos antes e durante a compra ajudam a criar uma percepção sobre algo. No entanto, essa percepção é a parte de um todo e depende de características pessoais, sociais e emocionais de cada cliente. É algo individual. E, acima de tudo isso, a percepção e os sentimentos resultantes da interação dependem da expectativa de cada cliente, que também é bem individual.

Quando falamos de satisfação, falamos da percepção de resultado atingido por algum ponto específico durante a interação do cliente. Ou seja, é o resultado do processo ou apenas de uma parte dele. Só podemos definir que um resultado mensura de fato um processo quando temos uma métrica capaz de analisar os diferentes estímulos proporcionados ou momentos vivenciados nesse percurso. E, só conseguimos verificar se o resultado foi bom ou ruim quando sabemos o real objetivo daquilo, ou seja, apenas quando a expectativa do cliente é conhecida.

Por isso, separar o que é processo do que é resultado é muito importante em termos de experiência para se trabalhar de forma alinhada com a gestão do negócio. Trabalhar apenas com métricas de satisfação na empresa para avaliar experiência se torna extremamente superficial, porque os resultados dessas métricas não apontam de fato se o objetivo do cliente foi atingido e pode causar uma ilusão para auxiliar na busca por melhorias.

Quando questionamos o cliente sobre a qualidade de um produto em uma pesquisa de satisfação, ele pode avaliar:

- como excelente, quando não esperava nada do produto,
- como excelente, quando atendeu de fato todas as suas expectativas
- como muito ruim, se comparou com outros e viu que é pior
- como muito ruim, se o produto realmente é de péssima qualidade para a sua avaliação pessoal

Percebeu como é frágil considerar apenas satisfação para tomar decisões de mudança e melhoria na Experiência do Cliente? Para avaliar a experiência, um processo de auditoria combinado com estudos aprofundados ou mesmo longitudinais com o consumidor devem ser considerados.

Além disso, com resultados de pesquisas de satisfação, os indicadores mostram pontos muito globais, por exemplo a qualidade de atendimento. Um atendimento pode ser ruim, pois a espera foi longa, pois não houve cordialidade ou porque o atendente sabia pouco sobre o produto. Qual é o critério que o cliente está usando para avaliar e como você enquanto gestor saberá em que ponto investir na sua empresa para melhorar esse resultado?

Por isso, com o método HappyTrack você deve ter em mente que:

Só pesquisas de satisfação não mensuram experiência!

Tendo claro essa diferença, podemos considerar que a aplicação de métricas de satisfação depende do objetivo da empresa e da etapa do processo considerado. Dentre as principais medidas temos: NPS, CSAT e CES.

O NPS – Net Promoter Score – é a avaliação que considera a probabilidade de indicar a empresa para colegas, parentes ou amigos após a sua experiência de compra. A escala considera valores de 0 a 10, com uma questão direta para o cliente após a sua compra.

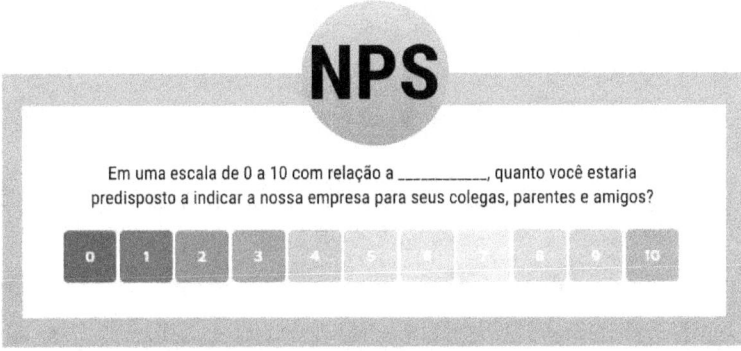

Figura 29: Escala do NPS

O cálculo é realizado com base na segmentação da escala:

- Notas de 8 a 10 são do grupo de clientes considerados promotores da marca.
- Notas 6 e 7 são considerados clientes neutros.
- Notas de 0 a 5 são dos clientes considerados detratores (aqueles que tem predisposição a não indicar e ainda falar mal da empresa).

A partir dessas notas obtidas, o resultado do NPS é calculado conforme a divisão entre a porcentagem de promotores dividido pela porcentagem de detratores. O resultado final varia de uma escala de -100 (todos os clientes são detratores) a +100 (todos os clientes são promotores).

O CSAT – Customer Satisfaction – é a medida de satisfação dos clientes em relação a alguns aspectos específicos sobre a empresa. Esta escala é a mais usual para as empresas por ter métrica e entendimento fácil. No entanto, devemos nos atentar sempre, pois devemos considerar a avaliação em relação a algum ponto específico, seja da jornada de compra, do produto ou do serviço ofertado. Quanto mais geral é a pergunta, mais genérica também será a resposta e, consequentemente, mais vaga ficará uma possível resolução de problemas diante do resultado. A escala do CSAT considera notas de 1 a 5.

Figura 30: Escala do CSAT

Um cuidado importante que devemos nos atentar é com a criação da escala. A forma como uma escala é descrita pode se tornar tendenciosa, pois interfere na interpretação e na avaliação do cliente. As escalas devem ser simétricas, como exemplo: o extremo oposto de totalmente satisfeito é totalmente insatisfeito e não pouco satisfeito, pois o inverso de satisfação é a insatisfação e não já julgar que houve algum indício de satisfação dentro da própria escala. Além disso, sempre que uma escala considera o ponto médio (valor impar ao meio da escala), este valor deve obrigatoriamente ser neutro e não contabilizar com alguma tendência como pontos de possível satisfação. Exemplo: escala das lojas Renner, onde a escala é considerada com 3 pontos e o valor central é a satisfação (pontos considerados: insatisfeito, satisfeito e muito satisfeito). Ou seja, o ponto médio nesta escala específica já és positivo, logo a escala é tendenciosa.

O CES - Customer Effort Score – mensura o esforço do cliente em relação a uma atividade específica durante a sua jornada de compra. Esta escala é utilizada para mensurar entendimento de interações, principalmente quanto a equipamentos e ao universo digital e avalia a facilidade ou dificuldade em relação à realização de alguma tarefa. Sua escala é geralmente com notas de 1 a 7, para determinar com mais precisão a percepção da dificuldade do cliente em relação a algo. Nesta escala também devemos nos atentar com a forma em que ela será descrita, para evitar tendenciosidade nas respostas.

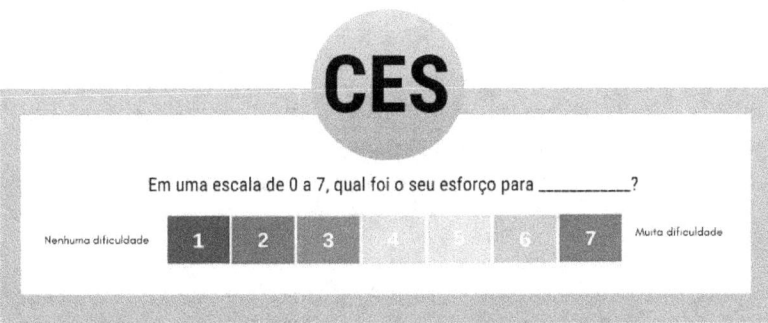

Figura 31: Escala do CES

Diante dessas alternativas de métricas de satisfação, considere sempre mensurar a satisfação de seus clientes com pelo menos uma delas. Escolha o ponto de contato mais adequado para maximizar a participação e estabeleça a melhor estratégia de aplicação da pesquisa para evitar respostas forçadas. Evite utilizar estratégias que não tragam resultados verídicos, como utilizar um dos vendedores na saída da loja, resultados visíveis ou momentos inadequados e muito distantes do ponto ou objeto questionado.

Considere também que a maioria dos clientes não tem o hábito de responder pesquisas, principalmente os insatisfeitos. Esses, simplesmente não retornam a fazer compras na empresa. Geralmente os clientes que reclamam, devem ser levados em consideração, pois ou a sua experiência foi realmente muito ruim ou ele é um cliente que se importa com a qualidade da empresa e espera resposta ou melhoria. Não ignore quem reclama! Busque sempre dar a devida atenção.

E como a Experiência do Cliente termina?

O final da Experiência do Cliente é quando o seu produto já foi utilizado, consumido ou ele já não tem mais contato com o resultado do serviço ofertado. Nesse momento consideramos o descarte: etapa final do processo de decisão de compra. Embora o descarte seja definido como "jogar fora algo, descartar", dentro do marketing o descarte é também quando a relação com o produto de fato acaba e pode ser dado outras finalidades para o produto, fazendo, por exemplo, o remarketing (recolocando o produto no mercado).

Todavia, o ponto mais importante do descarte é que o produto já não é mais relevante para o cliente a ponto de ele manter essa proximidade. O resultado obtido já caiu no esquecimento e talvez até mesmo no desuso por parte do cliente. E, é nesse momento que as estratégias da empresa devem se preocupar em manter um relacionamento próximo e colaborativo com o cliente para trazer o comprometimento e a fidelidade tanto almejada pela empresa.

Devem existir estratégias para garantir o contato pós-venda, valorizando a compra do cliente e mostrando que a empresa se importa realmente com ele e quer criar um laço de proximidade e o início do relacionamento, por meio de estratégias e programas de retenção e fidelização. É como em um namoro: primeiro se conhece o outro, inicia uma breve proximidade, para depois estabelecer laços verdadeiros e avançar em um relacionamento estável.

A fidelidade ou lealdade do consumidor, considerados sinônimos na literatura acadêmica, tem diferença quanto ao grau de proximidade do cliente com a marca. Um cliente até pode ser fiel, mas ele não é necessariamente engajado com a marca. É como ir ao mesmo mercado próximo de sua casa por hábito ou comodidade ou comprar sempre a mesma marca de bebida. Isso é a lealdade comportamental. Por outro lado, quando o cliente é engajado a selecionar a marca, pois gosta e valoriza muito suas características, tem envolvimento mais afetivo com ela e está predisposto a comprar novamente, pois reconhece o seu valor agregado de verdade. Isso é, a chamada lealdade atitudinal.

Portanto, para se ter estratégias que promovam de fato a melhor Experiência do Cliente, devemos considerar a criação de um relacionamento estreito com o cliente, em direção à criação da lealdade atitudinal. Isso permite mais resultados à longo prazo e o engajamento tão esperado com a marca da empresa.

Questões para reflexão

1. Como a sua empresa finaliza a jornada do seu cliente? Que estratégias realiza em até uma semana após a compra?

2. Que pontos há necessidade de melhorar na finalização da jornada de compra de seus clientes? Que ações poderiam ser realizadas para isso?

3. Como você mensura a satisfação dos seus clientes? As medidas usadas te auxiliam a identificar o que você deve melhorar na empresa? Como são as escalas utilizadas? Há alguma possível indução nas respostas?

4. Qual é o nível de fidelidade ou lealdade do seu cliente? É mais comportamental ou atitudinal? O que deveria ser feito na sua empresa para melhorar isso?

25. Crie relacionamentos de verdade para ser mais lucrativo

No cenário empresarial, quando falamos em relacionamento com o cliente, logo vem à cabeça de muitos gestores o atendimento. Já vimos em service design que isso é um mero ponto de apoio que deve ser desenhado para prover a entrega de produtos, serviços e informações de modo satisfatório para o cliente.

Mas, antes mesmo de entrarmos na questão do relacionamento em si, devemos discutir um pouco sobre o porque os relacionamentos são tão importantes. Já vimos que o relacionamento, embora muito discutido na perspectiva de marketing, pode ser uma estratégia de fato para negócios terem sucesso em cenários muito competitivos. Já vimos também que relacionamento pode ser classificado como Relacionamento Superior por representar vantagens que agregam singularidade, diferencial competitivo e sustentabilidade aos negócios. Mas, por que, de fato, as pessoas se relacionam?

As pessoas se relacionam simplesmente por necessidade. Tudo no universo só existe em uma interação de várias questões, objetivos, matérias e pessoas. Nossas células se relacionam para formar os órgãos e para manter o equilíbrio vital do nosso corpo. Os átomos se relacionam para formar a matéria. Os gases se relacionam para formar as estralas. Pessoas se relacionam para formar sistemas sociais, como famílias, grupos, empresas. Pessoas e empresas se relacionam para formar as trocas. Trocas de algo de valor. Sejam elas transacionais ou relacionais.

As trocas transacionais são trocas caracterizadas meramente por interesse em obter algo de valor. O resultado para a outra parte não é tão relevante, a periodicidade não é frequente e geralmente a importância é relativamente baixa. Há baixo risco percebido no caso de uma troca errada dentro do processo de compra e não há interesses na formação de vínculos, pois não é visto vantagem nisso. Já as trocas relacionais existem quando há o interesse de se trazer benefício para ambas as partes, agindo conjuntamente. Enquanto a empresa deseja o lucro, por meio da compra e da satisfação do cliente, o cliente deseja a obtenção de algo de valor que supra uma necessidade. Na maioria das vezes, a necessidade do consumidor em trocas relacionais deixa de ser apenas a funcionalidade do que se está se trocando (produto ou serviço) e passa a ser um conforto psicológico, um bem-estar social ou mesmo uma valorização do eu: o hedonismo.

Por isso, devemos entender que, mais que simples atendimento, a formação de relacionamento com clientes é baseada no universo de interesses subjacentes a essa troca. A partir do momento em que as partes envolvidas no relacionamento possuem características interessantes para manter uma proximidade, o relacionamento é mantido e nasce o comprometimento. Esse comprometimento para a empresa gera a fidelização, e assim podemos observar maior resultados financeiros, pois um cliente recorrente é melhor e muito mais rentável que vários clientes pontuais, não é mesmo?

Nessa perspectiva devemos entender também que os pontos de comunicação e de troca de informação se tornam de extrema importância quando falamos em criar uma experiência de excelência para o cliente, utilizando como base a estratégia de Relacionamento Superior, pois o mais importante não é o contato em si, mas a informação proveniente desse contato.

Não podemos ser ingênuos de acreditar que apenas um bom tratamento faz um negócio prosperar. O bom tratamento é essencial, mas ele deve ser sobretudo, estratégico! A partir do momento que nos relacionamentos com o cliente obtemos informações preciosíssimas sobre suas preferências, comportamento de compra e interesses, há necessidade de saber como estruturar meios para manter essas informações e saber utilizá-las em momentos oportunos como uma vantagem para o negócio, pois são essas informações serão a base para a melhoria contínua das estratégias.

O foco da empresa deve ser em ter o máximo de informações a fim de melhorar a atratividade de sua marca e estratégias de comunicação, promover a melhoria no seu ambiente (off ou online), otimizar seus processos e equipes, adaptar ou modificar produtos e serviços com o objetivo de sempre acompanhar as necessidades do cliente. Não se trata, portanto, de aproveitar e acompanhar tendências. Tendências são algo macro. É algo que pode ou não acontecer numa realidade particular. O fato é que estar próximo dos clientes permite criar um sistema de informações poderoso de marketing capaz de munir a empresa com métricas que conduzam em direção a estratégias cada vez mais eficazes. E perceba que não é apenas métrica de satisfação que é capaz de trazer essas informações.

E, é esse processo de aprendizagem sobre o consumidor que, com base na estratégia de Relacionamento

Superior, permite fechar o ciclo de aprendizagem da Gestão da Experiência do Cliente na empresa, caracterizando um ciclo de estratégias recorrentes que acompanham de forma deliberada a jornada de compra do cliente.

Para isso, todo relacionamento deve ser baseado nas seguintes questões e características descritas no quadro 4:

- O relacionamento deve ser mensurado, ou seja, após toda troca de valor entre cliente e empresa, independente da efetivação dessa troca, deve haver métricas capazes de verificar expectativas e satisfação com questões muito detalhadas das estratégias realizadas.

- Deve-se haver interesse espontâneo da empresa em criar um sistema de contato pós-venda para incentivar a compra de produtos e serviços complementares, conversar sobre a compra realizada e demonstrar interesse real e genuíno da empresa com o bem-estar do cliente. Aqui não é sobre aplicar pesquisa e vender produtos apenas. É sobre manter o diálogo e se preocupar de fato com a pessoa que está por trás do cliente.

- Deve-se buscar promover programas de fidelidade capazes de gerar valor e interesse em manter o relacionamento com a empresa. O foco é em manter proximidade para garantir lembrança de marca e estar próximo do cliente para conhecê-lo cada vez. Vendas serão apenas um resultado natural desse contato.

- Deve-se tentar fornecer benefício e recompensas que façam sentido ao cliente e permitam que ele perceba a importância dada pela empresa para ele o fazendo se sentir realmente especial.

Características	Descrição
Colaboração	• Obtenção de resultados mutuamente vantajosos • Pode ser interna e externa • Pode ser combinada com o grau de competitividade
Longevidade	• Relacionamento com interações de longo prazo
Comprometimento, dependência e importância	• Importância da interação entre as partes gerando dependência e, por conseguinte, comprometimento
Nível 1	• Consumidores atraídos por preço • Facilmente imitado por concorrentes
Nível 2	• Não é só associado a preço • Associação com comunicação
Nível 3	• As partes uniram recursos • Estão dispostas a fazer o sistema funcionar
Confiança, risco e incerteza:	• Produtos e serviços que geralmente apresentam baixo conhecimento técnico do consumidor. O risco é visto conforme confiança e comprometimento entre as partes
Poder	• Simetria de poder
Frequência, regularidade e intensidade	• Periodicidade do contato entre as partes • Regularidade no contato • Intensidade do contato
Adaptação	• Personalização do contato conforme a necessidade das partes envolvidas
Atração	• Fatores que permitem despertar o interesse das partes
Proximidade e Distância	• Proximidade física • Proximidade mental • Proximidade emocional
Formalidade, informalidade e transparência	• B2C: informalidade • B2B: formalidade, associada à necessidade de informalidade para despertar a confiança e credibilidade • Aspectos formais afetam o grau de transparência
Rotinização	• Procedimentos que envolvem o relacionamento • Rotinas de negociação, de efetivação de compra, de entrega
Conteúdo	• Troca econômica ou transacional • Troca relacional: conhecimento e informação
Propriedades pessoais e sociais	• Perfil • Rede de contatos • Interfere diretamente na avaliação do relacionamento

Quadro 4: *Características dos relacionamentos*
Adaptado de Gummesson (2005)

A partir dessas características, um relacionamento estreito com o cliente pode ser formado. Para tanto, dentre as principais estratégias de relacionamento com clientes está o CRM, *Customer Relationship Management*. O CRM é um conceito baseado na premissa de que os clientes necessitam receber a devida atenção e que uma das funções principais dos vendedores é monitorar esses clientes, conhecendo seus problemas e seus hábitos de compra a fim de estarem sempre prontos para servi-los, impactando diretamente na lealdade do cliente.

As facilidades promovidas pelo CRM ficam evidentes mediante suas principais características e possibilidades:

- integração do cliente à empresa nos processos de adequação e adaptação de produtos e serviços;
- customização, isto é, atender de forma individualizada às necessidades dos clientes;
- comunicação permanente visando sustentar um relacionamento efetivo com os clientes;
- criação de valor superior para o cliente.

No entanto, atualmente, o CRM não se torna apenas uma estratégia para fazer prosperar os contatos com clientes, mas a própria gestão de todos os relacionamentos organizacionais. O relacionamento com clientes, portanto, não serve apenas como base para respostas no processo de adequação de produtos ou serviços, em resposta para atividades de marketing da empresa. Os relacionamentos podem ser expandidos como ferramenta de agregar vantagem competitiva para as empresas, como já vimos nos capítulos anteriores.

Na criação de laços estreitos, estratégias de relacionamento com o cliente envolvem desde programas de fidelização aos benefícios e recompensas ofertados. Dentro desta perspectiva, devemos considerar que para ter programas de fidelização eficazes devemos levar em consideração:

- Conteúdo da troca: com foco em manter a interação com o cliente por meio de informações relevantes para o seu dia-a-dia, com objetivo de troca e conversa com ela. Deve-se evitar vendas diretas nesse período, se não for o momento oportuno para tal. Isso faz cair a credibilidade do relacionamento em si, pois o cliente perde o sentimento de ser importante de fato como cliente para a empresa e consequentemente quebra a confiança para manter o relacionamento.

- Valor agregado para o cliente: com objetivo de novas vendas *upsell* ou *crosssell* para a empresa, e de mais funcionalidade e melhor desempenho ou facilidades, para o cliente.

- Momento e canal de contato: quando e como fazer contato pós-venda ou mesmo relançar comunicações com clientes é extremamente importante para o sucesso da estratégia. A empresa deve ter o máximo de informações de onde o cliente está após a sua compra (canais), como ele utiliza o produto ou serviço, como é a sua rotina, seus hábitos e preferências para, a partir dessas informações, criar meios oportunos de realizar contato. Todas essas informações podem ser obtidas a partir dos estágios anteriores do processo de decisão de compra, em especial em contato com os canais de atendimento e ambiente (físico ou digital) da marca.

No entanto, todo bom relacionamento só é mantido quando o interesse entre as partes também é mantido. Por isso, muitas vezes a empresa precisa reativar o interesse de seus clientes por meio de estímulos promocionais ou políticas de recompensas. As recompensas são benefícios fornecidos como forma de gratificação em relação à fidelidade do cliente. Sabe aquele presente comemorativo de datas importantes de um namoro ou casamento? É exatamente isso que acontece na empresa.

Em situações especiais em relação a grupos de clientes pré-definidos, há necessidade de prestigiá-los conforme o retorno que eles propõem para a empresa. Isso é uma forma de a empresa transmitir para o cliente o valor de como ele é especial, aproveitando para estimular a lembrança, promover novo contato com a marca e estimular compras futuras ou mesmo indicações para outras pessoas.

As recompensas devem ter políticas claras quanto ao que é ideal como "benefício" para cada grupo de clientes. Não faz sentido dar amostras grátis do mesmo produto que ele já conhece ou comprou também não faz sentido mesmo novidades da empresa que não tenham relação com preferências e estilo de vida do cliente. Para isso, você deve pensar: "O que esse cliente espera da minha empresa e como eu poderia lembrá-lo de minha marca com carinho e reativar a consideração para uma próxima compra"?

Alguns estudos revelam que quando a empresa trabalha com bens físicos, acessórios que auxiliem o uso em estágios iniciais de um relacionamento e serviços relacionados – de forma direta ou indireta – com a área de atuação da empresa são recompensas ideais para encantar. Como exemplo, um varejista de cosméticos oferecer como recompensa do relacionamento um serviço de estética ou beleza.

Já quando a empresa atua na área de serviços é o inverso: bens tangíveis, como produtos e equipamentos podem fazer muito mais sentido para um cliente lembrar da marca, já que servem para materializar de certa forma o contato que o cliente vivenciou com a empresa. Por exemplo, uma agência de viagens pode recompensar clientes fiéis ou grandes compras com uma mala de viagem com sua marca.

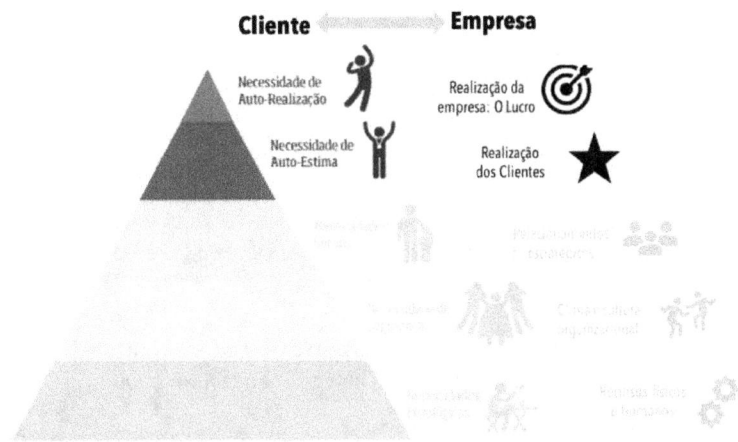

Figura 32: Hierarquia das necessidades – Ressonância empresa-cliente

Com essas políticas, além de a empresa proporcionar um relacionamento que seja gratificante para ambas as partes, ela gera o melhor resultado: maior lembrança da marca e consideração para as próximas compras. Isso traz menor esforço de estratégias comerciais, menores investimentos em comunicação e marketing e ainda geram mais resultados financeiros para a empresa. E é exatamente neste ponto que empresa e o cliente conseguirão atingir seus objetivos juntos: para o cliente, a autorrealização com a compra, para a empresa, lucros e relacionamento consistente para manter retornos a médio e longo prazo.

Questões para reflexão

1. O que sua empresa faz para encantar seus clientes e criar relacionamentos com eles?

2. Quais são as características dos relacionamentos que sua empresa mantém com seus clientes? Descreva e reflita sobre cada um dos pontos apresentados.

3. Qual é a política de recompensas de sua empresa para clientes fiéis? Sua empresa consegue encantar e engajar com o que oferece?

Parte IV

Comportamento organizacional
Da mentalidade à ação:
Como ter um pensamento estratégico
para criar experiências?

Conexão com cliente
Do interesse à compra:
Como e por que se diferenciar pelo
Relacionamento Superior?

Gestão de experiências
Da comunicação à fidelização:
Como criar estratégias eficazes
para encantar clientes?

Prevenindo problemas e promovendo aprendizado

Controle estratégico
Da prevenção à avaliação:
Como evitar riscos e promover
a aprendizagem na empresa?

Parte IV

**Da prevenção à avaliação:
Como evitar riscos e promover a
aprendizagem na empresa?**

No corpo humano, quando o ambiente apresenta qualquer situação crítica e que pode ser prejudicial para o bem-estar físico, psicológico ou emocional do indivíduo, ele envia respostas, conforme um padrão de defesa para preservar seu status e sua harmonia. A partir do sistema nervoso periférico, qualquer situação que gera um stress, como emoções ligadas ao medo, à rejeição ou à raiva, faz com que o sistema nervoso central (SNC) criei respostas dos órgãos para se preservar. Às vezes aumenta a pressão, descompensam sistemas, gera dor, a musculatura enrijece, a respiração muda, perde-se o sono, dentre outras reações do nosso organismo diante de situações de perigo.

Por pior que sejam essas reações de mal-estar geradas, elas servem como um alerta para evitar situações piores ou que de fato comprometam a saúde. Uma pressão aumenta, como sintoma anterior a problemas cardíacos. Dores surgem antes de se instaurar uma gastrite. A musculatura enrijece, alertando para reagir em situações onde seja necessário força física ou agilidade.

E isso também deveria acontecer nas empresas. Em situações de perigo, a empresa deveria ter mecanismos de alerta e prevenção de problemas maiores. A questão é que, principalmente em pequenas e médias empresas, ou em sistemas organizacionais sem pensamento a longo prazo, é raro encontrar planos de ação que permitam monitorar a implementação de estratégias para garantir a efetividade das ações previstas. Quando uma empresa analisa apenas os resultados das ações que coloca em prática, como resultado financeiro, indicadores de crescimento e mesmo indicadores de satisfação do cliente – que já vimos que é apenas o resultado de um processo – não conseguimos ter esse alerta do que pode estar indo mal antes de ter prejuízos maiores.

Por isso, para obter excelentes resultados com a Gestão da Experiência do Cliente, mais que mensurar resultados, devemos pensar em desenvolver competências e habilidades na empresa e estruturar um projeto altamente eficaz. No entanto, o mundo ideal, previsto com o planejamento, é algo imaginado e projetado com base nas oportunidades observadas a partir de dados e informações do cenário de negócios. Já o mundo real na empresa é o universo onde as ações são implementadas e é exatamente este momento que merece atenção redobrada.

Para ter sucesso nas estratégias, além de conhecer sobre o cenário de negócios, ter muitas informações sobre o cliente, incluindo a definição de quem ele é, o que ele espera e como ele se comporta, e conhecer aspectos estratégicos do que e como criar ações eficazes, é necessário saber relacionar todos esses elementos de uma forma inteligente. Planejar é uma atividade muito mais analítica que criativa. É muito mais relacionar variáveis em um pensamento de causa e efeito que apenas conhecer ações com base em "caixinhas" de temas, momentos e processos a serem seguidos. Planejar é associar objetivos às possibilidades de atingí-los. É pensar. É idealizar. Portanto, planejar esta muito mais no mundo das ideias do que na prática.

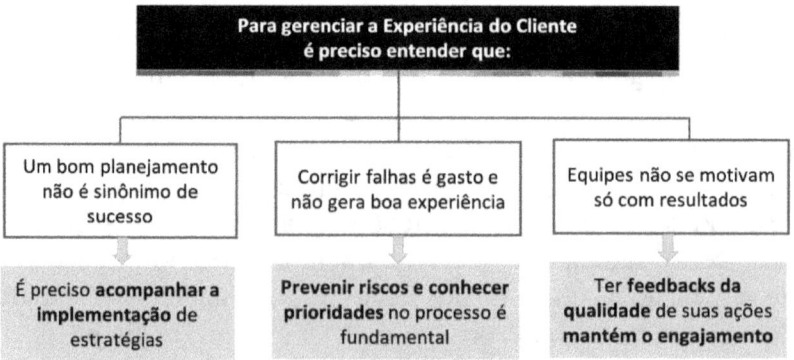

Figura 33: *O que é preciso saber para gerenciar a Experiência do Cliente*

A prática do planejamento está na sua implementação, ou seja, no momento em que ele será posto em ação. Por isso, por melhor que um planejamento possa ser, ele não é sinônimo de sucesso para o negócio. Um planejamento só é realmente eficaz quando ele garante medidas para também acompanhar o processo de implementação das estratégias previstas, evitando problemas e revertendo riscos durante o processo. É como ter mecanismos de alerta como nosso corpo que nos alerta quando algo sai do controle e pode vir a dar problemas.

Evitar falhas na implementação de estratégias é diferente de corrigir, principalmente falando de Estratégias para a Gestão da Experiência do Cliente. Quando pensamos em corrigir problemas, pensamos em alterar algo que já foi colocado em prática. Algo que já foi percebido e recebido pelo cliente, algo que já foi avaliado por ele, e consequentemente, algo que provavelmente já gerou uma experiência negativa.

Na medida em que pensamos em evitar falhas, a dinâmica é diferente. Analisamos o todo e vemos tudo o que pode dar errado para evitar problemas. Essa dinâmica assegura a efetividade do que é planejado e evita problemas para o cliente, e consequentemente, evita também problemas para os resultados da empresa.

Fazendo um paralelo com a nossa saúde, é como numa pandemia: prevenir falhas é evitar o contágio usando mecanismos de proteção para evitar problemas futuros, já a correção do problema é o tratamento da doença já instalada. Enquanto na prevenção há possibilidades de ganhos, como segurança, mudança de hábitos, maior saúde e tranquilidade a longo prazo, mesmo considerando o esforço para isso, no caso de contágio é lidar com problemas que não se sabe ao certo qual será o estrago causado. De um lado temos a prevenção e de outro a correção. Percebeu a diferença?

Por isso, um ponto essencial quando pensamos em projetos voltados à criação de Estratégias para a Gestão da

Experiência do Cliente são as equipes internas da empresa, e já vimos o quanto elas são importantes para a Experiência do Cliente, pois é da equipe de colaboradores que sinais de alerta podem ser ativados para prevenir problemas. Mas para manter uma equipe engajada com os resultados, precisamos motivá-las para isso, fazendo o sistema acontecer de forma correta e evitando falhas no processo.

A motivação é algo interno, como já vimos anteriormente, no entanto, políticas de valorização de pessoas e do trabalho que exercem possibilita que elas se sintam especiais e pertencentes ao ambiente da empresa. Tornam-se especiais. E, essa motivação vem a partir do momento em que o colaborador recebe feedbacks adequados sobre o que está fazendo com seu time, com um acompanhamento de processos e não apenas de resultados.

Quanto mais as pessoas conhecem o que elas fazem de certo ou de errado, mais se permite o aumento do conhecimento e do engajamento em melhorar aquilo para obter resultados melhores. Afinal, ninguém gosta de trabalhar mal. Mas, há pessoas que o fazem por não saber o que e como ajudar a melhorar. Somado a isso, temos a questão de que obtendo feedbacks, equipes se mantem motivadas por perceberem sua importância no processo de oferta de valor ao cliente.

Portanto, nesta última parte do livro vamos abordar juntos como diagnosticar e criar estratégias eficazes para a Gestão da Experiência do Cliente. Vamos ver sobre como ter e como garantir resultados da Experiência do Cliente, elaborando projetos que previnam perigos e tragam os melhores resultados. Sempre!

26. Garanta os resultados da experiência

Produtos e serviços qualquer empresa oferece. Momentos memoráveis em contato com a marca não. O cliente busca a solução para o seu problema. Se você oferece só produtos, ele entende o seu produto, mas não se conecta com a sua marca. Se você oferece só o serviço, sem um bom contato, o cliente não se conecta aos seus colaboradores. Por quê? Porque os clientes buscam aquele algo a mais para criar o sentimento agradável que ele tanto busca: a segurança e o conforto emocional da compra.

Devido a tensão, medo, instabilidade financeira e incerteza com o futuro, os consumidores buscam confiança e segurança para suas compras, segurança para investir seu dinheiro, e um sentimento de segurança no contato (físico ou não) com as marcas. Buscam suprir o que estão sentindo falta. A compra não e mais só o momento para ter produtos e serviços. A compra é o momento de alegria porque é interação. É algo que pode quebrar uma rotina monótona e insegura que as pessoas estão vivendo e esse pode e deve ser o momento tão esperado do dia do cliente, se você trabalha ou quer trabalhar com a filosofia de experiência na sua empresa.

Então, para transmitir a segurança que os consumidores buscam a empresa precisa ter o **alinhamento de suas estratégias**. O alinhamento é como a empresa cria e cumpre suas promessas do começo ao fim do processo de experiência. É o atendimento de expectativas que a empresa mesma criou em seus clientes. E, isso deve ser visto em todas as esferas da empresa não apenas no atendimento.

Mesmo que você ache que é a crise, a falta de recursos ou mesmo baixo volume de vendas, estes talvez não sejam os maiores problemas na sua empresa. A crise você pode superar. Os recursos você pode conquistar. As vendas você pode aumentar. Como?

Sabe aquela ação que toda empresa está fazendo e você vai lá e faz? Mas, você não teve tantos resultados como os outros... Sabe aquela reclamação do seu cliente que você tratou, corrigiu o que ele disse, mas voltou a acontecer? Às vezes você pode até pensar que o problema é na percepção do seu cliente, não é? Afinal, você já consertou.

No entanto, o que você está vendo é apenas uma parte do processo de criação de valor e da oferta de experiências de fato para o seu cliente. Você deve olhar o todo e não apenas uma parte. Você deve ver oportunidades e não aproveitar a onda da concorrência.

Isso é traduzido na falta de orientação para se criar estratégias. Falta a orientação para o mercado que tanto já falamos na primeira parte do livro. Você não soluciona os problemas porque você não enxerga suas causas. Você segue o concorrente porque não conhece o movimento do mercado. **Enxergar só resultados faz perdermos uma parte importante para o atingirmos o sucesso: o acompanhamento do processo de implementação de estratégias.**

Muitas vezes, os níveis de satisfação do cliente são bons, mas ele não compra tanto como a empresa gostaria. Outras vezes, os resultados da satisfação são ruins e a empresa investe em estratégias erradas para tentar melhorar. Pois, os consumidores não falam tudo. O grande problema que já vimos na parte III é que pesquisas realizadas com clientes mensuram apenas a satisfação. Por que apenas? Por que **satisfação é apenas resultado. Para garantir bons resultados para o cliente devemos analisar e mensurar a qualidade do processo!**

Após a empresa ter investido no melhor projeto, ter o colocado em prática, ter treinado suas equipes e ter investido muito tempo e dinheiro para isso, as empresas mensuram os resultados dessa estratégia. E se o NPS for baixo, onde está o erro da empresa de maneira bem objetiva? E se o CES for baixo?

São perguntas como essas que muitas vezes tiram o sono de profissionais de marketing e gestores, e as respostas são encontradas por tentativas e erros, afinal, apenas um resultado pontual da empresa é avaliado, por mais completo que possam **parecer** os indicadores. O problema não é o indicador. O indicador mensura o certo. O problema é o uso deles com finalidades erradas. Limitadas. E, por falta de outros métodos para mensurar a performance do seu processo.

> **Quando se mensura resultado, se esquece do processo que leva até ele!**

Se há um erro, a correção demora, gasta-se muito tempo e muito dinheiro para corrigir o problema. Aqui falamos de correção. Diferentemente de **prevenção**. Prevenir problemas é trabalhar com a percepção de risco. E, risco não se trata de um problema. Pensar em risco é uma oportunidade de enxergar mais longe que os concorrentes, ter capacidades para evitar situações que prejudiquem a empresa e conquistar mais vantagens no cenário competitivo.

Quem previne economiza, consegue se estruturar mais, garante melhores resultados. Quem previne não trabalha com tentativa e erro, pois sabe que um erro de estratégia pode distanciar o cliente. Quem previne se relaciona melhor com o seu cliente, pois é capaz de entender melhor. E, quem entende melhor é capaz de entregar mais.

O modo que trato aqui a Gestão da Experiência do Cliente é de forma a analisar criteriosamente as estratégias da empresa a fim de evitar todo e qualquer perigo e ameaça que possa prejudicar a Experiência do Cliente no final e os resultados para a empresa. Por isso, daqui para a frente, vamos pensar em análise e gestão de **riscos estratégicos, pois o foco é prevenir problemas gerenciando a implementação de estratégia e não mais somente corrigir erros e falhas.**

Questão para reflexão:

1. Como você mensura a experiência no seu negócio hoje é suficiente para te apontar o que você deve melhorar e como otimizar os recursos para isso? Qual estratégia você utiliza para isso?

27. Combata os riscos na Gestão da Experiência do Cliente

Normalmente o início de um planejamento é pela obtenção de uma análise SWOT, não é mesmo?

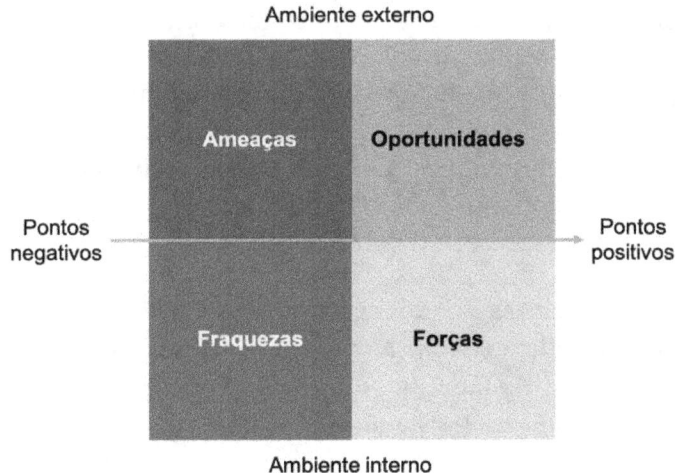

Figura 34: Análise SWOT

A análise SWOT é uma ferramenta estratégica que permite analisar as forças (*Strenghts*) e fraquezas (*Weaknesses*) internas da empresa e identificar as oportunidades (*Opportunities*) e as ameaças (*Threats*) do ambiente de negócios. No entanto, para pensarmos em iniciar o planejamento de estratégias para a Gestão da Experiência do Cliente, embasados no Relacionamento Superior, devemos considerar os riscos estratégicos, que se tornam mais abrangentes para determinarmos oportunidades internas e externas à empresa na perspectiva do cliente.

A filosofia de gestão baseada no risco, se apoia nas ideias da racionalidade moderna, da combinação entre a reforma religiosa, o desenvolvimento econômico e o nascimento da ciência clássica. Esta perspectiva é proveniente do século XII, na península italiana, que, em pleno crescimento econômico, viu a necessidade de desenvolver técnicas contábeis e financeiras para impulsionar a criação de uma racionalidade que pudesse assegurar os resultados esperados. Combina a necessidade de inovar e de ousar para obter melhores resultados em relação a algo, mas com o controle das ações realizadas para evitar o erro.

O termo "risco" é derivado do termo italiano "riscare", que significa ousar. Ousar denota ter coragem para decidir, empreender e tentar novas possibilidades e ações diferentes das já propostas, mas também é a incerteza que pode impedir o atingimento de objetivos. A palavra risco denota perigo eventual, mas previsível. Trata-se de um inconveniente, uma eventualidade prejudicial à algo ou à alguém. É uma exposição a um determinado perigo perceptível.

Os riscos são inerentes a todas as ações e processos em qualquer atividade. Tudo tem risco. No entanto, quanto mais dinâmica é a atividade, quanto mais elementos ela envolver, mais inerente ao risco esta atividade vai estar.

Outra questão é que a escolha do resultado depende da escolha do risco associado a ele. Quanto mais riscos conseguimos prever, mais conseguimos controlar os resultados por estarmos cercados de opções e de recursos que permitam assegurar a efetividade do que está sendo feito. Por isso, não tenha medo de pensar em riscos!

O que são riscos?

Os riscos são vistos como danos ou perigos que podem chegar a se concretizar e a interferir no presente ou no futuro de um negócio. Tratam-se de eventos ou tendências que apresentam potencial de causarem danos ou perdas em receitas futuras do negócio. No entanto, devido à variedade de literatura e às diversas ramificações das pesquisas que abordam os riscos, faz-se necessário clarificar quanto à diferença entre risco e incerteza.

O primeiro passo para distinguir o risco e a incerteza é saber não somente os conceitos, mas inserir mais um termo que induz ao erro. Trata-se do perigo. O perigo representa uma ameaça que pode ou não se concretizar e depende da percepção do indivíduo para ser observado.

Neste mesmo sentido caminha o risco e a incerteza. Tratam-se de dois tipos de perigos, mas o que muda entre eles é a probabilidade de ocorrência do evento. Se há como calcular a probabilidade de seu acontecimento a partir de dados e históricos passados, o evento é caracterizado como risco. Por outro lado, se existe um evento sem bases adequadas para ser calculado, esse evento é a incerteza. Assim, podemos afirmar que correr um risco trata-se de uma opção, ou seja, uma escolha da empresa. Não é um mero destino ou acaso. E, como já vimos, a Experiência do Cliente depende de diversas informações que recebemos dos próprios clientes. Isso nos mostra que problemas são previsíveis e, portanto, temos o risco nessas estratégias e não meras incertezas. O que vai diferenciar um de outro também é como o gestor percebe esse risco.

Percepção Do Risco

A partir da cognição do gestor, ou seja, a partir das formas de associar informações e dar sentido a elas, é estruturada a percepção em relação a algo. Assim, da mesma forma em que surgem estratégias, surge a percepção do risco. Trata-se de algo inerente aos aspectos psicológicos e neurológicos de cada gestor, que guiam a forma que o seu negócio irá observar e agir diante de um sistema de causas e consequências.

É como comparar um perigo ao sistema nervoso periférico do corpo: possui o objetivo de sentir, por meio da transmissão de impulsos nervosos, para agir, por meio dos nervos motores que geram estímulos e conduzem a uma determinada ação ou movimento. Há o envio de informações para possibilitar essas reações, como uma forma de prevenção ou controle para preservar o organismo e interagir com o ambiente.

Nas empresas acontece do mesmo modo: em relação ao cenário no qual o gestor está inserido, aos acontecimentos e às experiências que já vivenciou, o gestor vai reagir criando ações e estratégias para direcionar os seus negócios. No entanto, para toda ação existe uma reação do mercado e dos colaboradores que pode ser positiva ou negativa. Cabe ao gestor conseguir identificar quais são as possíveis reações às ações e estratégias que cria para evitar prejuízos ao negócio. E, por isso, mencionamos em pensar na criação de Estratégias para a Gestão da Experiência do Cliente em um processo que cria vales e topos, alternando a sequência de ação e reação entre empresa e o cliente.

Para gerenciar isso, existem processos que propiciam o cumprimento dos objetivos da empresa, frente à inconstância do cenário empresarial. Tratam-se de mecanismos de segurança e controles internos, que agem de forma ininterrupta e abrangente, visando o gerenciamento de riscos de forma adequada. É como se fossem uma barreira ou uma alternativa de redução dos possíveis danos causados por algo, chamados de ferramentas de controle estratégico nos negócios.

No entanto, a falta da percepção de riscos e se fundamentar apenas no próprio conhecimento e experiência no negócio podem ser consideradas fontes da má gestão de processos de controle estratégico. A percepção dos gestores é o condutor chave para a identificação e gerenciamento de riscos nas estratégias e em todas as atividades empresariais. Por isso, deve ser baseada sempre em informações concretas e precisas sobre o que se pretende controlar.

A noção de pessimismo do indivíduo frente a criação de preferências e crenças objetivam a distribuição da probabilidade da concretização de algo sob uma perspectiva menos favorável. Essa perspectiva adotada é uma consequência de experiências passadas acumuladas na memória. Desta forma, a partir do receio de cometer os mesmos erros ou desgastes do passado, o indivíduo recorre a formas mentais de diminuir uma possibilidade de frustração.

A emergência da chamada "cultura do risco" coloca em evidência algumas relações complexas referentes aos comportamentos dos indivíduos face aos perigos nas empresas. Algumas vezes, esses comportamentos tendem a estar associados à inconsistência na dinâmica da tomada de decisão. Falta de informações preciosas sobre o cenário de negócio pode implicar em escolhas futuras que contradizem ao determinado contexto observado. Como consequência, a forma de se trabalhar com a percepção de riscos acarreta no gestor um elevado nível de stress nos processos de articulação estratégica ou mesmo em pequenas decisões corriqueiras do quotidiano empresarial.

Logo, o otimismo exacerbado também proveniente de experiências passadas, ou mesmo da ausência delas, pode se tornar prejudicial por não preparar a empresa para momentos difíceis e crises. Trata-se, muitas vezes, da inabilidade de lidar com situações ou de enxergar as reais perspectivas do cenário. Esse comportamento, por outro lado, coloca em evidência a possibilidade de acomodação da empresa de forma geral e estagnação em seu mercado.

Neste ponto, o aprendizado tem muita relação com a percepção de risco, porque para aprendermos, precisamos sentir a necessidade de algo. Para sentir a necessidade de algo, precisamos ver um problema ou uma falha. Se não percebemos o problema, não temos a mesma predisposição para aprender algo novo. A gente ouve, a gente vê, a gente recebe a informação. Mas é como se o processamento fosse incompleto, pois não é absorvido, assimilado e associado de forma significativa para que ajude em uma mudança de comportamento ou de pensamento.

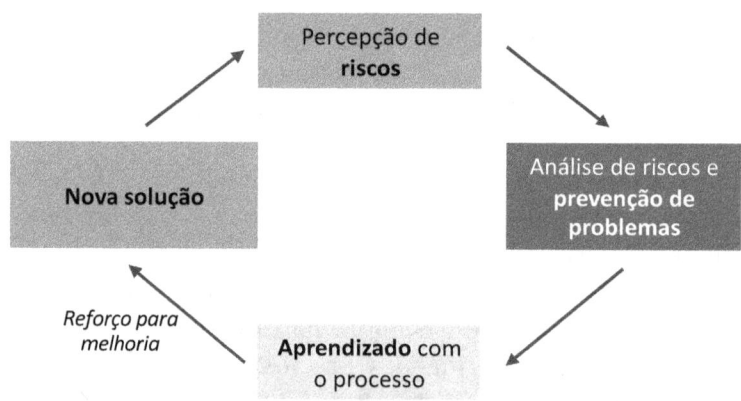

Figura 35: *Processo de aprendizado a partir da percepção de riscos*

Por isso, a falta de visão de riscos pode virar uma bola de neve nos negócios: **quando não se percebe o risco, não se previne o erro, não se aprende** com **o processo, e não é possível melhorar o resultado**. Assim, não se tem um processo de melhoria contínua. O objetivo de perceber e passar a pensar em riscos é ter processos para a prevenção de problemas e não mais ações de correção de uma forma.

E, perceba que aqui falamos apenas de um processo de percepção de risco e de aprendizagem empresarial. No entanto, o mesmo processo acontece na percepção de clientes em relação à sua compra. É por essa razão que o Ciclo de Experiência do Cliente no modelo HappyTrack é cíclico e fechado, como vimos no capítulo 12. É o aprendizado e reforço tanto das estratégias da empresa, mas também de comportamento de busca de clientes, com o objetivo de obter o que buscam com o menor risco percebido.

Mas, sabe por que existe o medo de pensar em riscos?

A percepção de riscos é influenciada pela cultura do gestor, pelas experiências vividas por ele e pela estrutura do negócio. A cultura influencia o modo que os gestores veem seu ambiente e interagem com ele passando isso como valores para a empresa. Neste ponto, também são incluídos a aversão ao risco e a forma de lidar com essa situação na empresa. Além disso, a cultura, influencia a preocupação individual e coletiva, as formas de comunicação e de relacionamento entre as pessoas e o nível de confiança entre as partes.

Figura 36: *Elementos da Cultura do Gestor*

A perspectiva pessoal e profissional favorece a visão do ambiente e das interações que se passam nele. Neste aspecto, a percepção de riscos na confiança e no comprometimento entre as partes faz referência à base que o gestor tem quanto às interações passadas, sejam elas pessoais ou profissionais vivenciadas. Essa vivência influencia a forma pela qual será desenvolvido os atributos os quais fazem referência ao nível de confiança que existira da empresa para com seus públicos.

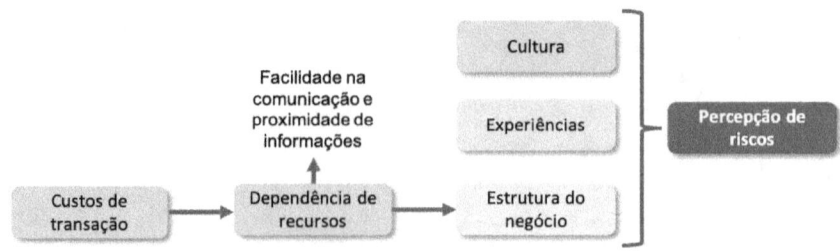

Figura 37: *Processo de percepção de riscos nos negócios*

A estrutura do negócio também influencia a percepção de riscos. A dependência de recursos tanto internos quanto externos da empresa faz com que exista a necessidade de otimizar os custos de transação. Assim, a estrutura empresarial criada beneficia as formas de comunicação interna e externa para aumentar a percepção do ambiente de negócios e criar facilidade nas trocas, aumentando a proximidade das informações e trazendo maior percepção dos riscos associados ao cenário competitivo.

Outra questão que define como as pessoas pensam em riscos é o modo que elas planejam suas estratégias. Em todo tipo de negócio, primeiro o empreendedor ou gestor pensa nos objetivos da empresa, quais serão os caminhos para chegar até eles e como angariar recursos para isso. Parece simples falando. Mas, isso é um processo complexo em termos de inter-relacionamento entre diversas variáveis que devem ser levadas em consideração.

Depois da estratégia planejada, ou seja, depois do objetivo estar fixado e de se ter definido os caminhos e meios para se chegar até ele, é o momento de colocá-la em prática. E aí é que mora o perigo.

Para implementar as estratégias planejadas é necessário outras pessoas, outros conhecimentos e recursos que podem ser que não estavam previstos. E, tudo isso, acarreta em mudanças (pequenas ou grandes) nos planos. Quando a estratégia é planejada, tudo é perfeito ou quase perfeito.

Temos o otimismo (às vezes exacerbado) como um orientador do sucesso, pois existem diversas teorias que trazem sobre o quanto pensar em positividade atrai questões positivas. O quanto pensar que vai dar certo, possibilita que consigamos bons resultados. O quanto pensar em questões negativas também atraem o negativo.

Infelizmente, essas crenças e orientações populares e de teorias de psicologia dão certo, mas no âmbito pessoal. Ou seja, aplicada no universo do indivíduo isso é excelente para muitas pessoas. O problema é que levamos esse pensamento para o universo coletivo e para o mundo dos negócios.

Quando trazemos questões ligadas ao excesso de otimismo para dentro da empresa, o perigo é esquecermos que a empresa é um sistema que depende de inúmeras variáveis e não é apenas o empreendedor que a controla. Já vimos que para ter a melhor Experiência do Cliente, a empresa depende de colaboradores, de concorrentes e até mesmo de fornecedores. Além disso, há outros *stakeholders* fundamentais ao sucesso do negócio, mas que tem relação indireta com o mesmo. São os acionistas, governo, imprensa, comunidade, dentre diversos outros públicos. E, dentro desse sistema também há o empecilho da dependência de recursos que deve ser considerado como um fator de risco.

Por isso, pensar em questões empresariais, principalmente ligadas à Experiência do Cliente, com muito otimismo podem ser perigosas, pois influenciam a ver apenas uma parte da realidade. A parte bela, boa e correta da história. O problema é que na empresa não é apenas essa parte da realidade que existe e a parte que muitas vezes é esquecida por medo de ser encarada, pode ter muitas oportunidades que inclusive tragam o sucesso para o negócio. Assim, é preciso olhar para o que pode dar de errado, ou seja, perceber, calcular e trabalhar com riscos.

A questão é que problemas podem acontecer, mudanças fazem parte do caminho de toda empresa e o gestor deve estar pronto para corrigir falhas antes que elas cheguem ao cliente. Por isso ter uma percepção e estar aberto aos riscos é fundamental. Uma percepção aguçada de riscos permite ter senso crítico e conhecimento do processo como um todo e, consequentemente, estar aberto ao aprendizado e melhorias antes de problemas e prejuízos acontecerem.

O que podemos aprender com a pandemia?

A percepção de riscos, conforme podemos ver claramente com questões aprendidas durante a pandemia, não é muito hábito de muitas pessoas. Uma constatação é que também o brasileiro tem uma baixíssima percepção de riscos. Isso já é debatido há algum tempo, mas agora podemos ver na prática: a cultura de resolver problemas é mais forte que a tendência e a força para os prevenir.

É como ir ao médico. Quando estamos com algum problema ou dor, buscamos ajuda. Sabemos onde está doendo e, se não for grave, o médico vai receitar algum medicamento ou tratamento. Caso contrário, vai pedir mais exames.

Quando queremos preservar a nossa saúde, também fazemos exames. Mas o foco da preocupação não é um problema real, mas sim um possível problema. Estamos buscando a prevenção, pois sabemos que algo identificado no início é melhor tratado e manter bons hábitos é mais importante que remediar. O que muda dessas duas situações? O foco! Um é busca de ajuda por motivo de doença. Dor. O outro é a busca de apoio para manter a saúde. Qualidade de vida. O que é melhor corrigir um problema ou evitar?

No caso de uma doença, ainda mais em tempos de pandemia, é fácil dizermos que o mais fácil é a prevenção. E, vemos que boa parte da população não faz isso, mesmo com conhecimento. De um lado está um benefício imediato e do outro uma "dor" no próprio risco de prevenir o problema. Isso gera esforço e muita força de vontade para manter a saúde. E também não é fácil, pois pensar em ações de prevenção provocam desconforto: seja de dizer não, de se afastar de pessoas, de mudar hábitos, de usar máscaras, dentre outras questões.

Isso envolve o aprendizado que direciona à percepção do risco. Independente se é com a nossa saúde, se é com a nossa casa, ou se é com a empresa. Por isso, a percepção de risco é algo muito individual, embora deva ser refletida e pensada de forma coletiva na empresa. A percepção de riscos, portanto, fala muito mais da nossa forma de encarar a realidade hoje e o nosso futuro de amanhã que ter consciência de meras questões de perigo.

Riscos na Gestão da Experiência do Cliente

Tipo de risco	Público	Fatores de riscos internos	Fatores de riscos externos
Risco de Demanda	Clientes	- Falta de estrutura para comportar a demanda - Problemas no atendimento - Espaço/acomodação de clientes - Sistema de reservas	- Outras opções de escolha - Problemas com a previsão de demanda - Preferência do cliente - Tempo de consumo - Localização
	Fornecedores	- Qualidade e conservação inadequada de produtos - Ruptura de estoque - Problemas no pedido	- Atraso na entrega - Problemas de qualidade - Ruptura de estoque
	Colaboradores	- Absenteísmo e rotatividade - Distribuição e alocação de colaboradores	- Alto volume de demanda
	Concorrentes	- Falta de capacidade para atender alta demanda	- Oferta dos concorrentes - Preço - Inovações na oferta - Eventos
Risco Competitivo	Clientes	- Nível de serviços	- Proposta de concorrentes - Reputação da marca
	Fornecedores	- Problemas nas negociações - Pressões para compra	- Vazamento de informações para outros estabelecimento - Problemas de qualidade - Priorização de outros restaurantes para a entrega
	Colaboradores	- Processos e costumes de outros estabelecimentos	- Busca por outros estabelecimentos ou oportunidades profissionais
	Concorrentes	- Falta de conhecimento da atuação dos concorrentes - Visão limitada - Falta de interesse em monitorar o setor - Falta de acesso às informações	- Oferta de produtos e serviços que satisfaçam melhor os clientes - Reputação / marca - Comparação
Risco de Competência	Clientes	- Problemas na acomodação de clientes - Problemas na comunicação	- Falha na comunicação para reservas e para atendimento
	Fornecedores	- Desconhecimento de normas do contrato - Seleção de fornecedores - Falta de comunicação	- Problemas na qualidade - Problemas nas negociações - Problemas no transporte - Dificuldade de acordo
	Colaboradores	- Falta de comunicação entre a equipe e na execução de processos - Problemas na compreensão de clientes ou de tarefas - Clima organizacional	- Problemas na comunicação com fornecedores e clientes
	Concorrentes	-	- Comparação de produtos e de serviços - Inovação nos serviços e nos produtos

Quadro 5: *Exemplo de Identificação de Riscos*

Riscos de demanda

O risco de demanda trata-se da incapacidade de a empresa não suportar com uma demanda superior ou inferior da prevista. Refere-se ao processo pelo qual o mercado não está disposto a aceitar a proposta de valor oferecida pela empresa, ocasionando baixa procura, ou que essa demanda se torne superior à esperada e à suportada, podendo afetar a qualidade proposta.

Os problemas relacionados à demanda são decorrentes a falhas que podem ocorrer em toda a cadeia do processo produtivo e referentes aos relacionamentos internos e externos mantidos entre a empresa e seus públicos de interesse, afetando consequentemente o atendimento de clientes de forma satisfatória. Os principais problemas relacionados à demanda são:

- Oferta dos concorrentes
- Preço
- Problemas com a previsão de demanda
- Mix e quantidade de produtos ou serviços ofertados servidos
- Absenteísmo e rotatividade de colaboradores
- Atrasos na entrega
- Problemas de qualidade
- Ruptura de estoque
- Qualidade e conservação inadequada de produtos
- Reputação da empresa
- Outras opções de escolha
- Falta de estrutura para comportar a demanda
- Problemas no atendimento
- Espaço para acomodação e circulação de clientes

Riscos Competitivos

Os riscos competitivos tratam-se de riscos externos à empresa relacionados à incapacidade da empresa apresentar diferenciais diante da concorrência. No entanto, estes riscos estão intimamente associados ao risco de demanda. A incapacidade de administrar o risco de demanda provoca na empresa o risco competitivo por permitir a busca de benefícios esperados pela empresa nos concorrentes.

O maior fator de risco para o surgimento de riscos competitivos é a ausência de contato e de observação nas estratégias dos concorrentes. A falta de conhecimento e interação do negócio quanto à atuação dos concorrentes deixa a empresa em uma situação de risco por não saber ou não ter tempo hábil para agir no caso de ameaça iminente no setor.

Além disso, um outro fator de risco competitivo deve ser relacionado às interações e negociações com fornecedores. Um dos principais riscos associados a problemas com fornecedores é falta de troca de informações e problemas em contratos, formais ou informais.

Riscos de competência

A competência da empresa são as atividades interligadas que visam atingir a um determinado objetivo. Trata-se do conjunto de processos realizados e relações criadas para atender bem os clientes. O risco de competência está relacionado ao fato de a empresa não apresentar estratégias que permeiam suas competências centrais, neste caso pensando na Experiência do Cliente, a formação de bons relacionamentos, prejudicando consequentemente atingir os objetivos almejados.

A esse respeito, observa-se que os riscos de competências residem em problemas internos que prejudicam a criação de comprometimento e da confiança necessária para realizar interações benéficas entre as partes, como no caso, entre colaboradores e/ou setores entre si. Tratam-se de problemas associados à má utilização dos recursos, falta de engajamento por parte da equipe e, principalmente, ocasionado pela falta de comunicação ou pela comunicação ineficaz entre os membros da equipe. Além disso, o risco de competência está diretamente relacionado a problemas na transferência de valores e de comportamentos ideais para propiciar atitudes dos colaboradores para perseguir os objetivos da empresa de forma conjunta com seus próprios objetivos profissionais.

Questões para reflexão:

1. Como é sua relação participar com a percepção de risco? Se fosse para você analisar o seu perfil de aversão ao risco, você se considera para cauteloso ou arriscado? Por quê?

2. Sua empresa foca mais na correção ou na prevenção de problemas? Por quê?

3. Quais são e como você analisa os riscos das Estratégias para a Gestão da Experiência do Cliente em seu negócio?

4. O que você faz hoje para evitar riscos das estratégias?

Quer aprender a mensurar riscos estratégicos?

Acesse esse QRCode e confira o artigo sobre uma parte integrante e antecedente à metodologia HappyTrack.

28. Mensure a qualidade das Estratégias para a Gestão da Experiência do Cliente

Precisamos entender o lado estratégico da Gestão da Experiência do Cliente. Além de pensarmos no que a empresa deve fazer para o cliente sentir, temos que rever as bases dessa filosofia na empresa para sustentar a sua oferta para o cliente.

As estratégias para a Gestão da Experiência do Cliente estão embasadas no conceito de Relacionamento Superior, que trata da formação e dos resultados obtidos por meio das interações empresariais capazes de agregar valor de forma mais notável que os concorrentes.

Relacionamento Superior é a estratégia competitiva baseada na capacidade da empresa em agregar singularidade às interações, diferenciais competitivos e sustentabilidade às estratégias que promove de contato com seus clientes, conforme vimos no capítulo 9

Pensar na filosofia de gestão que leva à Experiência do Cliente é pensar em como construir uma estrutura estratégica de dentro para fora da empresa. É pensar na empresa como uma cadeia de processos para atender a necessidade de pequenas soluções a cada momento, e assim garantir uma excelência no final. Os setores são interligados e as pessoas dentro e fora desse sistema também. Nada acontece de forma isolada. Pensar em clientes internos e externos permite o foco na qualidade do processo e não somente de pontos específicos para o cliente. Isso faz com que a empresa possa estar alinhada em todas as suas estratégias. Do começo ao fim. Por isso, na filosofia do Relacionamento Superior, a Experiência do Cliente começa onde termina a Experiência do Colaborador.

No entanto, até agora vimos o que é o Relacionamento Superior e não como efetivá-lo na empresa. O Relacionamento Superior é formado a partir da criação de mecanismos de controle estratégico de riscos e da aprendizagem organizacional, que permite monitorar a implementação das estratégias para garantir a efetividade das ações e evitar prejuízos para a empresa nas interações com seus clientes. O resultado final é o aumento da qualidade percebida, da confiança, da satisfação e do engajamento de clientes, propiciando melhor desempenho frente à concorrência.

Mas, muitos estudos ainda se preocupam apenas com o resultado das interações com os clientes como a satisfação, a fidelização e o engajamento quando falamos de relacionamento. De outro lado, estudos voltados às áreas da psicologia se preocupam com os fatores que influenciam a predisposição à formação de interações. Poucos estudos retratam sobre a qualidade das interações em si fazendo a relação com esses fatores. E por isso, surge o método HappyTrack.

O **método HappyTrack**, como já vimos, trata da Experiência do Cliente de forma inovadora como um processo de criação de valor cíclico: o **Ciclo da Experiência do Cliente** (como já vimos no capítulo 12). Mais que uma representação do processo de definição de estratégias para a Gestão da Experiência do Cliente, o método permite diagnosticar a qualidade das estratégias e planejar ações eficazes, de modo simples, mas completo.

Que metodologia utilizar para mensurar a qualidade das estratégias?

Dentre as principais metodologias utilizadas para analisar a Gestão da Experiência do Cliente nas empresas estão: a consultoria, o cliente oculto, as pesquisas de mercado, as pesquisas de satisfação e a auditoria.

Em consultorias, é utilizada a percepção apenas do profissional. Na maioria das vezes, de forma desestruturada e com base nos conhecimentos gerais adquiridos e experiência profissional, são feitas análises qualitativas e baseadas em tendências. Por isso, nem sempre esse formato de trabalho oferece segurança nos resultados.

Já a metodologia de cliente oculto utiliza da **percepção de um cliente normal** para verificar alguns itens da empresa. Verifica-se o cumprimento de alguns itens fundamentais, tendo os principais itens analisados como: produto, serviços, ambiente, e formas de atendimento. Os questionários são estruturados geralmente em check-lists simples e você verifica o cumprimento de itens. No entanto, **o que é verificado é visto de forma superficial e parcial**. Ou seja, há julgamento desse cliente oculto com base em suas preferências, padrões de qualidade e experiências passadas.

Em pesquisas de mercado, diversas questões podem ser trabalhadas. Com elas, podemos identificar algumas expectativas, padrões de comportamento, preferências dentre outras variáveis que permitem analisar de forma criteriosa como o cliente se comporta e se relaciona com as marcas. No entanto, pesquisas de mercado para gestão de experiências, embora necessárias para todo e qualquer projeto na área, podem ser um pouco limitadas, pois dificultam o acesso a emoções e avaliações de percepções pontuais pelas próprias condições de realização dos estudos, o que pode interferir nos resultados.

As pesquisas de satisfação têm um ponto limitante maior que todas as que citamos até aqui. As pesquisas de satisfação mensuram resultado de todo um processo, desconsiderando o processo em si. E já vimos nos capítulos anteriores o quanto pode ser prejudicial pensar apenas em satisfação do cliente, tendo em vista a amplitude da verdadeira Experiência do Cliente.

Já em uma auditoria, embora também avalie itens de produto, serviços, ambiente e atendimento como no cliente oculto, é necessário conhecimento técnico e experiência para ter embasamento para responder escalas mais rigorosas.

Uma auditoria é **realizada apenas por profissionais altamente qualificados**. Analisa questões com **maior profundidade e com base em conhecimentos extremamente técnicos**. Por isso, a **auditoria é imparcial.** Ou seja, não é a percepção do auditor ou dos auditores que conta. O que conta é se a empresa está executando a atividade corretamente conforme preceitos e questões técnicas necessárias para atingir os seus objetivos.

Auditoria é a verificação de tudo o que a empresa está realizando em suas **estratégias** e se elas estão realmente adequadas para desencadear as **respostas desejadas** do público-alvo da empresa. Não é uma atividade voltada apenas para identificar se a empresa está realizando algo, mas para saber qual é o nível de eficácia possível de suas estratégias para antecipar erros e evitar problemas operacionais, inconsistência na percepção de clientes e prejuízos financeiros.

Por isso, o que recomendamos para analisar a Gestão da Experiência do Cliente em uma empresa, conforme os princípios que tratamos aqui do Relacionamento Superior, é com o uso de escalas rigorosos de auditoria, que envolvam questões estratégicas da empresa e avalie a sua influência nas possíveis reações de clientes.

A estratégia é cíclica, mas as ações são em vale!

Uma questão importante que devemos nos atentar é como cada empresa pensa e cria o seu Ciclo de Gestão da Experiência do Cliente. Esse, apesar de continuar um processo cíclico, no âmbito da criação de estratégias, deve ser pensado em intervalos intercalados entre ações de um processo de atrair a atenção do cliente e ações de um processo de promover a interação. Ou seja, trata-se de uma escala que observa estímulos que atraiam a atenção e estímulos que gerem uma ação.

Para observar esse fenômeno, adicionei ao Ciclo da Experiência do Cliente duas subdivisões de relacionamento do cliente com a estratégia da empresa: os pontos de atenção e os pontos de interação. Pontos de atenção são as estratégias relacionadas ao branding e posicionamento da marca, ambientes digital e físico da empresa, processos internos e perfil da equipe, além dos programas de relacionamento com clientes. Já os pontos de interação são estratégias relacionadas às ações de comunicação institucional, comunicação digital, atendimento, pós-venda e recompensas ou premiações à clientes fiéis.

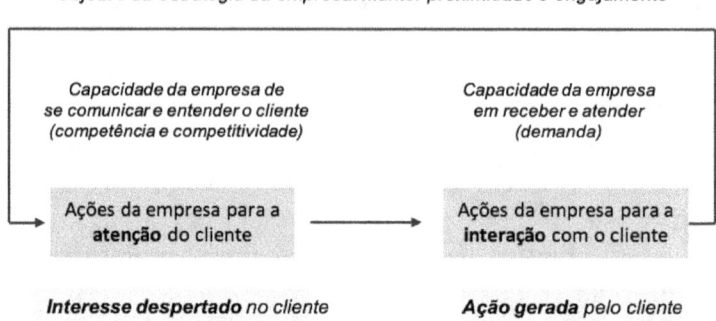

Figura 38: Formação da proximidade e engajamento do cliente

Considerando as estratégias para a Gestão da Experiência do Cliente, podemos traçar o perfil da empresa, conforme o modo pela qual a empresa é capaz de criar ações que engajem o cliente na sua jornada de compra de acordo om o alinhamento de ações que propiciem a atenção e a interação de forma alternada. Para isso, consideramos os eixos extremos de uma estrela de cinco pontas. O estilo da análise continua cíclico, no entanto, consideramos os pontos macros do processo antes, durante e após a compra sendo que:

- Os pontos côncavos da estrela representam os pontos de atenção, onde o cliente deve se sentir atraído pela estratégia.
- Os pontos convexos são referentes às estratégias de interação com o cliente, onde o cliente promove uma ação em direção à empresa.

Assim, observamos a sequência que permite a criação de uma experiência memorável para o cliente, considerando que para ter o seu engajamento, ele deve ter atenção a algo que provoque alguma ação decorrente deste estímulo. Trata-se de uma forma de analisar a sequência de estímulos que permitem garantir o engajamento contínuo do cliente, por promover a relação entre atenção e interação, deixando o processo dinâmico e envolvente para o cliente.

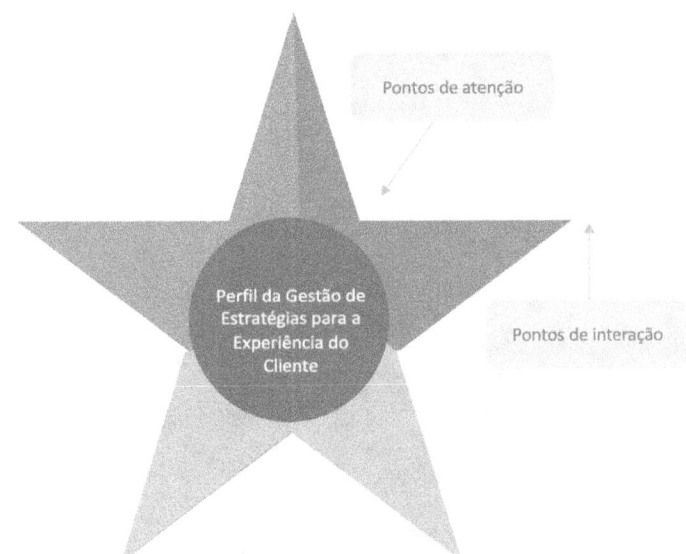

Figura 39: Pontos de atenção e interação para diagnosticar perfil da Gestão de Estratégias para a Experiência do Cliente

A questão de se pensar em estabelecer as estratégias conforme o nível de estímulos adequados entre atenção e interação é que isso permite identificar como suscitar o efeito necessário para reter o cliente na jornada de compra proposta pela empresa.

Quando pensamos em linearidade, como no Ciclo da Experiência, vemos o processo como um todo e colocamos as estratégias no mesmo patamar. Isso acontece na perspectiva de equilíbrio e alinhamento da qualidade das ações da empresa.

Já quando vemos a questão da efetividade, devemos entrar em questões relacionadas às teorias da psicologia do consumo e associar os padrões de comportamento esperados pela empresa naquele momento, a fim de verificar se as ações condizem com os efeitos possíveis gerados pelos estímulos propostos. Assim, avaliar a qualidade das estratégias em vales, trazendo a relação entre picos e depressões, permite orientar o pensamento estratégico para obter a eficácia esperada no engajamento do cliente na experiência proporcionada pela empresa.

Figura 40: *Método de identificação do perfil da Gestão de Estratégias para a Experiência do Cliente - HappyTrack*

Para mensurar a qualidade desses estímulos podem ser utilizadas escalas de likert, invertendo a polaridade de sinais entre os pontos de atenção e interação. Com base nos resultados, quanto mais perfeita é a estrela, melhor será a Gestão da Experiência do Cliente promovida na empresa. Caso a figura da estrela não seja formada no gráfico, a empresa precisa redirecionar esforços nos pontos com menor avaliação, ou maior risco estratégico.

Método HappyTrack

O **Método HappyTrack** surge para suprir a necessidade de calcular a qualidade e o desempenho das estratégias que permitem captar a atenção e a sua relação com as estratégias que permitem promover a interação. O objetivo é ter uma estratégia alinhada na empresa e que permita obter mais proximidade com os clientes, estabelecer um posicionamento de marca adequado, e consequentemente, identificar onde investir para melhorar ações e trazer mais resultados financeiros para o negócio.

A partir de uma escala de mais de 150 itens que envolvem todos os pontos estratégicos do Ciclo da Experiência do Cliente, as estratégias das empresas são avaliadas diante de sua capacidade a produzir a atenção e promover interações de valor aos clientes. Com os resultados, um score é revelado, o score HappyTrack.

A partir do score HappyTrack é possível identificar o desempenho de cada estratégia do Ciclo da Experiência do Cliente e eleger prioridades de ação em uma matriz que permite estabelecer a comparação e o posicionamento da empresa em relação ao desempenho de suas estratégias de atratividade e interatividade com os clientes. Como resultado, podemos identificar 4 estilos de comportamento das empresas. Essa classificação envolve os seguintes perfis de experiência promovida pelas empresas:

Empresas Inertes:

Empresas que tem baixo desempenho nas estratégias de atenção e baixo desempenho nas estratégias de interação com clientes. São empresas que se preocupam mais com a venda de produtos e serviços e não com o bem-estar e satisfação dos clientes como resultado prioritário do negócio. Estão em busca de diferencial competitivo, pois não tem ainda um valor claro em sua proposta para o cliente.

Empresas Interativas:

Empresas que tem baixo desempenho nas estratégias de atenção e alto desempenho nas estratégias de interação com clientes. São empresas que são preocupadas em manter canais de contato eficientes e estratégias de relacionamento consistentes com o posicionamento da marca. Preocupam-se principalmente em atender bem o cliente e possuem estratégias de marketing menos agressivas. São empresas preocupadas com o atendimento e com o relacionamento com o cliente.

Empresas Atrativas:

Empresas que tem alto desempenho nas estratégias de atenção e baixo desempenho nas estratégias de interação com clientes. São empresas que se preocupam em captar clientes pela comunicação. Possuem senso estético, criatividade e prezam pela harmonização de artes gráficas assim como de ambientes digitais e físicos da empresa. São empresas que priorizam o visual e gostam de estar à frente em ações de marketing. Geralmente possuem um posicionamento e diferencial competitivo claros para o cliente.

Empresas Imersivas:

Empresas que tem alto desempenho nas estratégias de atenção e alto desempenho nas estratégias de interação com clientes. São empresas que possuem o Relacionamento Superior com o cliente. Se preocupam com o alinhamento de estratégias, buscam encantar o cliente proporcionando uma experiência completa e que engaje o cliente do início ao fim do processo. Prezam pela qualidade e excelência e não poupam esforços para proporcionar ao cliente momentos memoráveis em contato com a empresa.

Avaliar o modo como a empresa cria suas estratégias, aliando seu perfil competitivo e a qualidade das estratégias planejadas, permite propor melhorias e adequações mais assertivas ao processo de implementação de estratégias. É importante ressaltar que o método prioriza ação de modo proativo e preventivo, não orientando as ações da empresa apenas por tentativas e correção de erros e falhas já observados pelos clientes.

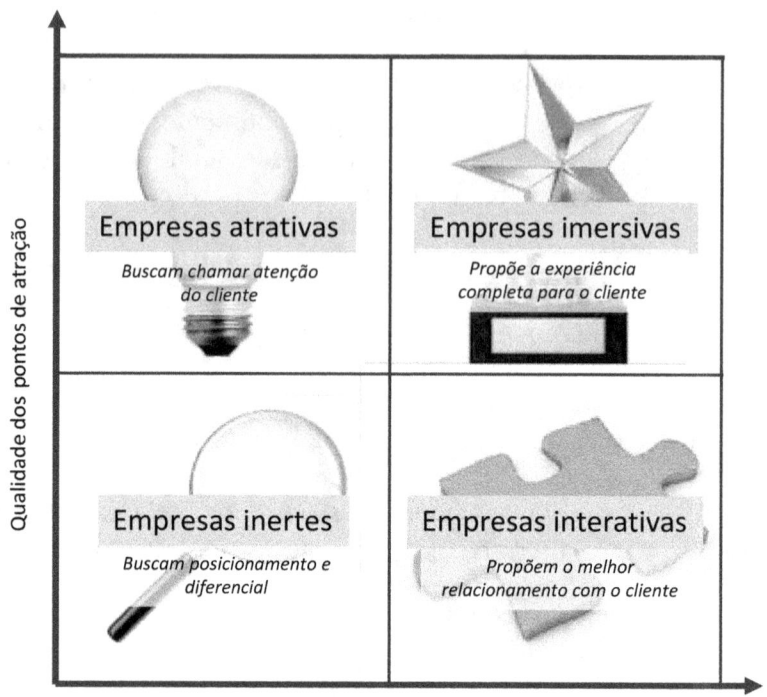

Figura 41: Matriz HappyTrack

Na Gestão da Experiência do Cliente, a partir do momento que corrigimos falhas, significa que algo já saiu errado, o cliente já percebeu e isso já pode ter prejudicado a imagem da empresa e o relacionamento com o cliente. Portanto, querer ter a melhor Gestão da Experiência do Cliente na empresa é acompanhar a implementação de estratégias e permitir a prevenção de perigos.

Questões para reflexão:

1. Pense nas estratégias de Gestão da Experiência do Cliente em sua empresa. Agora, a partir disso, como seria o ciclo de criação de suas estratégias?

2. Como você promove ações de atenção e interação na sua empresa? Como você controla a qualidade e a efetividade das estratégias?

3. Considerando a metodologia HappyTrack, qual é o perfil de sua empresa?

Faça um diagnóstico!

Faça aqui seu diagnóstico de Estratégias para a Gestão da Experiência do Cliente conforme o método HappyTrack e descubra os gaps de suas estratégias e o perfil de gestão da sua empresa.

Acesse o QR Code e faça já o seu Diagnóstico pelo nosso sistema de auditoria.

29.
Crie seu projeto!

Depois de identificar a jornada de compra do seu cliente e as oportunidades de melhorias nas ações que sua empresa faz, é hora de elaborar os meios para otimizar resultados com um projeto prático e eficaz para a Gestão da Experiência do Cliente. Para projetar Estratégias para a Gestão da Experiência do Cliente vamos seguir as seguintes premissas:

- Você já conhece muito bem as suas personas;
- Você já avaliou as ações realizadas por sua empresa.

A partir disso, vamos guiar o seu pensamento estratégico na seguinte direção:

1. Pense no que seu cliente espera em cada etapa de sua jornada de compra
2. Pense qual é o objetivo de sua empresa e o que ela deve entregar em cada etapa do Ciclo da Experiência do Cliente, considerando o que está de errado com as ações de sua empresa e quais são suas prioridades para melhorias – observadas a partir do resultado do diagnostico das estratégias
3. Pense em como viabilizar melhorias que permitam

As etapas a serem refletidas para estruturar o plano de ação HappyTrack evoluem em um formato de círculo, em sentido horário, iniciando sempre suas reflexões de dentro para fora. Na primeira etapa, deve-se refletir sobre o processo de decisão de compra de seu cliente e suas expectativas. O objetivo é responder: **O que seu cliente busca como experiência em cada ponto de contato?**

A partir de pesquisas realizadas com seus clientes você será capaz de responder qual é a expectativa dele em cada um dos momentos vivenciados durante sua jornada de compra. Tente identificar suas **percepções, sensações e emoções buscadas pelos clientes.** É preciso refletir sobre o que ele busca antes, durante e depois da compra. Para isso, observe seus clientes, converse com alguns deles, aplique pesquisas periodicamente e mantenha sempre atualizada esta etapa do ciclo. Lembre-se sempre que a jornada do cliente não é estática pois seu comportamento, desejos e fases da vida também não são.

Na segunda etapa do processo de planejamento de Estratégias para a Gestão da Experiência do Cliente, analise o que a sua empresa faz e o que ela deveria propor para oferecer a experiência esperada pelo cliente. Lembre-se que cada ação realizada tem o objetivo de ser revertida em uma percepção e uma ação para o cliente, conforme vimos no capítulo anterior.

Não são apenas ações bonitas que causam resultados. Não são apenas as ações pontuais de atendimento que melhoram relacionamento. Você deve pensar em ter uma coerência e sinergia dessas estratégias em todo o processo de compra do seu cliente. Se existir desequilíbrios em que há estratégias melhores em algum ponto e estratégias fracas em outros, você corre o risco de fazer a expectativa do cliente não ser atendida em momentos subsequentes da compra e isso pode gerar um risco de insatisfação já que o cliente pode não receber o que imaginou ou ter a sensação e emoção que esperava ter.

O resultado disso é a possibilidade de ele levar outros concorrentes para a comparação com sua empresa e você perder uma nova venda ou mesmo um cliente já fiel. Equilíbrio nas estratégias em termos de ação e reação do cliente é a melhor opção para ter bons resultados. Isso garante a coerência e a consistência entre a oferta e a procura. Por isso, é melhor simplicidade garantida que muitos "fluflus" insustentáveis, quando se deseja criar projetos eficazes.

E, por fim, a última etapa para criar estratégias de Gestão da Experiência do Cliente com o método HappyTrack é pensar em como fazer. Cada etapa do processo de planejamento possui um resultado esperado do relacionamento com o cliente. Antes da compra, espera-se aumentar a lembrança da marca e se destacar nas comparações com concorrentes. Durante a compra o resultado esperado é criar confiança, oferecer conformidade e encantar pela empatia. Depois da compra, o resultado deve ser incentivar o relacionamento e criar e manter um engajamento com o cliente. Então, o que fazer em cada um desses momentos para ter esses resultados no seu negócio?

Para te ajudar a pensar nesses pontos, você tem a opção de conhecer o Mapa de Planejamento da Experiência do Cliente HappyTrack. Nele você pode criar projetos de forma rápida, prática e ordenada, auxiliando um processo de cocriação entre você e os membros de sua equipe, de forma bem visual para facilitar ações e modificações conforme a agilidade que a empresa precisa para garantir o aprendizado da empresa e a melhoria continua da sua entrega para o cliente.

Vamos trabalhar juntos no seu projeto?

Acesse o QR Code para você ter acesso a nossa plataforma que te guiará na criação de seu planejamento. Acompanhe o conteúdo interativo disponibilizado e faça o download do nosso modelo de mapa estratégico HappyTrack.

HappyTrack®

Vamos planejar a Experiência de seus Clientes?

_Passo 1.

O que seu cliente busca?
(círculo interno)

*Agora você deverá resgatar a sua persona para conduzir essa atividade.
Insira palavras-chaves que caracterizam as sensações, emoções e detalhes buscados por essa persona (que é a representação de seus clientes).
Para chegar nessas emoções reflita:
- Como interagem?
- Do que gostam em cada ponto:
- Com o que se encantam?
O que é ou seria algo memorável para seus clientes?*

_Passo 2.

Qual é ou são o(s) objetivo(s) da experiência do cliente neste momento do contato?
(círculo intermediário)

*Após ter recebido o seu diagnóstico ficou mais fácil você estabelecer o que deve melhorar e onde deve priorizar. Mas, antes de mais nada, precisamos definir por que seu cliente precisa ter uma experiência de qualidade em cada um dos pontos de contato com a empresa?
Descreva em cada um dos 14 momentos do ciclo da Experiência do Cliente o que se pretende nesse contato com o cliente.
- O que sua marca quer ou precisa transmitir?
- Como o cliente deve se sentir?
- Como ele vai se aproximar mais, ter mais atenção ou querer interagir mais com sua empresa?
Todos os objetivos devem ser em **formato de ação** (iniciando por um verbo e expressando o que o **cliente espera**).*

_Passo 3.

O que deve ser criado ou melhorado?
(lado externo)

Reflita e descreva o que sua empresa poderia ou deveria fazer para transmitir o que seus clientes gostariam de receber e o que poderia se destacar frente aos seus concorrentes.

**Lembre-se que você deve descrever o que fazer e não o como fazer !

Pensar em pontos-chaves facilita ter mais criatividade e enxergar outras alternativas para resolver um mesmo problema.

6. Incentive o Relacionamento!
Objetivos das Pesquisas
Objeti
Pagamento e e
5. Tenha

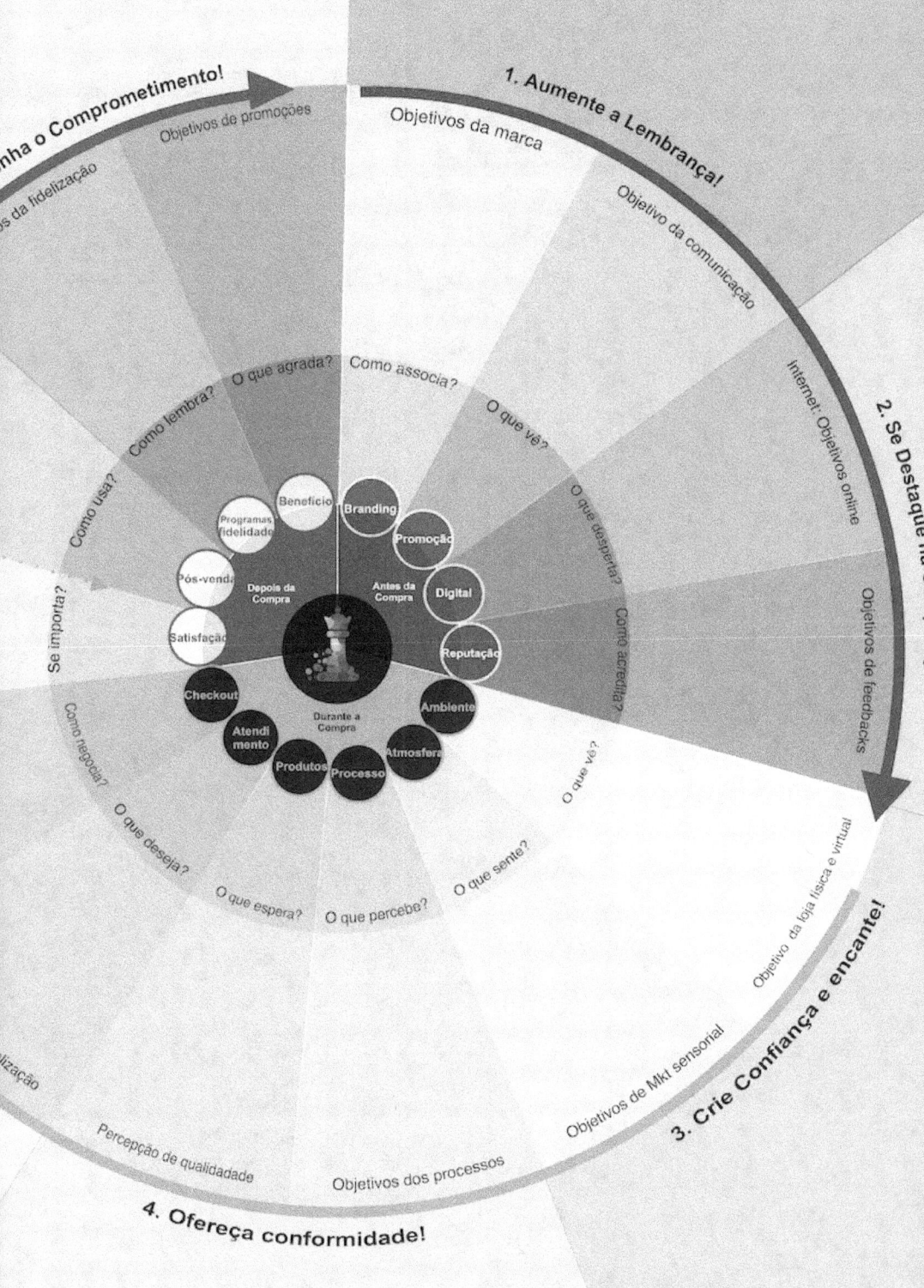

30. Evite problemas na Experiência do Cliente

Você sabia que um dos maiores problemas que levam à quebra de negócios é a falta de informação sobre o mercado? As estratégias podem fracassar pela falta de objetividade para uma tomada de decisão realmente eficaz. Mas, para isso temos duas opções. Uma delas é contar com a experiência e com o que vemos ao nosso redor. A outra, é ter acesso a informações sobre o mercado.

Enquanto a experiência é baseada na intuição e na percepção de cada um, a informação é mais sensata e coerente, pois é baseada em dados concretos e em pesquisas, fornecendo o apoio fundamental sobre o que se quer decidir. Sabe aquele momento crítico em que surge um problema de atendimento em sua empresa, ou você quer implantar um novo sistema ou produto, ou mesmo melhorar alguns pontos que se julga necessário, mas você está com dúvidas do que e de como fazer? A primeira coisa que geralmente fazemos é questionar outras pessoas sobre a situação. Consultamos nossos pares ou pessoas mais experientes que nós em busca de... conselhos, sugestões, opiniões. Mas, um conselho, uma sugestão ou uma opinião é baseada na realidade daquela pessoa, na situação que ela vivenciou e no que já viu. Será que realmente serve para você e para o seu negócio? Não são informações baseadas em dados e talvez não vêm de onde e do que precisamos saber. Se conselho fosse bom, a gente vendia, não é mesmo?!

Vamos pensar na seguinte situação: você tem um restaurante tradicional e bem reputado em sua região. Você quer modernizar seu negócio, pois viu que pode melhorar a rotina dos garçons, além de otimizar e organizar os pedidos na cozinha. Diante disso, você resolve colocar cardápios em formato de tablets, que possibilitam que o cliente escolha de modo mais conectado ou tecnológico e o pedido vá direto para a cozinha. O seu cliente terá as informações que ele precisa dos pratos, escolhe com mais autonomia, você economiza em quantidade de garçons e agiliza os pedidos. Cada tablet vai te custar bastante dinheiro em comparação com um cardápio simples impresso. Com isso, você também terá que mudar o seu sistema na cozinha.

No entanto, é preciso considerar se seu cliente vai aceitar e se adaptar com isso. Hoje, todo mundo tem seu celular. Algumas pessoas tem tablets também. Mas, e se o seu cliente não está acostumado com o equipamento, será que ela vai saber fazer seu pedido nesse novo equipamento? Ou mesmo, será que ele vai gostar do equipamento e da distância no contato com a equipe? Pode ser que ele prefira o cardápio tradicional e o auxílio do garçom. E, com o tempo, isso pode voltar à estaca zero: menus tradicionais pela falta de adaptação de seu público ao novo equipamento.

No entanto, isso pode ser evitado. Obtendo informações sobre o comportamento de seu público no uso de aparatos eletrônicos, conhecendo se eles têm telefone ou tablets, de que tipo são, se são habituados à tecnologia, o que preferem, e com outros fatores, você saberá se essa é a melhor opção ou se outra solução pode ser dada para o caso. E, tudo isso seria resolvido com informações obtidas por meio de pesquisas. Além disso, com pesquisas, você poderá ter informações para agir em outras situações e até mesmo identificar pontos a serem realmente melhorados e que talvez você nem estava contemplando em seus planos. Ainda por cima, fazer pesquisa pode custar bem menos que o seu investimento em toda aquela mudança tecnológica que não foi bem aceita ou outra solução que possa dar errado.

Assim, um dos maiores problemas de gestão das empresas é o dono ou gestor do negócio achar que sabe tudo sobre o seu cenário e seu negócio. Engana-se quem pensa assim, pois cada realidade é única a partir do processo de aprendizado de cada um. Cada indivíduo tem a capacidade de criar uma realidade sobre as coisas a sua volta e a partir disso fazer seus julgamentos. O que o gestor gosta pode ser que o cliente não goste. E, o que ele acha certo, pode não ser tão correto ou a melhor opção também para o cliente.

Num negócio, o gestor administra sua empresa para seus clientes. Com isso, ele lidará com realidades que podem ser distintas da sua e deve entender e aceitar isso. A partir do momento em que consideramos que cada indivíduo pensa e se comporta diferente, consideramos que o entendimento dele sobre o que eu transmito não depende apenas do que eu falo, faço ou proponho no meu negócio. Depende essencialmente do que ele vê, entende e percebe. Para isso, é necessário realizar pesquisa de mercado e conhecer mais de perto sobre o seu público.

Devemos conhecer as necessidades e as preferências dos clientes para propor produtos e serviços que sejam percebidos como algo de valor por eles. Devemos conhecer os outros players do mercado para saber como agir e como posicionar a empresa. Devemos ter conhecimento da situação da empresa a partir de informações concretas, e não estabelecer julgamentos a partir dos nossos próprios critérios de avaliação sobre um determinado contexto ou problema. O sucesso só chega para quem tenta. Mas, fazer ações por tentativa e erro no mundo dos negócios pode acabar saindo bem caro, inclusive fazer uma empresa fechar suas portas.

Entretanto, toda essa falta de informações e possíveis vieses na hora de decidir estratégias ocasionam os maiores problemas para as empresas. O objetivo deve ser estar aberto ao mercado e evitar 3 grandes fatores de insatisfação de clientes:

- Baixa qualidade de atendimento, observados em risco de demanda;
- Erros no posicionamento da oferta, por questões relacionadas aos riscos competitivos; e
- Foco nas vendas e não na Experiência do Cliente, por questões inerentes a riscos de competência.

O atendimento prestado é essencial para auxiliar na percepção de qualidade do que será ofertado. Já vimos que atendimento não é e não determina a Experiência do Cliente em si, mas é um dos elementos importantes para a interação dele com a marca.

Envolvem muitas atividades e não uma simples saudação quando o cliente chega em seu negócio. Tudo é observado e avaliado pelo seu cliente quando pensamos na experiência dele e na qualidade que espera. Todos os elementos que ele vê e todas as interações que tem com sua equipe, seus equipamentos e em seu ambiente são colocados na lista mental do cliente e isso reflete na qualidade de atendimento e interação que ele deseja ter.

Esta lista mental do cliente é onde ele fará a sua ponderação entre o que esperaria receber e o que está tendo de verdade naquele momento. É uma equação entre expectativa e benefícios reais obtidos. Se a expectativa for maior que o que o cliente receber, insatisfação. Se o que o cliente recebe for maior que sua expectativa, satisfação.

No entanto, para atingir o limite ideal dessa relação entre expectativa e benefício na perspectiva do atendimento, é essencial conhecer os clientes, saber o que eles preferem, como se comportam, do que gostam, com o que comparam, pois há dois grandes perigos na hora de se estabelecer o padrão de atendimento. Um, é o fato de estabelecer níveis de qualidade mais baixos que a expectativa criada, pois gera automaticamente a insatisfação. O outro, é prometer um padrão que não se consegue cumprir, seja pela falta de adequação da equipe, volume da demanda ou questões tecnológicas.

Mas aí você se pergunta: "mas a lógica não é sempre ter um nível maior de benefícios"? Não, infelizmente aí está o grande erro. Quando se oferece algo muito acima da expectativa, você está oferecendo satisfação naquele momento. Quando o cliente voltar, ele já conhece seu patamar de atendimento e a avaliação que ele fará será "ok". Ou seja, ele não ficará insatisfeito, mas pode também não ficar satisfeito, afinal para ele aquilo se tornou normal e não superou suas expectativas.

Isso acontece, pois quando se oferece algo que supera muito a expectativa do consumidor, aquilo já é reconhecido como um novo padrão possível. Para superar novamente, você terá que oferecer benefícios ainda maiores do que já ofereceu.

Então, a questão é que você terá que ofertar sempre algo a mais ou no mínimo no mesmo padrão de qualidade que se propôs a fazer. Para isso, você terá que ter uma equipe comprometida, dedicada e motivada ao trabalho. Deverá ter também muita qualidade em tudo que fizer.

Por isso, a Experiência do Cliente deve ter um padrão e alinhamento de estratégias. Mas, a experiência não deve ser estática, principalmente no caso de produtos e serviços de compra frequente. Se uma experiência é a mesma sempre, aquilo se torna padrão para o cliente e o encantamento e superação de expectativas ficam cada vez mais difíceis.

Outra questão central que gera insatisfação e problemas para a empresa devido à percepção de clientes é a gestão e o posicionamento inadequado da oferta. Muitos empreendedores acreditam que ofertar de tudo um pouco é eficiente, já que atenderá as expectativas de todo mundo. A partir do momento em que queremos agradar a todos perdemos o foco. Nós mesmos não conseguimos agradar a todos. Nem todas as pessoas gostam até mesmo dos produtos mais populares como Coca-Cola ou canetas Bic. Nem todo mundo gosta de Mc Donald's. E, mesmo assim, esses produtos tem sucesso. Sabe por quê?

O motivo é que apesar do grande sucesso, e de parecer que são produtos "para todos" devido à acessibilidade que representam, eles têm foco em uma necessidade específica a ser satisfeita que se torna o propósito da empresa. A Coca-Cola não quer agradar a todos, mas oferece adaptações de seu produto para atingir alguns nichos específicos desse mercado que está focando, por exemplo com a Coca Diet, Light e Zero. Aqui não vamos nem entrar no mérito da empresa como um todo e de seus outros produtos.

Com a Bic é a mesma situação. Apesar de ser a marca mais conhecida e mais comercializada de canetas, nem todo mundo gosta. Nem todo mundo usa. Há variações do produto, como cores, tipos e funcionalidade das canetas, mas o público será sempre o mesmo: quem quer escrever com algo que funcione sempre e com baixo custo.

Então, não adianta querer agradar a todos. Negócios mais focados em termos de oferta conseguem ser mais rentáveis devido a facilidade de venda, controles, estoque e conhecimento do consumidor. Mais foco, vende mais.

Mas, para isso, você deve saber estimar suas vendas e dimensionar seu mercado. Saber a aceitação do seu produto de forma específica na região onde você está ou estará localizado permite adaptar a sua capacidade de entrega e adequar à comunicação.

Se você terá uma alta demanda, você também deverá ter uma grande capacidade de entrega de produtos e serviços. Exige um ambiente maior, uma equipe maior, uma agilidade maior.

Se você terá tem a perspectiva de uma demanda relativamente baixa, você deverá ter uma capacidade produtiva que acompanhe essa demanda, ou seja, menor também. E tudo isso deverá ser diretamente relacionado com a sua comunicação promocional. Para preservar a qualidade de estratégias da Experiência do Cliente, não adianta querer crescer e expandir o negócio se não há capacidade técnica e competências necessárias para suportar a demanda criada com a mesma excelência proposta.

Algumas pessoas me questionam: "por que em alguns projetos você não foca tanto na comunicação, apesar de atuar com marketing"? A minha resposta é simples. Eu só posso utilizar a comunicação de massa de algo que anda bem. Algo que tenha estimativa. Que tenha potencial para o crescimento e suporte isso com excelência. Se não houver esses elementos, a probabilidade do negócio alavancar de forma imediata e rápida é grande. Mas, a sua queda e declínio depois é muito maior também. Sabe aquela máxima de que quanto maior a altura maior o tombo? Se um negócio não relaciona a sua demanda com capacidade de atendimento e com sua comunicação, o risco é extremamente alto e a qualidade da experiência proporcionada para o cliente ficará prejudicada.

Sua estratégia de divulgação e de vendas, deve estar dimensionada de acordo com a sua capacidade de atendimento e não apenas com a receita que você quer gerar. Se você atrair mais gente que sua capacidade, você vai produzir com baixa qualidade, você vai atender mal e o seu cliente sairá insatisfeito. Isso é fato e vai contra tudo que falamos até aqui sobre a qualidade da experiência.

No universo de Gestão da Experiência do Cliente, para evitarmos erros de estratégias e problemas na percepção do cliente, tudo na empresa deve estar ajustado e alinhado para ter excelência e qualidade. Por isso, trabalhar com experiências é algo que vem de dentro para fora do negocio e é uma prioridade estratégica. Caso não exista essa prioridade, não há como ofertar a melhor Experiência. Experiências artificializadas e criadas sem alinhamento de estratégias e prioridades dos negócios tendem a não ser sustentáveis e nem trazer os resultados tão esperados, nem para os clientes, nem para a empresa.

Vamos refletir no seu negócio?

1. Considerando a atuação de seu negócio hoje, qual é o maior risco do seu negócio hoje e maior empecilho para ter um aumento considerável do faturamento e crescer no seu mercado?

2. Seu negócio está realmente preparado para manter um bom nível de serviço e de qualidade dos produtos e garantir a Experiência do Cliente com esse aumento nas vendas?

3. O que você, como gestor, deveria fazer para evitar todo e qualquer risco que prejudique a experiência de seu cliente no crescimento do negócio? Você está preparado(a) para isso?

31.
Por que você terá bons resultados pensando assim?

     O processo que apresentei aqui para você permite a formação de trocas relacionais entre a empresa e seus públicos de interesse, denominadas de "Relacionamento Superior", aspecto que fundamenta a criação de estratégias direcionadas à Gestão da Experiência do Cliente. Os aspectos abordados foram as características pessoais, profissionais e organizacionais que influenciam os tipos de relacionamentos existentes e, que permitem a formação e a manutenção de relacionamentos como forma de obter uma fonte de vantagem competitiva sustentável para as empresas.

     O Relacionamento Superior assegura a competitividade da empresa, na medida em que propicia adaptação às mudanças de preferências e de objetivos de clientes, de fornecedores, de colaboradores e de concorrentes. A competitividade, assim, é vista como proveniente de um processo cíclico que se reforça a cada nova estratégia de colaboração traçada com os públicos de interesse da empresa. Isso possibilita maior agilidade de adaptação e evita que a experiência promovida seja algo estático. Toda experiência de qualidade deve ser dinâmica, acompanhar a evolução do mercado e promover o encantamento sempre, principalmente em empreendimentos que trabalham em cadeias produtivas, e que abordam um aspecto da coprodução e de imediatismo na prestação de serviços.

As empresas podem garantir um Relacionamento Superior com seus públicos por meio da configuração e de um modelo de negócios que permita a interação de forma harmoniosa com todas as partes do negócio. A esse respeito, a orientação e a configuração do negócio, em termos de estrutura organizacional, são observadas como decorrentes de um ambiente de trabalho que fornece um clima propício para a realização de trocas de recursos e de informações. Ou seja, a forma de se comunicar se torna de extrema importância e permite criar vantagem nos relacionamentos.

A coordenação efetiva e o compartilhamento de informações podem se tornar uma fonte de vantagem competitiva, pois a comunicação promove a integração entre as diversas áreas e pessoas na empresa. Portanto, as características pessoais do gestor, como traços relacionados à cultura e suas experiências anteriores, contaminam o clima organizacional, por meio da criação de um padrão e de uma forma de controle sustentadas na sua filosofia gerencial. Isso faz com que a estrutura da empresa se transforme em um condutor de informações, que une recursos humanos, materiais e processos de forma harmonizada. No Relacionamento Superior essas questões agregam valor adicional às interações e permitem o direcionamento de estratégias de modo adequado para ter o foco no cliente.

Além disso, considerando as Estratégias para a Gestão da Experiência do Cliente embasadas no Relacionamento Superior da empresa, podemos destacar as seguintes características:

- **Liderança e participação efetiva do gestor** nos processos colaborativos: para permitir a motivação dos públicos de interesse;
- **Estrutura organizacional horizontalizada**: favorece a proximidade entre os setores e os processos organizacionais, por meio da comunicação;
- **Singularidade nas interações:** devido às características pessoais e profissionais que os gestores transmitem ao negócio, que asseguram a proximidade, a confiança e o comprometimento nos relacionamentos;
- **Proposição de diferenciais**: que viabilizam a obtenção de recursos e capacidades distintas da concorrência devido à criação de laços estreitos entre a empresa e cada um de seus públicos de interesse, como bom atendimento, garantias de qualidade, cumprimento de prazos e normas, preferência na escolha da empresa, e criação de atividades que visem melhor experiência de consumo; e
- **Sustentabilidade**: formação de laços de confiança e comprometimento, com objetivos conjuntos, para que sejam duradouros ao longo do tempo.

A sustentabilidade do valor superior e do melhor desempenho se convergem na cultura empresarial. A maneira pela qual o gestor vê e reage ao seu ambiente auxilia na criação de sistemas eficazes para criar e manter relações estratégicas com os públicos. Isso permite maior competitividade no seu ambiente, por estarem fundamentadas em fatores relacionados aos aspectos pessoais do gestor, gerando ainda mais singularidade para as interações.

Além disso, quando fundamentamos a Gestão da Experiência do Cliente no Relacionamento Superior, ela é capaz de gerar altos níveis de desempenho para a empresa, de forma contínua, pois gera uma proposta de valor diferenciada ao negócio à medida que ele se torna um ativo necessário para as empresas devido ao aspecto relacionado à coprodução, como se a empresa fosse uma cadeia de processos interativos entre si. Assim, a proposta de valor criada é focada em cada público de interesse, conforme citados abaixo, acrescentando resultados acima dos níveis percebidos no mercado:

- Para os clientes o foco é proporcionar a melhor experiência de consumo.
- Para os fornecedores o foco é propor a melhoria contínua das empresas envolvidas como num processo de colaboração.
- Para os colaboradores o foco é criar um bom clima de trabalho voltado à estabilidade e à motivação.
- Diante dos Concorrentes o foco é acrescentar singularidade e diferenciais competitivos.

Pensar na Gestão da Experiência do Cliente com base na filosofia do Relacionamento Superior trata-se, portanto, da estratégia que aborda a capacidade de adaptação às constantes mudanças de seus públicos e às mudanças ambientais, de forma que esteja sempre à frente no seu setor. O resultado é maior importância e atração na criação de relacionamentos entre a empresa e seus públicos, maior fidelidade e valorização do negócio, melhor clima nos processos de trabalho e nas negociações, o que garante maior comprometimento. Além disso, é possível obter melhora da imagem e da reputação empresarial, devido à percepção de qualidade nos produtos e serviços, ganhos de motivação para o trabalho e preferência na entrega de produtos e a maior diferenciação e percepção da relação custo/benefício, devido à singularidade e à proximidade das interações.

Por isso, o conceito que pode ser obtido para o desenvolvimento do Relacionamento Superior nos negócios a fim de embasar o boa Gestão da Experiência do Cliente é:

> **Relacionamento Superior** é a estratégia competitiva baseada na capacidade dinâmica da empresa, que permite agregar singularidade às interações, diferenciais competitivos e sustentabilidade às estratégias relacionais. O Relacionamento Superior é formado a partir da criação de mecanismos de controle estratégico de riscos e da aprendizagem organizacional, que reforça os processos colaborativos. O resultado final é o aumento do comprometimento entre a empresa e seus públicos, principalmente para na perspectiva da Experiência do Cliente e melhor desempenho frente à concorrência.

Assim, a Experiência do Cliente que não é fundamentada no Relacionamento Superior pode ser vista a partir das seguintes características:

- Não possuem a participação efetiva do gestor;
- Há ausência de uma liderança comprometida em cada tipo de relacionamento estabelecido;
- Possuem uma estrutura organizacional que não permite a aproximação entre equipes, dificultando o acesso aos altos escalões e às informações para evitar e resolver problemas;
- Não criam a proximidade adequada entre a empresa e seus públicos de interesse, dificultando a comunicação espontânea entre as partes;
- Não apresentam métodos de controle dos resultados de cada ação estratégica voltada à manutenção dos relacionamentos;
- Não asseguram o controle de riscos das estratégias de relacionamento ou não possuem a percepção de riscos destas estratégias para prevenir problemas;

- Há padrões artificializados de cultura centrada no cliente, pois não ha influência das características pessoais e profissionais que os gestores no negócio ou na relação com os parceiros, dificultando a proximidade, a criação de laços de confiança e o comprometimento entre as partes;
- Não possuem a obtenção de diferenciais e de vantagens diante da concorrência provenientes dos relacionamentos estabelecidos;
- São estratégias que não são duradouras e sustentáveis no negócio.

CONTRIBUIÇÕES

Devido à complexidade e à pluralidade de temas envolvidos para amarrar e fundamentar os conceitos de Relacionamento Superior e Gestão da Experiência do Cliente de forma completa como vimos aqui, este livro contribui para a criação de um pensamento cíclico sobre as características precedentes à formação de relacionamentos e sobre os resultados obtidos na formação e na manutenção deles. É importante salientar que tal processo é visto sob o ponto de vista do gestor e também da empresa como um todo, o que aproxima mais o plano teórico e prático da construção de uma cultura centrada no cliente antes de pensar em externalizar estratégias como na perspectiva mercadológica.

A partir dos temas abordados neste livro, e decorrentes da tesa da autora, algumas evidências gerenciais podem ser destacadas para formulação de estratégias de relacionamento mais eficazes. Enquanto na teoria fala-se muito acerca das características do comportamento organizacional nos relacionamentos, aqui vemos uma abordagem que envolve questões individuais. O principal objetivo é permitir a criação e a manutenção dos relacionamentos empresariais com base no principio fundamental das interações: os indivíduos.

Nessa perspectiva sugere-se que competências gerenciais sejam desenvolvidas, antes de pensar na criação de Estratégias para a Gestão da Experiência do Cliente, pois recomenda-se que o gestor:

- Desenvolva capacidades individuais de interações, por meio da valorização de cada relação estabelecida e do alto grau de importância dado à forma de comunicação, permitindo aproximar os públicos de interesse da empresa e garantir o aumento da confiança.

- Apresente traços de liderança em sua personalidade, por sua capacidade de exercer influência sobre comportamentos e de motivar a equipe ao trabalho, garantindo assim, uma participação ativa nas atividades e nos processos empresariais.
- Saiba selecionar seus parceiros, por meio da análise de valores e de objetivos que possam ser atingidos conjuntamente, a fim de propiciar a colaboração.
- Esteja atento ao ambiente interno e externo da empresa, a partir do monitoramento e do controle do cenário, assim como de seus públicos, para aproveitar melhor as oportunidades.
- Tenha orientação para o mercado como principio básico, com comportamentos voltados à coordenação interfuncional e preocupação com os públicos, de forma que isso seja transmitido para todo o negócio.
- Permita que suas experiências, pessoais ou profissionais sirvam de filtro para as ações da empresa, devido ao processo de assimilação de falhas e de resultados positivos obtidos, para melhorar o comportamento relacional.
- Transmita pessoalidade nas interações, por meio da aproximação de seus públicos de forma natural e espontânea.
- Foque na estabilidade e na motivação de colaboradores de forma prioritária, por meio da criação de um sistema de seleção, desenvolvimento e retenção de colaboradores, para garantir a propagação de valores, o alinhamento de objetivos e a comunicação interna.
- Esteja presente nos processos e na rotina da empresa, para garantir a prevenção e a correção de problemas de forma imediata.
- Entenda a cultura relacionada diretamente a seus públicos para adequar as formas de relacionamento a serem criadas.

- Tenha percepção de riscos e de ameaças provenientes de todas as interações entre a empresa e seus públicos, por meio do conhecimento de seu meio e de investigações constantes no setor.
- Possibilite que a empresa tenha um clima propício ao aprendizado, por meio do desenvolvimento de colaboradores e de fornecedores, de forma conjunta com a empresa.

Além disso, o nível empresarial também deve ser ressaltado. Quando tratamos da Gestão da Experiência do Cliente embasada na filosofia do Relacionamento Superior, a estrutura do negócio torna-se uma parte importante para a implementação desta estratégia. Nela acontece a comunicação, e isso facilita a colaboração e principalmente o desenvolvimento de processos conjuntos, fornecendo a importância adequada a todos os setores.

Sendo assim, a empresa deve criar um ambiente que priorize o clima de relacionamento interno, a abertura para relações externas, assim como a relação entre os processos e a interdependência de recursos. Saímos da ótica meramente do marketing e das operações do negócio e colocamos no mais alto patamar da empresa: na direção estratégica. Isso garante diferencial e qualidade às interações mantidas. Assim, a empresa torna-se capaz de sustentar a vantagem competitiva proveniente do Relacionamento Superior e transmitir isso como valor para os públicos externos.

Outro foco que a empresa deve adotar é quanto à percepção de riscos. Diante de ameaças, a empresa deve criar um mecanismo para garantir o controle efetivo da implementação de estratégias e como consequência garantir bons resultados para aempresa pela prevenção de problemas. Os resultados devem ser baseados:

a) no grau de importância e no nível de atração entre os públicos para a criação de relacionamentos;
b) na fidelidade e na valorização da empresa;
c) no clima dos processos de trabalho e das negociações.

Esses resultados dos relacionamentos permitem criar comprometimento. Por isso, deve-se focar em manter:

a) a imagem e na reputação empresarial, devido à percepção dos públicos quanto a qualidade dos produtos e dos serviços;
b) a motivação para o trabalho;
c) a diferenciação e na percepção da relação custo/benefício, devido à percepção de singularidade e de proximidade das interações.

Assim, sugere-se para a empresa que pretende desenvolver estratégias de Gestão da Experiência do Cliente embasadas em um Relacionamento Superior ter um plano de controle estratégico para:

- criar uma estrutura horizontalizada, por meio da aproximação de setores e de níveis hierárquicos, para gerenciar melhores processos e informações;
- mapear as características esperadas pelas estratégias de relacionamento (como no caso do Relacionamento Superior, características de singularidade, de diferencial competitivo e de sustentabilidade);
- traçar os objetivos a serem alcançados por cada uma dessas características;
- descrever as estratégias de ação de acordo com o Ciclo da Experiência do Cliente;
- detalhar cada ação a ser realizada para efetivar a estratégia e alinhar às expectativas do cliente;
- detalhar os riscos ligados a cada uma dessas estratégias (para tanto deverá ser utilizada a

observação das possíveis falhas nas ações descritas – e não tenha medo de fazer isso!);
- criar formas de controle para assegurar a mitigação destes riscos;
- analisar os resultados obtidos; e
- propor novos *feedbacks* e readequações em cada uma das estratégias.

Assim, é possível agregar valor a toda a cadeia do negócio. Neste caso, a estratégia de Relacionamento Superior permite mudar o curso da implementação das ações para a Experiência do Cliente, a partir do momento em que age diretamente na cadeia de valor do negócio. Isso prioriza os processos internos e leva em conta a influência da estrutura do negócio. Consequentemente, a finalização das estratégias, assim como sua forma de pilotagem e de conferencia de resultados, pode ser transcrita conforme seus principais objetivos e centros de responsabilidade. Isso permite aumento da eficácia das relações, devido ao conhecimento conjunto da atuação dos públicos da organização. Além disso, garante maior efetividade, por se tratar de uma forma particular de gerenciar as interações empresariais, adicionando valor e sustentabilidade para as estratégias.

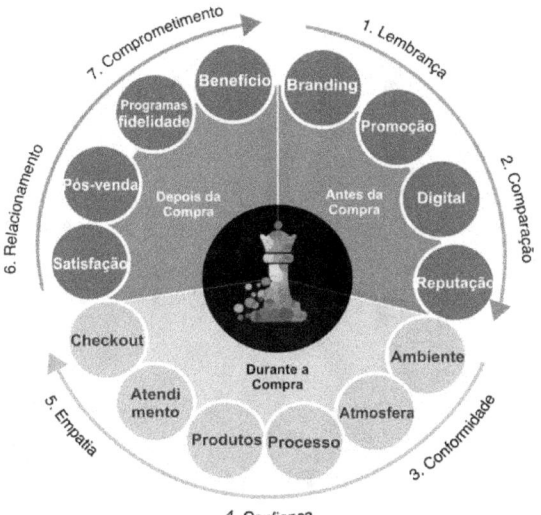

Agora vamos implementar esse processo na sua empresa para alavancar resultados?

Meus presentes para você:

Acesse o QR Code e cadastre-se para entrar no **ClubHappy**. Nele você vai encontrar fórum de discussão, cases novos todos os meses, workshop gerenciais e curso gratuito de Gestão da Experiência do Cliente.

Caso você queria fazer o nosso processo de certificação completo para adquirir todos os conhecimentos, realizar a auditoria e sair com seu projeto pronto pela plataforma da HappyTrack, acesse este QR Code.

CONSIDERAÇÕES FINAIS

A estratégia empresarial é um bicho de sete cabeças para muitos gestores. Principalmente quando entra em novas áreas como é o caso da Gestão da Experiência do Cliente. Por isso, a Estratégia Descomplicada é a forma de pensar nos principais conceitos aplicados na realidade prática de qualquer tipo de negócio. E, para materializar de modo descomplicado a forma de pensar, de criar e de gerenciar estratégias, surgiu o método HappyTrack.

O método HappyTrack é a forma de avaliar e monitorar a qualidade e o desempenho das Estratégias da Gestão da Experiência do Cliente com base no conceito de Relacionamento Superior. HappyTrack permite:

- Pensar em relacionamentos como uma ferramenta estratégica dos negócios;
- Conhecer o desempenho de Estratégias para a Gestão da Experiência do Cliente;
- Identificar o perfil da empresa em relação à qualidade de suas estratégias de Atenção e de Interação com o cliente;
- Analisar riscos estratégicos da Experiência do Cliente; e
- Eleger prioridades de ação de acordo com o Ciclo da Experiência do Cliente; e
- Planejar ações de modo prático e altamente eficaz.

Diante do método HappyTrack podemos observar que para atingir a fidelização do cliente (vista a partir da recompra no Ciclo da Gestão da Experiência do Cliente), devemos ser capazes de criar e gerenciar estratégias embasadas não apenas nos pressupostos essenciais e básicos para criar desejos no consumidor. Temos que saber criar e gerenciar estímulos que garantam a atenção e a interação adequada de cada cliente, para que o negócio seja capaz de promover relações percebidas como singulares, melhores que o concorrente e sustentáveis na busca do atendimento dos seus clientes, com confiança, ética e cumprimento às expectativas que foram criadas.

Excelentes projetos para você e sua equipe!

REFERÊNCIAS

ADNER R.; HELFAT C. Corporate effects and dynamic managerial capabilities. **Strategic Management Journal**, 2003, Special Issue 24(10): 1011–1025.

AKTOUF, Omar. Governança e Pensamento Estratégico: Uma Crítica a Michael Porter. **Revista de Administração Contemporânea – RAE**, v. 42, n. 3, jul-set 2002.

ALENCAR, F. M. R. Mapeando a Modelagem Organizacional em especificações precisas. 1999. p. 304 **Tese (Doutorado) - Centro de Informática, Universidade Federal de Pernambuco, Recife**, 1999. Disponível em: http://www.cin.ufpe.br. Acesso em 24 out. 2007.

ALVES, Fabiana et al. Endomarketing como Ferramenta de Estratégia Empresarial. **XXII Encontro Nacional de Engenharia de Produção – ENEGEP**, out 2002

AMIT, R.; SCHOEMAKER, P. Strategic assets and organisational rent. **Strategic Management Journal**, 1993, jan, p.33-46.

ANDALEEB, S.S. Dependence Relations and the moderating role of trust: Implications for behavioral intentions in Marketing Channels. **International Journal of Research in Marketing**, v.12, p.157-172, 1995

ANDERSON, E; NARUS, J. A Model of Distributor Firm and Manufacturer Firm Working Partnerships. **Journal of Marketing**, v. 54, p.42-58, 1990.

ANDREWS, K.R. **The Concept of Corporate Strategy**, Irwin, Homewood illinois, 1971

ANSOFF, H. I. **Strategic management**. London: Macmillan, 1979

ANTHONY, R.N. The management control function. Boston, Harvard University Press, 1988

ARAÚJO, Luís Otávio Cocito de; RESENDE, Janaína; ROTONDARO, Roberto. Análise e aplicabilidade das ferramentas da qualidade no serviço de fôrmas como auxílio ao planejamento para produção. **XXI ENEGEP - Encontro de Engenharia de Exploração e Produção de Petróleo**, Salvador, 2001.

ASSUMPÇÃO, Joubert; FIGUEIREDO, Paulo. O Papel das Competências Técnico-organizacionais na Estratégia Organizacional: Evidencias de cinco Organizações Não-Governamentais do Rio de Janeiro. **Revista Análise**, v. 8, n.2, Porto Alegre, 2007. p. 158-172

ATKINSON, William. A View from the Top. Risk Management. Sep 2007; 54, 9; **ABI/INFORM Global** p. 24

BABBIE, Earl. **The Practice of Social Research**. Hardcover, 2006.

BABIN, B.J.; ATTAWAY, J.S. Atmospheric Affect as a Tool for Creating Value and Gaining Share of Customer. **Journal of Business Research**, August 2000, v. 49, n. 2, p. 91-99.

BADIN, Neiva Terezinha et al. Integração da cadeia de suprimentos na indústria automobilística. **XXIII Encontro Nacional de Engenharia de Produção – ENEGEP**, Ouro Preto, MG, outubro, 2003

BALDISSERA, Rudimar. Estudos midiáticos - Significação e comunicação na construção da imagem-conceito. **Revista Fronteiras**, v.3, set 2008

BARNEY, J. B. Firm Resources and Sustained Competitive Advantage. **Journal of Management**, 17, 99-120, 1991.

BARNEY, J. B. Strategic factor markets: Expectations, luck and business strategy. **Management Science**, 1986, v. 32, p.1231-1241.

BARNEY, Jay. Resource-based Theories of Competitive Advantage: A Ten Year Retrospective on the Resource-based View. **Journal of Management**, New York, v.27, n.6, p. 643-650, nov-dez. 2001

BARROS, F. Sávio de O. *et al*. O empreendedorismo como estratégia emergente de gestão: histórias de sucesso. In: **Encontro de Estudos Organizacionais**. Associação Nacional dos Programas de Pós-graduação em Administração – ENEO, II, 2004. Atibaia-SP.

BEER, Michael; EISNSTAT, Russel A. Contra os Seis Assassinos Silenciosos. **Sloan Management Review**, jan 2000.

BEKEFI, Tamara; EPSTEIN, Marc J. Transforming Social and Environmental Risks into Opportunities. Strategic Finance; Mar 2008; 89, 9; **ABI/INFORM Global**. pg. 42

BEKIN, Saul F. **Conversando sobre Endomarketing**. São Paulo: Makron Books, 1995.

BERGAMINI, Cecília W. Motivação: uma viagem ao centro do conceito. **Revista de Administração Contemporânea - RAE Executivo**, v. 1, n. 2, p. 63-68, nov 2002 a jan 2003

BERNARDES, M. E. B. Crescer para legitimar e legitimar para crescer. In: **Encontro Nacional da Associação Nacional dos Cursos de Pós-Graduação em Administração**, Salvador, 2006.

BERNSTEIN, Peter L.; **Desafio aos Deuses**: a Fascinante História do Risco. Rio de Janeiro: Campus, 1997.

BERRY, L. Relationship Marketing, in Emerging Perspectives on Services Marketing. Berry, Shostack e Upah. Chicago: **American Marketing Association**, p. 25-28, 1983.

BERRY, L.; PARASURAMAN, **Marketing Services**: Competing Through Quality. New York: The Free Press, 1991.

BIRD, B. Implementing Entrepreneurial Ideas: The Case for Intention. **Academy of Management Review**, v. 13, n. 3, p. 442-453, 1988.

BIS – BANK FOR INTERNATIONAL SETTLEMENTS. Core Effective Principles in Banking Supervision. Basel Committee on Banking Supervision. Setembro de 1997, Disponível em: < http://www.bis.org >. Acesso em 25/06/2011

BITNER, Mary Jo. Servicescapes: The Impact of Physical Surroundings on Customers and Employees. **Journal of Marketing,** Apr 1992, v. 56, n. 2, p. 57.

BLOOMBERG BUSINEEWEEK. The New Entrepreneur: In France: The Government is Pushing Small Business. 25 jul, 2009. Disponível em: http://www.businessweek.com/smallbiz/running_small_business/archives/2009/07/in_france_the_government_is_pushing_small_business.html. Acesso em 05 mai. 2011

BOGNER, W. C.; THOMAS, H. The Role of Competitive Groups in Strategy Formulation: a dynamic integration of two competing models. **Journal of Management Studies**, v. 30, n. 1, p. 51-67, 1993.

BONONA, T.V.; JOHNSTON, W.J. The Social Psychology of Industrial Buying and selling. **Industrial marketing Management**, 17, p. 213-224, 1978.

BONONA, T.V.; ZALTMAN, G. **Industrial Buying Behavior**, Chicago MI, AMA, 1978.

BORGES, André et al. Desenvolvendo Argumentos Teóricos a partir de Estudos de Caso: O debate recente em torno da pesquisa histórico-comparativa. **Anais do XXIV Simpósio Nacional de História**, 2007.

BORTOLUZZI, S.; ENSSLIN, L. Congruências E Divergências Na Avaliação De Desempenho Organizacional: Análise Crítica De Pesquisas Publicadas Em Periódicos Nacionais E Internacionais No Período De 2000 A 2008. **In: SIMPOI**, São Paulo, 2010

BOTELHO, Delane; BAPTISTA, Cláudio. Escolha de Canais de Venda em Comércio Eletrônico. **Anais do Encontro de Marketing da Associação dos Programas de Pós-Graduação em Administração – EMA/ENANPAD.** 2006.

BOTOMÉ, S.P. **Sobre a noção de comportamento**. Em FELTES, H. P. M. ZILLES, U. (Orgs.). *Filosofia: diálogo de horizontes*. EDUCS: Caxias do Sul. 2001, EDIPUCRS: Porto Alegre: p.687-708.

BOUQUIN, H. **Le contrôle de Gestion**. Presse Universitaire de France, Paris, 1986, 3. ed

BRASILIANO, Antonio C. R. **Análise de Risco Corporativo**: Método Brasiliano. São Paulo: Sicurezza, 2006. 161p.

BRNA, Paul. **Computer Based Learning Unit**. Disponível em: <http://www.inf.ufsc.br/sbc-ie/revista/nr3/Brna03.htm>. Acesso em: 25 jun. 2008.

BRUM, Analisa de Medeiros. **Endomarketing**: estratégias de comunicação interna para empresas que buscam a qualidade e a competitividade. Porto Alegre: ABRP-RS/SC, 1995.

_____. **Um olhar sobre o marketing interno**. Porto Alegre: L&PM, 2000.

BUSSAB, V.S.R.; RIBEIRO, F.L.. Biologicamente cultural. Em: de Souza, L. e de Freitas e Rodrigues, M.F.Q. (Orgs.) **Psicologia: reflexões impertinentes**. 1998 (pp 175-193) São Paulo: Casa do psicólogo

CALORI, R.; JOHNSON, G.; SARNIN, P. CEO´s Cognitive Maps and the Scope of the Organization. **Strategic Management Journal**, v. 15, n. 6, p. 437-457, 1994.

CÂNDIDO, C.L.; WINOGRAD, M. Experiência e complexidade cerebral: entre as ciências cognitivas e a psicanálise. **Ciências e Cognição**, v.14, n.3, p.2-15 2009. Disponível em: <http://www.cienciasecognicao.org/revista/index.php/cec/article/view/243/0> Acesso em: 30 jun 2011.

CANDIDO, Carla; WINOGRAD, Monah. Experiência e complexidade cerebral: entre a psicanálise e as ciências cognitivas. **Revista Ciência & cognição**, Nov 2009, vol.14

CÂNDIDO, Gesinaldo Ataíde; ABREU, Aline França. Os conceitos de redes e as relações interorganizacionais: um estudo exploratório. In: **Encontro Anual Da Associação Nacional dos Programas de Pós-Graduação em Administração** – ENANPAD, XXIV, 2000, Florianópolis-SC.

CARPES, M. M. M.; ENSSLIN, L.; ENSSLIN, S. R. Avaliação do desempenho das práticas de responsabilidade social na gestão organizacional por meio da metodologia MCDA construtivista: uma abordagem aos modelos já existentes. **Revista Alcance**, v. 13, n. 1, p. 91, 2007

CASTOR, Belmiro. V. J. **Tamanho Não é Documento**: Estratégias para a Pequena e Micro Empresa Brasileira. 1. ed. Curitiba: Ebel Consultoria e Assessoria Empresarial Ltda, 2006

CAVALANTI, Vitor, DIAS, Ricardo, BARROS, Reinaldo. **Proposta de Ferramenta de Análise e controle de processos com foco em análise de riscos.** Disponível em: http://www.vitorfc.com.br/Análise_processos_com_foco_em_Riscos.pdf. Acesso em: 10 set. 2008.

CEZARINO, Luciana; CAMPOMAR, M. C. **Micro e pequenas empresas: características estruturais e gerenciais.** Revista Fafibe On-line. Bebedouro, SP. n.3, 2007. Disponível em <http://www.fafibe.br/revistaonline/arquivos/lucianacezarino_microepequenasmpresas.pdf>. Acesso em 13 fev. 2008.

CHANDLER, A.D. **Strategy and Structure.** MIT Press, Cambridge, 1962

CHANG, Yu-Hern, YEH, Chung-Hsing. Evaluating airline competitiveness using multiattribute decision making. Omega – **The International Journal of Management Science**, 29(5), p. 405-415, 2001

CHARTTEJEE, Sayan. **Estratégia à Prova de Falhas**: como lucrar e crescer correndo riscos que outros evitam. Porto Alegre: Bookman, 2006. 248p.

CHELL. E.; HAWORTH. J.; BREARLEY. S. **The entrepreneurial personality. Concepts,cases and categories.** London: Routledge. 1991

CHEN, H; LEE, P. Drivers of Dynamic Learning Mechanism and Dynamic Knowledge Articulation in Alliance Organizations. **The Electronic Journal of Knowledge Management** Volume 6 Issue 1 2008, pp. 33 - 40, available online

CHILD, J. Organisational structure, environment and performance: the role of strategic choice. **Sociology**, 1972, Vol. 5, pp. 1-22.

CHRISTOPHER, M.; PAYNE, A.; BALLANTYNE, D. **Relationship Marketing. Bringing Quality, Customer Service and Marketing Together.** Oxford, Butterworth-Heinemann, 1991.

CLARK, K. B.; WHEELWRIGHT, S .C. **Managing new product and process development**: text and cases. New York: The Free Press, 1993

CLEMONS, Eric. A Experiência passada aponta o caminho para o futuro. **Valor Econômico**: Gestão da Incerteza. 13, 14, 15 e 16 abr. 2006.

COCURULLO, Antonio. **Gestão de Risco Corporativo.** São Paulo: PriceWaterHouse Coopers, 2004.

COIMBRA, Fábio C. Gestão Estratégica de Riscos: Instrumento de Criação de Valor. **Anais do VII SEMEAD – Seminários em Administração, USP.** São Paulo, 2004

Colombo, Renan. **As pequenas e familiares são as mais respeitadas.** Portal RPC. Disponível em: http://portal.rpc.com.br/gazetadopovo/retratocuritiba/valores/conteudo.phtml?id=871290&ch. Acesso em 27 mar. 2009.

COMISSION EUROPÉENNE ENTREPRISES ET INDUSTRIE. Petites et moyennes entreprises (PME): Faits et chiffres sur les petites et moyennes entreprises (PME) dans l'EU. 31 out, 2010. Disponível em: http://ec.europa.eu/enterprise/policies/sme/facts-Figuras-analysis/index_fr.htm. Acesso em 17 abr, 2011.

CORRÊA, H. L.; HOURNEAUX JUNIOR, F. Sistemas de mensuração e avaliação de desempenho organizacional: estudo de casos no setor químico no Brasil. **Revista Contabilidade e Finanças USP**, v. 19, n. 48, p. 50-64, 2008.

CORREA, Henrique; CORREA, Carlo. **Administração de Produção e operações**: manufatura e serviços: uma abordagem estratégica. São Paulo: Atlas, 2004.

COVIELLO, N.E.; BRODIE, R.; DANAHER, P. JOHNSON, W.J. How firms relate to their markets: An Empirical examination of Contemporary Marketing Practices. **Journal of marketing**, v. 66, p. 33-46, 2002.

CRAIK, K. **The nature of explanation**. Cambridge: Cambridge University Press, 1943.

CRESWELL, J.W. **Projeto de pesquisa**: métodos qualitativo, quantitativo e misto. 2.ed. Porto Alegre: Artmed, 2007

CRUMLEY, Bruce. In France, a Government-Led Revolution in Entrepreneurship. Time Journal. 24 Jul, 2009. Disponível em: http://www.time.com/time/world/article/0,8599,1912668,00.html. Acesso em: 20 jan, 2011.

CUSTÓDIO, Juliana Cândido. Riscos e Oportunidades: Analise da Criação do Relacionamento Superior em Pequenos Restaurantes do Brasil, da França e do Marrocos. **Tese. Université Paris-Dauphine - PSL**, 2013

CUSTÓDIO, Juliana Cândido. **Uma metodologia de análise de estratégias para a gestão da experiência do cliente a partir da criação do Relacionamento Superior.** R. Dito Efeito, Curitiba, v. 12, n. 20, p. 51-68, jan./jun. 2021.

CUSTÓDIO, Juliana Cândido; DEL CORSO, Jansen Maia; DRABEK, Alessandra; SILVA, Wesley Vieira. Criação de Relacionamento Superior com o cliente como competência essencial das empresas de pequeno porte: Um estudo em uma pequena empresa do ramo alimentício. **Revista da Micro e Pequena Empresa**, Campo Limpo Paulista, v.1, n.3, p.58-71, 2008.

CUSTÓDIO, Juliana Cândido; DEL CORSO, J. M. Controle Estratégico: Proposição de Instrumento de Mensuração e Análise de Riscos Estratégicos. In: **Encontro Anual Da Associação Nacional dos Programas de Pós-Graduação em Administração** – ENANPAD, XXXIV, 2010

CUSTÓDIO, Juliana Cândido. A estratégia de Relacionamento Superior como vantagem competitiva das pequenas empresas. In: **Encontro Anual Da Associação Nacional dos Programas de Pós-Graduação em Administração** – ENANPAD, XXXV, 2011

CUSTÓDIO, Juliana Cândido. Competitividade ou Fragilidade – Uma Análise dos Riscos da Estratégia de Relacionamento Superior nas Pequenas Empresas. **Dissertação (Mestrado) - Pontifícia Universidade Católica do Paraná**, Curitiba, 2010.

CUSTÓDIO, Juliana Cândido; SILVA, E. D. . Ausência de recursos ou adaptação ao ambiente? Uma análise dos riscos estratégicos sob a perspectiva das forças de mercado versus competências dinâmicas na pequena empresa. **REBRAE. Revista Brasileira de Estratégia (Impresso)** , v. 3, p. 5651, 2010

CUSTÓDIO, Juliana Cândido; DEL CORSO, J. M. . Competitiveness or weakness? An analysis of the competitive superiority and risks of strategic relationships. Competitiveness or weakness? An analysis of the competitive superiority and risks of strategic relationships. 2ed.Prague: MAC Prague consulting, 2013, v. , p. 1-8.

CUSTÓDIO, Juliana Cândido.; M. Renosto. The Influence of The Search for Experience in the Perception of Innovation in Servicescapes. In: **Intercom, 2018**, Cascavel. XIX Congresso de Ciências da Comunicação na Região Sul, 2018.

DAMÁSIO, A. (1998). **O erro de Descartes: emoção, razão e o cérebro** humano. São Paulo: Companhia das Letras.

DAY, George S. **A Empresa Orientada para o Mercado**: compreender, atrair e manter clientes valiosos. Porto Alegre: Bookman, 2001. 265 p.

_____. Creating a Superior Customer-Relating Capability. **Management Review Spring**, 2003

_____. The capabilities of market-driven organizations. **Journal of Marketing**, v. 58, p. 37 – 52, Oct. 1994.

DAY, George S.; WENSLEY, Robin. Assessing Advantage: A Framework for Diagnosing Competitive Superiority. **Journal of Marketing**, Vol. 52, p. 1-20, Abr. 1988.

DEL CORSO, J.; SILVA, W.; SANDRINI, G. Alianças Estratégicas e Vantagem Competitiva: uma Visão Analítica da Cadeia de Fornecedores. **Revista de Gestão USP**, São Paulo, v. 12, n. 4, p. 17-31, out-dez 2005

DESHPANDÉ, R.; FARLEY, J. U.; WEBSTER Jr., F. E. Corporate Culture, Customer Orientation, and Innovativeness in Japanese Firms: a Quadrad Analysis. **Journal of Marketing**, vol. 57, p. 23-37, January 1993

DONG, Jing et al. Um passo em Direção ao Desconhecido. **Valor Econômico**: Gestão da Incerteza. 20, 21, 22 e 23 abr. 2006.

DOZ, Yves L.; HAMEL, Gary. **Alliance advantage**: the art of creating value through partnering. Massachusetts: Harvard Business Scholl Press, 1998.

DOZ, Yves; CHAKRAVARTHY, Balaji. Strategy Process Research: Focusing on Corporate Self-Renewal. **Strategic Management Journal**, Summer 1992.

DRABEK, Alessandra. A Influência da Participação em Projetos de Lançamentos de Novos Produtos no Desenvolvimento de Competências em uma Organização do Ramo de Tecnologia Automotiva da Região de Curitiba – PR. **Dissertação (Mestrado) - Pontifícia Universidade Católica do Paraná**, Curitiba, 2009.

DRUCKER, Peter F. **Organização do Futuro**. Como preparar hoje as empresas de amanhã. São Paulo: Ed. Futura, 1997. 428p

DUSSAUGE, Pierre and GARRETTE, Bernard. **Cooperative strategy**. England: John Wiley & Sons Ltd., 1999.

DUTRA, A. Metodologias para avaliar o desempenho organizacional: revisão e proposta de uma abordagem multicritério. **Revista Contemporânea de Contabilidade**, v. 2, n. 1, 2005.

DWIVEDI, Rajeev; MOMAYA, Kirankumar. Stakeholder Flexibility in E-Business Environment: A Case of an Automobile Company. **Global Journal of Flexible Systems Management**, Vol. 4, No. 3, pp 21-32, 2003

DWYER, R.; SCHURR, P. & OH, S. Developing Buyer-Seller Relationships. **Journal of Marketing**, v. 51: 11-27, April 1987.

EBERS, M.; JARILLO, J. The construction, forms and consequences of industry networks. **International Studies of Management and Organizations**, v.27, n.4, winter, 1997-98, p. 3-21

EDEN, C. On the nature of cognitive maps. **Journal of Management Studies**, v.29, n.º 3, 1992.

EL-ANSARY, A.; STERN, Louis W. Power Measurement in the Distribution Channel. **Journal of Marketing Research**. Vol. IX, p. 47-52. February. 1972.

EMERSON, R.M. Power Dependence Relations. **American Sociological Review**, vol. 27, nº 1, Fevereiro, p. 31-41, 1962.

EZEH, Chris; HARRIS, Lloyd C. Servicescape research: a review and a research agenda. **The Marketing Review**, 2007, vol. 7, n. 1, p. 59-78.

FAMA, R.; CASTRO Jr, F.H. As Novas Finanças e a Teoria Comportamental no contexto da tomada de decisão sobre investimentos. **Caderno de Pesquisas em Administração**, São Paulo, v. 09, n° 2, abril/junho 2002

FERREIRA, Sérgio; SGANZERLLA, Silvana. **Conquistando o Consumidor**: O Marketing de Relacionamento como Vantagem Competitiva das Empresas. São Paulo. Editora Gente, 2000

FILARDI, Luiz Fernando; SOARES, Luiz Mário. Planejamento e criação de novas empresas: uma análise das causas da mortalidade precoce de novos negócios. **In: Congresso Latino-Americano de Estratégia** – SLADE, XVII, Camboriú-SC, 2004.

FIOL, C., M., HUFF, A., S. Maps for managers: where are we? where do we go from here? **Journal of Management Studies**, v.29, n. 3, p. 267-286, 1992.

_____.. Managing culture as a competitive resource: An identity-based view of sustainable competitive advantage. **Journal of Management**, 17: 191-211, 1991

FLAVELL, J. **A Psicologia do Desenvolvimento de Jean Piaget.** São Paulo: Thomson Learning, 1975.

FLEISHER, C., BENSOUSSAN, B. Business and Competitive Analysis Methods: Effective Application of new and Classic. FT Press, 2007. 491p.

FULLER, T.; LEWIS, J. Relationships Mean Everything: A Typology of Small-Business Relationship Strategies in a Reflexive Context. **British Journal of Management**, Vol. 13, p. 317–336, 2002

GASKI, John F. ; ETZEL, Michael J. National Aggregate Consumer Sentiment Toward Marketing: A Thirty-YEAR Retrospective and Analysis. **Journal of Consumer Research**. V. 31. N. 4. Mar 2005.

GEM, Global Entrepreneurship Monitor. Empreendedorismo no Brasil - 2009. Disponível em: http://www.biblioteca.sebrae.com.br/bds/BDS.nsf/EB2AB20EEE491FB6832576FC006CE794/$File/NT00043D82.pdf. Acesso em 15 abr. 2011.

GEROLAMO, M. C.; ESPOSTO, K. F.; CARPINETTI, L. C. R. Modelo para identificação de ações de melhoria de desempenho alinhadas à estratégia. **Revista Produção on-line**, 2003.

GHOSH, Mrinal; JOHN, George. Strategic Fit in Industrial Alliances: An Empirical Test of Governance Value Analysis. **Journal of Marketing Research**, Vol. XLII p. 346–357, agosto, 2005

GIMENEZ, F; RAMOS, S.; FERREIRA, J. Cognição e Formação de Estratégia em Pequenas Empresas. In **Encontro Anual Da Associação Nacional dos Programas de Pós-Graduação em Administração** – ENANPAD, 2008

GIMENEZ, Fernando A. P; PELISSON, Cleufe; KRÜGER, Eugênio G. S; HAYASHI JR, Paulo. Estratégia Em Pequenas Empresas: Uma Aplicação do Modelo De Miles e Snow. In: **Encontro Anual Da Associação Nacional Dos Programas De Pós-Graduação Em Administração** – ENANPAD, XXII, 1998.

GIMENEZ, Fernando et al. Estratégia em Pequena Empresas: Uma Aplicação do Modelo Miles e Snow. **Revista de Administração Contemporânea - RAC**. V.3, n.2, mai/ago, 1999. p. 53-74

GLASERSFELD, E. The radical constructivist view of science. **Foundations of Science**, special issue on Impact of Radical Constructivism on Science,2001, 6(1-3), p. 31-43.

GLASERSFELD, E. **Introduction à un constructivisme radical**. In P. Watzlawick (Ed.), L'invention de la réalité. Contributions au constructivisme. Paris: Seuil. 1988

GODOY, Arlida Schmidt. Introdução à pesquisa qualitativa e suas possibilidades. **Revista de Administração de Empresas - RAE**. v.35. n.2. 1995.

GOFFEE, Rob; JONE, Gareth. Ligar a antena, sintonizar e descobrir o caminho. **Valor Econômico**: Gestão da Incerteza. 20, 21, 22 e 23 abr. 2006.

GOLLIER, C. Psychologie et économie du risque: Vers de nouveaux paradigmes de comportement face au risque? Risques - Les Cahiers de l'Assurance, 2006, n°67, p. 71-75.

GONÇALVES, Carlos Alberto. Marketing de Relacionamento e Tecnologias de Informação: Análise em Instituições Bancárias. **Anais do Encontro Nacional de Pesquisa em Administração – Enanpad**, 1997

Governo Federal do Brasil. Brasil empreendedor em números. Disponível em: http://www.brasil.gov.br/empreendedor/empreendedorismo-hoje/brasil-empreendedor-em-números/print. Acesso em 22 nov. 2012

GRACE, Debra; O'CASS, Aron. Examining service experiences and post-consumption evaluations. **The Journal of Services Marketing**, 2004, v. 18, n. 6. P. 450-461.

GRANT, Robert M. The resource-based theory of competitive advantage: Implications for strategy formulation. **California Management Review**. 1991, v. 33 (Spring), p.114-135.

GRONROOS, C. **Strategic Management and Marketing in the Service Sector**. Swedish School of Economics and Business Administration, Helsingfors, 1982.

_____. From marketing mix to relationship marketing: towards a paradigm shift in marketing. **Management Decision**. v.32, p.4-20, 1994.

_____. **Service Management and Marketing**: Managing the moment of truth in service competition, Massachusetts, MA: Lexington Books, 1990.

GUMMESSON, E. Relationship Marketing – The Emperor´s new Clothes or a Paradigm shift?. **Marketing and research today**, p. 53-60, fevereiro, 1997.

_____. **Marketing de Relacionamento Total**: gerenciamento de marketing, estratégia de relacionamento e abordagens de CRM para a economia de rede. 2. ed. Porto Alegre: Bookman, 2005. 323 p

_____. **Total relationship marketing**: rethinking marketing management from 4 Ps to 30 Rs. Oxford: Butterworth-Heinemann, 1999.

HAIR, J., et al. **Análise Multivariada de Dados**. Porto Alegre: Artmed, 1998

HAKANSSON, H. **International Marketing and Purchasing of Industrial Goods. An Interaction Approach**, Chichest, John Wiley and sons, 1982.

HAKANSSON, Hakan; SNEHOTA, Ivan. **Developing relationships in business networks**. London: Routledge, 1995.

HAMBRICK, D. C. (1983) Some tests of the effectiveness and functional attributes of Miles and Snow's strategic types. **Academy of Management Journal**, Vol. 26, n-1, pp. 5-26.

HAMZA, Kavita. Marketing de Relacionamento e estratégia Competitiva: Um estudo exploratório no mercado empresarial de inseminação artificial. **Dissertação (Mestrado)**.

Universidade de são Paulo. Faculdade de Economia, Administração e Contabilidade, 2005.

HARRISON, Jeffrey F. **Administração Estratégica de Recursos e Relacionamentos**. Ed. Bookman, 2005. 430p.

HASENCLEVER, Lia. Políticas de Apoio às Pequenas e Médias Empresas na América Latina: Proposta Metodológica. **Comissão Econômica Para A América Latina e o Caribe (CEPAL)**, 2003. Disponível em: http://www.eclac.cl/brasil/noticias/notici as/7/12547/r139liahasenclever.pdf. Acesso em: 16 abr, 2011.

HENNIG-THURAU, T.; KLEE, A. The Impact of Customer Satisfaction and Relationship Quality on Customer Retention: A critical reassessment and Model Development. **Psychology and Marketing**, dezembro, p.737-764, 1997.

HERNANDEZ, José. Entendendo Melhor o Processo de Decisão de Compra na Internet: Uma Análise Sobre o Papel da Confiança em Diferentes Situações de Risco. **Anais do Encontro Anual da Associação dos Programas de Pós-Graduação em Administração – ENANPAD**. 2002.

HERNANDEZ, José; SANTOS, Cláudia. Proposta Para Um Modelo de Mensuração De Confiança Entre Canais De Marketing. Anais de Marketing do **Encontro Anual da Associação dos Programas de Pós-Graduação em Administração – ENANPAD**. 2007.

HITT, Michael A.; IRELAND, R. Duane; HOSKISSON, Robert. **Administração Estratégica**. São Paulo: Pioneira Tompson Learning, 2003. 93-133p.

HITT, Michael A.; IRELAND, R. Duane; HOSKISSON, Robert. **Administração Estratégica**. São Paulo: Pioneira Tompson Learning, 2007.

HOFFMAN, K. Douglas; BATESON, John E. G. **Princípios de marketing de serviços**: conceitos, estratégias e casos. São Paulo: Thomson, 2003.

HOFSTEDE, Geert. **Cultures and Organizations**. Software of the mind, HaperCollinsBusiness, 1991

_____. **Culture's Consequences**. 2ed. Sage Publications, London, 2001

HREBINIAK, Lawrence G. **Fazendo a estratégia funcionar**: o caminho para uma execução bem-sucedida. Porto Alegre: Bookman, 2006

HUFF, A. **Mapping Strategic Thought**. New York, 1990.

HUNT, S.D.; ARNETT, D.B.; MADHAVARAM, S. The exploratory foundations of relationship marketing theory. Journal of Business and Industrial Marketing. Vol. 21, n. 2, p. 72-87, 2006

HUNT, S.D.; DEROZIER, C. The normative imperatives of business and marketing strategy: grounding strategy in resource-advantage theory. Journal of Business and Industrial Marketing. Vol. 19, n. 1, p. 5-22, 2004

IJAILLE, Luciano K.; MARCHETTI, Renato Z. Relacionamento e Lealdade: a perspectiva dos clientes de hipermercados em Curitiba. 2005. **Dissertação (Mestrado) - Pontifícia Universidade Católica do Paraná**, Curitiba, 2005

IMONIANA, Joshua Onome; NOHARA, Jouliana Jordan. Cognição da Estrutura de Controle Interno: uma Pesquisa Exploratória. **Anais do Encontro Nacional de Pesquisa em Administração – Enanpad, 2004**

INSEE – Institut National de la Statistique et des Etudes Economiques. Nouvelles entreprises, cinq ans après : plus d'une sur deux est toujours active en 2007. INSEE Première, n. 1274, janvier 2010

_____. **Principales raisons ayant poussé à créer une entreprise en 2010. Disponivel em:** http://www.insee.fr/fr/themes/tableau.asp?reg_id=0&ref_id=NATCCF09112. Acesso em 22 nov. 2012

JOFFE, H. De la Perception a la Représentation du Risque: Le Rôle des Médias. **Revue Hermès**, 2005, n. 41, p.121-129

JOHNSON, Gerry, SCHOLES, Kevan, WITTINGTON, R. **Explorando a estratégia corporativa**. Tradução: Luciana de Oliveira da Rocha 7. ed. Porto Alegre, Bookman, 2007.

KAHNEMAN, D.; TVERSKY, A. Advances in prospect theory - Cumulative representation of uncertainty. **Journal of Risk an Uncertainty**, 1992, v. 5 p. 297-323

KAPFERER, Jean-Nöel. **As marcas, Capital da Empresa**: Criar e Desenvolver Marcas Fortes. Porto Alegre: Bookman, 2003. 451p.

KAPLAN, Robert S.; NORTON, David P. **Alinhamento:** utilizando o balanced scorecard para criar sinergias corporativas. Rio de Janeiro: Campus, 2006

KAPLAN, Robert S.; NORTON, David P. **Organização orientada para a estratégia:** como as empresas que adotam o balanced scorecard prosperam no novo ambiente de negócios. 11. ed. Rio de Janeiro: Campus, 2001.

KELLY, Eamonn. A difícil arte de administrar mudanças. **Valor Econômico**: Gestão da Incerteza. 13, 14, 15 e 16 abr. 2006.

KELLY, G. A. **A theory of personality**. New York: W. W. Norton & Company, 1963.

KERSTEN, Denise. Risk And Rewards. Government Executive. **Academic Research Library**, pg. 32, Oct, 2005

KIENEN, N.; WOLFF, S. Administrar comportamento humano em contextos organizacionais. In: **Psicologia: organizações e trabalho**. Vol. 2, N° 2, p. 11 – 37, 2002.

KLOTZLE, Marcelo Cabus. Alianças Estratégicas: Conceito e Teoria. **Revista de Administração Contemporânea - RAC**, Vol. 06, N.1, Jan, Fev, Mar e Abr, 2002

KOGUT, B. The network as knowledge: generative rules and the emergence of structure. **Strategic Management Journal**, 2000, v. 21, p.405-425

KOHLI, Ajay K.; JAWORSKI, Bernard J. Market Orientation: The Construct, Research Propositions, and Managerial Aplications. **Journal of Marketing**, v. 54, p. 1 – 18, Abril. 1990.

KOTLER, Philip. **Administração de Marketing**. São Paulo: Prentice Hall, 2000. 764p.

KOTLER, Philip; KELLER, Kevin Lane. **Administração de marketing**. 12. ed. São Paulo: Pearson Prentice Hall, 2006.

KUHN, T. **A estrutura das revoluções científicas**. São Paulo: Perspectiva, 1975

KUNSCH, Margarida. M. K. **Planejamento de Relações Públicas na Comunicação Integrada**. São Paulo: Ed. Summus, 2003. 417p.

LA ROVERE, Renata Lebre. Painel – Micro, pequenas e Médias Empresas. **Instituto de Economia, Universidade Federal do Rio de Janeiro/BNDES**. Disponível em: http://www.bndes.gov.br/SiteBNDES/export/sites/default/bndes_pt/Galerias/Arquivos/conhecimento/livro_debate/3-MicroPeqMediaEmp.pdf. Acesso em: 17 abr, 2011.

LAZARUS, R. **Personalidade e Adaptação**. 5° Ed. Rio de Janeiro: Zahar Editores, 1979,

LE MOIGNE, J. L. **Les épistémologies constructivistes.** Paris : Presses Universitaires de France. 1995

_____.. **Le constructivisme** : Vol. 1. Les enracinements. Paris: L'Harmattan. 2001

LEAL, Fabiano; PINHO, Alexandre F., ALMEIDA, Dagobeto A. Análise de falhas através da aplicação do FMEA e da Teoria Grey. **Revista de Gestão Industrial**, v. 02, n. 01, p. 79-88, jan-mar, 2006

Lei Geral das Micro e Pequenas Empresas. http://www.leigeral.com.br. Acesso em 29 out. 2007.

LEVY, Alberto R. **Competitividade organizacional.** São Paulo: Makron Books, 1992. 309p.

LEWICKI, R.J.; BUNKER, B. B. **Trust in relationships.** A model of development and decline. In BUNKER, B.B.; RUBIN, J.Z. (eds.), Conflict, Cooperation, and Justice. San Francisco, CA: Jossey-Bass Publishers, 133-173, 1995.

LIMA, Suzana; CASTRO, Antônio; MACHADO, Magali. Metodologia de avaliação de necessidade futura de competências essenciais em organizações de P&D, com base no processo de geração do conhecimento. **Rpot**, vol. 7, n.2, jul-dez, 2007, p.5-29

LIMON, P. Influencia de la Cultura en los Negócios. Monografia, **Universidad de las Américas Puebla,** México, 2012

LORANGE, P.; ROOS, J. **Alianças estratégicas:** formação, formação, implementação e evolução. São Paulo: Atlas, 1996.

LOVELOCK, C. Classifying services to gain strategic marketing insights. **Journal of Marketing**, Vol. 47, summer, 1983, p. 9-20.

MAKADOK, Richard. Toward A Synthesis of The Resource-Based And Dynamic-Capability Views Of Rent Creation. **Strategic Management Journal**, 2000

MARIZ; Luiz Alberto; MEDEIROS, Janann Joslin. Confiança e Relações Contratuais em uma Rede de Inovação. **Anais do Encontro Nacional de Administração – Enanpad**, 2000

MAROCO, João. **Análise de Equações Estruturais:** Fundamentos Teóricos, Software & Aplicações. Ed. ReportNumber, 2010.

MARSHALL, Christopher. **Medindo e Gerenciando Riscos Operacionais em Instituições Financeiras.** São Paulo: editora Qualitymark, 2002

MARTINS, Roberto Antonio, COSTA NETO, Pedro Luiz de Oliveira. Indicadores de Desempenho para a Gestão pela Qualidade Total: Uma Proposta de Sistematização. **Revista Gestão e Produção**, v. 5, n. 3, p. 298-311, dez. 1998

MCDONALD, M. **Planos de Marketing:** Planejamento e Gestão Estratégica, como criar estratégias eficazes. Rio de Janeiro, Elsevier Editora, 2008

MCKENNA, Regis. **Marketing de relacionamento:** estratégias bem-sucedidas para a era do cliente. Rio de Janeiro: Campus, 1992. 254 p

MEUTER, M.; BITNER, M. **Self-service technologies:** extending service frameworks and identifying issues for research, In Grewal, D. and Pechmann, C. (Eds.), AMA Winter Educator's Conference Proceedings: Marketing Theory and Applications, 1988. Vol. 9, American Marketing Association: Chicago, p. 12–19

MILES, R. E., SNOW, C. C. **Organizational strategy, structure and process.** New York: Mc Graw Hill, 1978.

MILLS, J.et al. Competing through competences. Cambridge: Cambridge University Press, 2002.

MINAMI JÚNIOR, Keiichi; CONTADOR, José Celso. Mensuração da Competitividade: Indicadores para Empresas Aéreas. **Anais do 3. Encontro de Estudos em Estratégia da Anpad**. São Paulo, 2007.

MINTZBERG, Henry. Five Ps for strategy. In: MINTZBERG, H.; QUINN, J. B. **The strategy process, concepts, contexts, cases**. 2. ed. New Jersey: Prentice-Hall, 1991.

_____. Strategic making in three modes. **California Management Review**, p. 44-53. 1973

MINTZBERG, Henry; QUINN, James Brian. **O processo da estratégia**. 3º ed. Porto Alegre: Bookman. 2001

MINTZBERG, H; AHLSTRAND, B.; LAMPEL, Joseph. **Safári de estratégia: Um roteiro pela selva do planejamento estratégico**. Trad. Nivaldo Montingelli Jr. Porto Alegre: Bookman, 2000.

MOLLER, C.; HALINEN, A. Relationship Marketing theory; Its roots and directions. **Journal of marketing Management**, v. 16, p. 29-54, 2000

MORGAN, Gareth. **Imagens da organização**. São Paulo: Atlas, 1996.

MORGAN, R.M.; HUNT, S. The Commitment-Trust Theory of Relationship Marketing. **Journal of Marketing**, v.58, n.3, p.20-38, julho, 1994.

MOSCOVICI, F. **Desenvolvimento Interpessoal**. 11º Ed. Ed. José Olympio, 2001

MOSCOVICI, S., **Ideas and their development**: A dialogue between Serge Moscovici and Ivana Marková, in MOSCOVICI, S., DUVEEN, G. (dir.), Social Representations, Cambridge, Cambridge University Press, 2000, p. 224-286.

MOWDAY, R.T., PORTER, L.W., STEERS, R. M. **Employee-Organization Linkagens** – The Psychology of commitment, Absenteism, and Turnover. New York: Academic Press, 1982.

NADLER, D.; GERSTEIN M.; SHAW R. **Arquitetura organizacional**: a chave para a mudança empresarial. Rio de Janeiro: Editora Campus, 1993.

NARVER, J. C.; SLATER, S. F. The effect of marketing orientation on business profitability. **Journal of Marketing**, v. 54, n. 4, p. 20-35, Out 1990

NISBETT, R. E.; ROSS, L. D.. **Human Inference**: Strategies and Shortcomings of Social Judgment. Englewood Cliffs, NJ: Prentice-Hall, 1980

NOGUEIRA, Nuno. **A gestão de risco no processo de planejamento estratégico**. Câmara dos Técnicos Oficiais de Contas, v. 93, dez. 2007. Disponível em: http://www.ctoc.pt/downloads/files/119 6447705_51a55_gestao.pdf. Acesso em: 24 jun. 2008.

NOGUEIRA, Roberto; MAZON, José Afonso; TERRA, Andréa M. A Gestão de CRM nas Seguradoras. Anais de Marketing do 28. **Encontro Anual da Associação dos Programas de Pós-Graduação em Administração – ENANPAD**. Curitiba, 2004.

OLIVEIRA, Luiz Carlos KUYVEN, Arlete. Formação de estratégias em pequenas empresas: um estudo de caso. **XXIV Encontro Nacional de Engenharia de Produção**, Florianópolis, SC, novembro de 2004

OSTA, Souheir. L'introduction du contrôle de gestion dans le secteur public libanais. **Thèse de Doctorat. Université Paris-Dauphine**, 2010

PADOVEZE, C. L. ; BERTOLUCCI, R. G. Proposta de um Modelo para o Gerenciamento do Risco Corporativo. In: **Anais XXV Encontro Nacional de Engenharia de Produção**, Porto Alegre, 2005

PÁDUA, S. I. D; CAZARINI, E.W.; INAMASU, R.Y. **Modelagem Organizacional**: Captura dos Requisitos Organizacionais no Desenvolvimento de Sistemas de Informação, 2004. Disponível em: http://www.scielo.br. Acesso em 24 out. 2007.

PARRY, S. B. The quest for competences. Training, New York, p. 48-54, July 1996.

PECI, A. Emergência e proliferação de redes organizacionais: marcando mudanças no mundo dos negócios. In Anais do XXIII **Encontro ENANPAD**, Foz do Iguaçu, ANPAD, 1999

PENROSE E. **The Theory of the Growth of the Firm**. Oxford University Press: New York, 1959

PEPPERS, Don; ROGERS, Martha. **Marketing um a um**: marketing individualizado na era do cliente. Rio de Janeiro: Campus, 1996. 393 p.

PEREIRA, Beatriz. Implementação e Mensuração da Estratégia de Orientação para o Mercado. **VIII Seminários em Administração – SEMEAD**, 2005

PETERAF, M. A. The Cornerstones of Competitive Advantage: A Resouce-Based View. **Strategic Management Journal**. 1993, p. 179-191

PETTIGREW, Andrew M. Context and action in the transformations of the firm. **Journal of Management Studies**, v.24, n.6, p.649-670, nov. 1987

PIAGET, J. **Logique et connaissance scientifique**. Paris: Gallimard. 1967

_____. **O nascimento da inteligência na criança**. 4. ed. Rio de Janeiro: Zahar, 1982. 389 p

PIDGEON N; HOOD C; JONES D; TURNER B; GIBSON R. Risk perception. **Risk Analysis, Perception and Management**, Eds. Royal Society Study Group (London: Royal Society). 1992, p. 89-134

PIGATTO, Gessuir; SILVA, Andréa Lago; SOUZA, Hildo Filho. Alianças mercadológicas: a busca na coordenação na cadeia de gado de corte brasileira. II Workshop brasileiro de gestão de sistemas agroalimentares. **Pensa/FEA/USP**, Ribeirão Preto, 1999.

PILATI, R; ABBAD, G. D. S. Análise fatorial confirmatória da escala de impacto do treinamento no trabalho. *Psicologia: teoria e pesquisa*, v. 21, p. 43-51, 2005.

PINHO, J. B. **O Poder das Marcas**. São Paulo: Summus, 1996. 143p.

PINTO, M; SANTOS, L.S.; ALVES, R.C. Confrontando a Percepção de Orientação Para o Mercado das Empresas com a Percepção dos Consumidores. **In. Encontro Estudos de Estratégia – Anpad**, 2009

PORTER, Michael. **Competição**: estratégias competitivas essenciais. 3. ed. Rio de Janeiro: Campus, 1999

_____. **Competitive Advantage**. New York: Free Press, 1985

_____. **Competitive Strategy**. New York: Free Press, 1980

_____. **Estratégia competitiva**: técnicas para análise de indústrias e da concorrência. 16. ed. Rio de Janeiro: Campus, 2004.

_____. **Vantagem competitiva**. 9. ed. Rio de Janeiro: Campus, 1997.

PRAHALAD, C. K. Reexame de Competências. **Revista HSM Management**, nov/dez, 1999.

PRAHALAD, C. K.; HAMEL, G.. The core competencies of the corporation. **Harvard Business Review**, 1990, 68: 79-91.

_____. **Competindo pelo Futuro**. Estratégias Inovadoras para obter o controle do seu setor e criar os mercados de amanhã. Ed. Campus, 1995. 376 p.

PUGA, F.P. O Apoio Financeiro às Micro, Pequenas e Médias Empresas na Espanha, no Japão e no México. Textos para Discussão n. 96. **BNDES**. Rio de Janeiro, agosto, 2002.

PUGA, F.P. Experiências de Apoio às Micro, Pequenas e Médias Empresas nos Estados Unidos, na Itália e em Taiwan. Textos para Discussão n. 75. **BNDES**. Rio de Jan fevereiro, 2000.

RAFF, D. M. G.; **Risk Management in an Age of Change**. Philadelphia: Wharton School, University of Pennsylvania, 2000.

RÉVILLION, Anya Sartori Piatnicki. Cultura de Orientação para o Mercado e Serviços ao Cliente. **XXV Congresso Brasileiro de Ciências da Comunicação** - Salvador/BA, Set 2002.

RIMOLI, C.A.; GIGLIO, E. Variáveis Organizacionais que influenciam o Nascimento e o Crescimento de Redes de Pequenas Empresas. **Encontro Anual Da Associação Nacional Dos Programas De Pós-Graduação Em Administração** 2008

RITZMAN, Silvia L. Aplicação de ferramentas da Gestão do Conhecimento como meio de Inovação e Melhoria dos Processos de gerenciamento de Riscos em Gestão de Projetos. **Revista Conhecimento Interativo**, v.2, n.2, p. 117-131, jul-dez/2006.

ROBBINS, Stephen P. **Administração** – mudanças e perspectivas. São Paulo: Saraiva, 2000.

ROBBINS, Stephen P. **Comportamento Organizacional**. 8.ed. Rio de Janeiro: LTC, 1999.

RODIE, A; KLEINE,S ; **Customer Participation in Services Production and Delivery**. In SWARTZ, T; IACOUBUCCI, D. Handbook of Services Marketin and Management. Thousand Oaks : Sage, 2000. p. 111-125

RODRIGUES, R. V; CAMPOS, A. C. Desempenho e Competitividade do Setor Siderúrgico Brasileiro na década de 90. **Revista de Economia da UEG**, Anápolis (G), Vol. 4, n. 01, jan-jun 2008.

ROHR, R.; EBERT, A. **O Eneagrama**: As nove faces da Alma. Petrópilis, RP: Vozes, 1992.

ROQUETE, Fatima F. CERCEAU, Júnia. Estratégia organizacional e a gestão de RH: a experiência de uma empresa do setor eletroeletrônico da região Metropolitana de belo horizonte. **Anais do Encontro Nacional de Estudos Organizacionais – ANPAD**, 2000

ROVAI, Ricardo *et al*. Modelo de avaliação de riscos em gestão estratégica de projetos: estudo de caso em empresa de autopeças. **XXVI Engep – Encontro de Engenharia de Exploração e Produção de Petróleo**, 2006.

RUAS, Roberto *et al*. O Conceito de Competência de A à Z – análise e revisão nas principais publicações nacionais entre 2000 e 2004. **Anais do Encontro Nacional de Pesquisa em Administração – Enanpad**, 2005.

RUMELT, R. How much does industry matter? **Strategic Management Journal**, v. 12, n. 3, 1991

SANTOMERO, A.; OLDFIELD, G. Risk Management in Financial Indtitutions. **Sloan Management Review**, Vol. 38, n.3, 33-46, 1997

SANTOS, Rubens; PRADO, Paulo. Satisfação, Qualidade No

Relacionamento E Lealdade Entre Clientes E Bancos E Varejo. **Anais do Encontro de Marketing da Associação dos Programas de Pós-Graduaçâo em Administração – EMA/ENANPAD**. 2006

SCHMALENSEE, R. Do markets differ much? **The American Economic Review**, v. 75, n. 3, 1985.

SCHMID, Hillel. Organization-Environment Relationships: Theory for Management Practice in Human Service Organizations. Administration in Social Work, Vol. 28(1), 2004

SEBRAE. http://www.sebraepr.com.br. Acesso em 15 abr. 2011.

_____.
http://www.sebraepr.com.br. Acesso em 23 out. 2007.

SELLTIZ, C. **Métodos de pesquisa nas relações sociais**. 2.ed. São Paulo: EDU-EDUSP, 1987. v1-3, 2004.

SELNES, F. Antecedents and consequences of trust and satisfaction in buyer-seller relationships. **European Journal of Marketing**, v.32, n.3, p.305-322, 1998.

SHAPIRO, B. P. What the Hell is 'Market Oriented'? **Harvard Business Review**, p. 119-125, nov-dez 1988

SHETH, J; MITTAL, B.; NEWMAN, B. **Comportamento do cliente**: indo além do comportamento do consumidor. São Paulo: Atlas, 2001.

SHOSTACK, L.G. Breaking Free from Product Marketing", **Journal of Marketing**, 1977, Vol. 41, April, pp. 73-80.

SILVA, Carlos Donizete; NAGANO, Marcelo Seido. O Capital de Relacionamento como Estratégia de Qualidade. **XII Simpósio de Engenharia de Produção - SIMPEP**, Bauru, SP, Brasil, novembro, 2005

SILVA, José Roberto Gomes. Preparação das Pessoas para a Mudança: Marketing Interno e Desenvolvimento do Foco na Integração em uma Organização de Serviços. Anais do Encontro Nacional de Pesquisa em Administração – Enanpad, 2001

SIMONS, R. **Levels of control**. Boston, Harvard University Press, 1995

SLYWOTZKY, Adrian J. **Do Risco à Oportunidade**: As 7 estratégias para Transformar Ameaças em Fatores de Crescimento. Rio de Janeiro: Elsevier, 2007. 274p.

_____. Exploring the strategic risk frontier. Strategy & Leadership; 2004; 32, 6; **ABI/INFORM Global**. pg. 11

SLYWOTZKY, Adrian J.; DRZIK, John. Countering the Biggest Risk of All. **Harvard Business Review** OnPoint Enhanced Edition. Abr, 2005.

SMIRCICH, L.; STUBBART, C. Strategic Management in an Enactec World. **Academy of Management Review**, v. 10, n.4, p. 724-736, 1985.

SOLOMON, Michael R. **O Comportamento do Consumidor**: comprando, possuindo, sendo. Porto Alegre, Bookman, 2002.

SOUZA, Ricardo Fasti et al. Dependência e Poder ou Exercício de Resistência e Exercício de Poder? Um Ensaio sobre Dependência em Redes Relacionais. **Anais do Encontro Nacional de Pesquisa em Administração – Enanpad**, 2004

STALK, G.; EVANS, P; SHULMAN, L. E.. Competing on capabilities: The new rules of corporate strategy. **Harvard Business Review**, Mar 1992. p. 57-69

STEIL, Andrea V.; SANCHES, Elizabeth N. Comprometimento Organizacional Como uma Estratégia de Controle. **Anais do XXII Encontro da ANPAD**, Foz do Iguaçu, 1998.

STONE, Merlin; WOODCOCK, Neil. Marketing de Relacionamento. São Paulo: Littera Mundi 1998. 197 p.

SULL, Donald. Decisões difíceis num mundo incerto. **Valor Econômico**: Gestão da Incerteza. 13, 14, 15 e 16 abr. 2006.

SWAN, J. Using cognitive mapping in management research: decisions about technical Innovation. **British Journal of Management**, v. 8, p. 183-198, 1997.

TACHIZAWA, Takeshy. **Gestão com pessoas**: uma abordagem aplicada às estratégias de negócios, 5 ed. FGV Editora, 2001

TACHIZAWA, Takeshy; REZENDE, Wilson. **Estrategia empresarial**: tendências e desafios – um enfoque na realidade brasileira. São Paulo: Makron Books, 2000.

TAMAYO, Alvaro; PASCHOAL, Tatiane. A Relação da Motivação para o Trabalho com as Metas do Trabalhador. **Revista de Administração Contemporânea, RAC**, v. 7, n. 4, p. 33-54, out-dez. 2003

TARELHO, Fabrício. Marketing de Relacionamento como Estratégia de Obtenção de vantagem Competitiva nas empresas: Um estudo exploratório. **Dissertação (Mestrado). Universidade Católica de Santos**, 2006

TEECE, D. J. Competition, cooperation, and innovation: organizational arrangements for regimes of rapid technological progress. **Journal of Economic Behavior and Organization**, v. 18, p. 1-25, 1992.

TEECE, David *et al*. Dynamic Capabilities and Strategic Management. **Strategic Management Journal**, 18:7, 509-533, 1997.

TEIXEIRA, Rafael *et al*. Fatores Determinantes da Competitividade na Indústria de Telecomunicações e Repercussões para a Estratégia. Base – **Revista de Administração e Contabilidade da Unisinos**. Vol. 2, n. 1, jan-abr 2005

TEIXEIRA, Rivanda Meira; MORRISON, Alison. Desenvolvimento de empresários em empresas de pequeno porte do setor hoteleiro: processo de aprendizagem, competências e redes de relacionamento. **Revista de Administração Contemporânea**, Rio de Janeiro: ANPAD, v. 8, n. 1, jan. mar. 2004.

TOLEDO, Geraldo L., ROCHA, Thelma, NUCCI, Paulo. O Marketing de Relacionamento e a Construção da Fidelidade do Cliente: Um Estudo de Caso em uma Empresa Brasileira de Seguros. 7° **Seminário em Administração FEA-USP**. São Paulo, 2005.

TOLENTINO, A. Guidelines for the Analysis of Policies and Programmes for Small and Medium Enterprise Development. Geneva: Enterprise and Management Development Working Paper EMD13/E, **International Labor Organization**, 2000.

TVERSKY, A; KAHNEMAN, D. Judgment under Uncertainty: Heuristics and Biases. **Science**, New Series, Vol. 185, No. 4157. (Sep. 27, 1974), p. 1124-1131.

TYSON, P.; TYSON, R. **Teorias Psicanalíticas do Desenvolvimento**: Uma integração. Porto Alegra: Artes Médicas, 1993,

VARADARAJAN, P. R.; JAYACHANDRAN, S. Marketing Strategy: An Assessment of the State of the Field and Outlook. **Journal of the Academy of Marketing Science**, vol. 27, n. 2, p. 120-143, 1999

VAVRA, Terry G. **Marketing de relacionamento**: aftermarketing. São Paulo: Atlas, 1993. 323 p.

VILAS BOAS, Ana Alice; RODRIGUES, Paulo Emílio; LUZ,

Vinicius. Motivação como Fator de Sucesso em Projetos Industriais: Um Estudo de Caso na Michelin – Rj. **XI Simpósio da Administração da Produção, Logística e Operações Internacionais – Simpoi**, 2008

VYGOTSKY, L. S. **A Formação Social da Mente**. São Paulo, Martins Fontes, 1984

WAGNER, W; KRONBERGER, N. Killer Tomatoes! Collective symbolic coping with biotechnology, in DEAUX, K., PHILOGENE, G. (dir), Representations of the social, Oxford, Blackwell Publishers, 2001, p. 147-164

WASME – World Association for Small and Médium Enterprises. Annual Report 2004-2006. Disponível em: http://www.wasmeinfo.org/33_Annual-Reports.html. Acesso em: 17 abr, 2001.

WEBSTER, F. E. Executing the new marketing concept. **Marketing Management**. v. 3, p.8-17, 1994

WHEELWRIGHT, S. C.; HAYES, H.R. Competing through manufacturing. **Harvard Business Review**, New York, v.63, n.1, p.99-109, jan/fev, 1985

YIN, R. Estudo de caso: **Planejamento e métodos**. Bookman, 2001.

YOSHINO, Y. Michael; RANGAN, U. Srinivasa. **Alianças estratégicas**: uma abordagem empresarial à globalização. São Paulo: Makron Books, 1996.

ZANCAN, Cláudio; PRADO, Paulo. Uma Análise da Qualidade do Relacionamento (QR) no Canal de Distribuição da maçã brasileira. **Anais do Encontro Nacional de Pesquisa em Administração – Enanpad,** 2005

ZARIFIAN, P. **Objetivo Competência**: por uma lógica. São Paulo: Atlas, 2001.

ZEITHAML, V. Consumer perceptions of price, quality, and value: a means-end model and synthesis of evidence. **Journal of Marketing**, Vol. 52, July 1988, p. 2-22.

ZEITHAML, Valarie A.; BITNER, Mary Jo. **Marketing de serviços**: a empresa com foco no cliente. Porto Alegre: Bookman, 2003.

ZINELDIN, Mosad. The royalty of loyalty: CRM, quality and retention. **Journal of Consumer Marketing**. 2006, vol. 23; n.7 p. 430-437

ZOLLO, M.; WINTER, S. Deliberate learning and the evolution of dynamic capabilities. **Organization Science**, 2002, Vol. 13, No. 3, pp.339-353.

Imagens de peças de xadrez:
Logo HappyTrack
Foto de Joelma Deco
e Pinterest

Conheça a HappyTrack!

www.ingramcontent.com/pod-product-compliance
Lightning Source LLC
Chambersburg PA
CBHW070615220526
45466CB00001B/11